中國學術思想

研究輯刊

二七編

林 慶 彰 主編

第 6 冊

《春秋》義法模式考述（中）

張 厚 齊 著

花木蘭文化事業有限公司

國家圖書館出版品預行編目資料

《春秋》義法模式考述（中）／張厚齊 著 — 初版 — 新北市：
花木蘭文化事業有限公司，2018〔民 107〕
目 4+168 面：19×26 公分
（中國學術思想研究輯刊 二七編；第 6 冊）
ISBN 978-986-485-376-2（精裝）
1. 春秋（經書）2. 研究考訂
030.8   107001864

ISBN-978-986-485-376-2

9 789864 853762

中國學術思想研究輯刊
二七編　第六冊　　　　　　　ISBN：978-986-485-376-2

《春秋》義法模式考述（中）

作　　者　張厚齊
主　　編　林慶彰
總 編 輯　杜潔祥
副總編輯　楊嘉樂
編　　輯　許郁翎、王　筑　美術編輯　陳逸婷
出　　版　花木蘭文化事業有限公司
發 行 人　高小娟
聯絡地址　235 新北市中和區中安街七二號十三樓
　　　　　電話：02-2923-1455 ／傳眞：02-2923-1452
網　　址　http://www.huamulan.tw 信箱 hml 810518@gmail.com
印　　刷　普羅文化出版廣告事業
封面設計　劉開工作室
初　　版　2018 年 3 月
全書字數　470557 字
定　　價　二七編 25 冊（精裝）新台幣 48,000 元

《春秋》義法模式考述（中）

張厚齊　著

第四章　《春秋》義法之寓言模式

　　「寓言」一詞，始見於《莊子·寓言》：「寓言十九，藉外論之。」〔註1〕所謂寓言，即是假藉外在的人物故事以寄寓自己內在的論點。《春秋》的成書，是以魯史爲底本，其中記載二百四十二年的時代劇變，王室衰微，五霸迭興，戰爭不斷，篡弒頻仍，貴族沒落，平民崛起，封建統治基礎發生動搖，傳統價值觀念遭到破壞，《春秋》每一條經文皆代表著大大小小的歷史事件，無數的人物故事正是寓言創作的絕佳題材。後儒甚至可以仿效莊子，將孔子也化作《春秋》寓言中的人物，爲自己的理想發言。

　　本文所謂《春秋》的寓言模式，意義有二：一是後儒指孔子假藉《春秋》寄寓對新王改制的政治理想，二是後儒自己假藉《春秋》寄寓對時勢環境的經世理念。前者產生於漢代，主張《春秋》王魯說，以董仲舒、何休一系的公羊家爲代表；後者產生於宋代，奉行《春秋》經世說，以志在弘揚《春秋》經世大法的儒者爲代表。由於二者立足點不同，解經特色亦大異其趣，謹區分爲隱語、起興二類，順序討論之。

第一節　隱語類

　　孔子何爲作《春秋》？據《史記·太史公自序》引孔子曰：「我欲載之空言，不如見之於行事之深切著明也。」〔註2〕《春秋》本是魯史，記載春秋時

〔註1〕〔清〕郭慶藩：《莊子集釋》（臺北：華正書局，1987 年 8 月），卷 9 上，頁 948。

〔註2〕〔漢〕司馬遷、〔宋〕裴駰集解：《史記》（臺北：藝文印書館，2005 年 2 月），卷 130，頁 9。

期各階層人物的行事，孔子有感於天理不彰，道德淪喪，力圖挽回世道人心，但空談道理必將流於形式，發揮不了作用，於是假藉魯史記載的人物事迹作《春秋》，將大義寄寓其中，才能發生深切著明的效果。

　　《春秋》對於當代人物的行事，有善則褒，有惡則貶，然而孔子本身生活在春秋時代，文辭必須格外謹慎，誠如漢儒董仲舒《春秋繁露·楚莊王》云：

　　　　《春秋》，義之大者也。……是故於外，道而不顯；於內，諱而不隱。
　　　　於尊亦然，於賢亦然。此其別內外、差賢不肖而等尊卑也。義不訕
　　　　上，智不危身。故遠者以義諱，近者以智畏。畏與義兼，則世逾近
　　　　而言逾謹矣，此定、哀之所以微其辭。以故用則天下平，不用則安
　　　　其身，《春秋》之道也。〔註3〕

《春秋》無論對外、對內、對尊者、對賢者的褒貶，都必須「義不訕上，智不危身」，絕不謗得罪當權者，且不危及身家安全，若其中的道理為當權者接納，則可治平天下，即使不為當事者接納，亦可明哲保身。但所謂「義不訕上，智不危身」該如何做呢？必須謹慎使用文辭，「遠者以義諱，近者以智畏」，對於關係疏遠者要適當地隱諱，對於關係親近者要機敏地避開；尤其時間愈接近愈必須謹慎，所以孔子多以「微辭」褒貶魯定公、哀公時期的人物。（「微辭」詳見本文第二章第三節）

　　以董仲舒、何休一系的公羊家而言，《春秋》的「微辭」即是一種隱語。「隱語」，或作「讔語」。《文心雕龍·諧讔》云：「讔者，隱也。遁辭以隱意，譎譬以指事也。」〔註4〕隱語是以隱遁的文辭掩飾本意，以隱晦的譬喻指陳事理。又云：「隱語之用，被于紀傳，大者興治濟身，其次弼違曉惑。」〔註5〕在史書中所看到隱語的作用，大者可以用來「興治濟身」，次者可以用來「弼違曉惑」。孔子作《春秋》既是運用隱語褒貶人物，當然亦具有「興治濟身」與「弼違曉惑」的作用。

　　董仲舒、何休一系的公羊學係以《春秋》王魯說為核心，而何休在董仲舒學說的基礎上有傳承亦有創新。所謂王魯說，係主張周之後由魯繼興，受命為王，以傳承三代以來的道統。但王魯說的寓意隱晦難曉，備受後儒抨擊，自東漢以後沈潛約一千六百年，直到清初常州學派致力於復興公羊學，才得以

〔註3〕〔漢〕董仲舒、〔清〕盧文弨校：《春秋繁露》（臺北：臺灣中華書局，1984年5月，《四部備要》本），卷1，頁3～4。
〔註4〕王更生：《文心雕龍讀本》（臺北：文史哲出版社，1988年3月），頁258。
〔註5〕王更生：《文心雕龍讀本》，頁258。

重見天日。常州學派《春秋》學著作有莊存與《春秋正辭》十一卷、《春秋舉例》一卷、《春秋要指》一卷，劉逢祿《春秋公羊經何氏釋例》十卷、《公羊春秋何氏解詁箋》一卷、《答難》二卷、《議禮決獄》二卷、《穀梁廢疾申何》二卷、《鍼膏肓評》一卷、《左氏春秋考證》二卷、《發墨守評》一卷、《春秋賞罰格》二卷、《緯略》一卷、《論語述何》二卷等，皆以發揚何休公羊學思想爲主；其中劉逢祿以何休學說重新詮釋《論語》，並將公羊學的領域全面擴及五經，可謂常州學派的發揚光大者。其後有廖平《何氏公羊解詁三十論》三卷、《穀梁春秋經傳古義疏》十一卷、《穀梁春秋經傳古義凡例》一卷、《穀梁春秋經學外篇凡例》一卷、《起起穀梁廢疾》一卷、《釋范》一卷、《春秋三傳折中》一卷、《春秋圖表》二卷、《春秋左傳杜氏集解辨正》二卷、《左氏春秋古經說》十二卷，康有爲《新學僞經考》十四卷、《孔子改制考》二十一卷。然而以上諸儒仍是以傳承董仲舒、何休之說爲主，爰以董仲舒、何休二人原創學說爲代表，依序討論。

一、董仲舒模式

漢儒董仲舒（前179～前104年）爲公羊學趨學系統創始人，所作《春秋繁露》爲後人所輯，凡八十二篇，但其中第三十九、四十、五十四篇闕文，實際爲七十九篇。賴炎元先生將其內容大概分爲四個部分：第一至十七篇主要是發揮《春秋》微言大義；第十八至三十七篇是論君主治理國家的原則與方法，包括正名、人性、仁義、禮樂、制度等方面；第三十八至六十四篇及第七十七至八十二篇是論天地陰陽的運轉，災異的發生與消除，闡發天人相應的道理；第六十五至七十六篇是論述祭祀天地、宗廟以及求雨、止雨的儀式與意義，發揮尊天敬祖的道理〔註6〕。學者或將其義法理論要旨歸結爲二端〔註7〕、三統〔註8〕、四法〔註9〕、五始〔註10〕、六科

〔註6〕賴炎元：《春秋繁露今註今譯》（臺北：臺灣商務印書館，1987年4月），頁4～5。
〔註7〕二端爲大、小各一端，微、著亦各一端。見《春秋繁露‧二端》。〔漢〕董仲舒、〔清〕盧文弨校：《春秋繁露》，卷6，頁1～2。
〔註8〕三統爲黑統、白統、赤統。見《春秋繁露‧三代改制質文》。〔漢〕董仲舒、〔清〕盧文弨校：《春秋繁露》，卷7，頁2～6。
〔註9〕四法爲「主天法商而王」、「主地法夏而王」、「主天法質而王」、「主地法文而王」。見《春秋繁露‧三代改制質文》。〔漢〕董仲舒、〔清〕盧文弨校：《春秋繁露》，卷7，頁8。
〔註10〕何休《文諡例》云：「五始者，元年、春、王、正月、公即位是也。」見徐彥《春秋公羊傳注疏》引。〔唐〕徐彥：《春秋公羊傳注疏》（臺北：大化書局，1982年10月，《十三經注疏》本），卷1，頁1。

〔註11〕、十指〔註12〕等，並稱之爲「條例之學」〔註13〕。所謂「條例之學」，即是「義例之學」，但凡一見或未見則不可稱例，必須如陸德明所云「後放此」〔註14〕，才能援比成例。然而二端、三統、四法、六科、十指均僅止於闡述理論，無例可說，而五始爲何休所創，非董仲舒之說〔註15〕，合稱爲董仲舒的「條例之學」並不妥當，董仲舒之意亦不在此。

按董仲舒治《春秋》兼具兩種模式：一是以屬辭比事推求經例，屬於比例模式（詳見本文第六章第一節）；二是以王魯說爲孔子的政治理想，屬於寓言模式。茲就後者考述其義法如下：

（一）以孔子是非春秋人物之行事而加乎王心

《春秋》哀公十四年春：「西狩獲麟。」孔子歎曰：「吾道窮，吾道窮。」〔註16〕《春秋繁露‧符瑞》云：

> 有非力之所能致而自至者，西狩獲麟，受命之符是也，然後託乎《春秋》正不正之間，而明改制之義，一統乎天子，而加憂於天下之憂也。〔註17〕

孔子眼見世衰道微，雖有滿腔的熱血與遠大的抱負，卻是有志難伸，正在憂心不已之時，有薪采者西狩獲麟，孔子明白這是受命之符，於是作《春

〔註11〕 六科爲「志得失之所從生」、「論罪源深淺定法誅」、「立義定尊卑之序」、「載天下之賢方」、「幽隱不相踰」，原缺一科。見《春秋繁露‧正貫》。〔漢〕董仲舒、〔清〕盧文弨校：《春秋繁露》，卷5，頁4～5。

〔註12〕 十指爲「舉事變見有重焉」、「見事變之所至者」、「因其所以至者而治之」、「強幹弱枝大本小末」、「別嫌疑異同類」、「論賢才之義別所長之能」、「親近來遠同民所欲」、「承周文而反之質」、「木生火火爲夏天之端」、「切刺譏之所罰考變異之所加天之端」。見《春秋繁露‧十指》。〔漢〕董仲舒、〔清〕盧文弨校：《春秋繁露》，卷5，頁5～6。

〔註13〕 陳明恩：〈董仲舒春秋學之義法理論——端、科、指條例之學的建構及其內涵〉，《中國學術年刊》第27期（春季號）（2005年3月），頁2。

〔註14〕 《春秋》隱公元年冬十二月：「公子益師卒。」《公羊傳》云：「何以不日？」陸德明《經典釋文‧春秋公羊音義》云：「此傳皆以日月爲例，後放此。」〔唐〕陸德明：《經典釋文》（臺北：臺灣大通書局，1969年10月，《通志堂經解》，冊40），卷21，頁2。

〔註15〕 《春秋繁露‧王道》云：「元者，始也，言本正也；道，王道也；王者，人之始也。」僅有「元」、「王」二始。〔漢〕董仲舒、〔清〕盧文弨校：《春秋繁露》，卷4，頁1。

〔註16〕 見《春秋繁露‧隨本消息》。〔漢〕董仲舒、〔清〕盧文弨校：《春秋繁露》，卷5，頁2。

〔註17〕 〔漢〕董仲舒、〔清〕盧文弨校：《春秋繁露》，卷6，頁2。

秋》，將改制的政治理想寄寓其中，期使天下一統於王。又《春秋繁露・俞序》云：

> 仲尼之作《春秋》也，……引史記，理往事，正是非，見王心〔註18〕。
> 史記十二公之間，皆衰世之事，故門人惑，孔子曰：『吾因其行事，
> 而加乎王心焉，以爲見之空言，不如行事博深切明。』……孔子曰：
> 『吾因行事，加吾王心焉，假其位號，以正人倫，因其成敗，以明
> 順逆。』〔註19〕

孔子作《春秋》，是引據史書，整理魯國十二公在位期間的人物行事，端正其是非，而「加乎王心」。但「王心」二字非常容易引人揣測，是否孔子自認受命爲王或有心自命爲王呢？對照《史記・太史公自序》引董仲舒曰：

> 周道衰廢，孔子爲魯司寇，諸侯害之，大夫壅之。孔子知言之不用，
> 道之不行也，是非二百四十二年之中，以爲天下儀表，貶天子、退
> 諸侯、討大夫，以達王事而已矣。子曰：「我欲載之空言，不如見之
> 於行事之深切著明也。」〔註20〕

在君主專制統治時代，貶天子、退諸侯、討大夫是非常敏感的政治問題。孔子受命作《春秋》不是空談道理，是爲了樹立天下的儀表，而將春秋二百四十二年間的人物行事，以王道之心作爲評斷是非的標準（加乎王心），凡天子、諸侯、大夫的行事不合於王道者，一律予以貶斥、誅討。推行王道本是王者該做的事，但因王室衰微，王道不行，所以孔子以王道之心作《春秋》，達成王者之事（以達王事），並非自認受命爲王或有心自命爲王，甚至意圖推翻周天子、諸侯、大夫的統治。

《春秋》以「元年春王正月」開宗，董仲舒認爲，孔子非常重視「元」，因爲「元者，始也，言本正也；道，王道也；王者，人之始也」〔註21〕，表示王者施政應以王道爲本。董仲舒並於《春秋繁露・王道》描繪一幅五帝三王時代的政治圖象〔註22〕，代表孔子心目中王道行於天下的政治理想。但春

〔註18〕 「王心」，原作「王公」。蘇輿云：「『王公』，疑緣上而誤，當作『見王心』。」從
其校改。〔清〕蘇輿：《春秋繁露義證》（北京：中華書局，1996年9月），頁159。
〔註19〕 〔漢〕董仲舒、〔清〕盧文弨校：《春秋繁露》，卷6，頁3～4。
〔註20〕 〔漢〕司馬遷、〔宋〕裴駰集解：《史記》，卷130，頁9。
〔註21〕 見《春秋繁露・王道》。〔漢〕董仲舒、〔清〕盧文弨校：《春秋繁露》，卷4，
頁1。
〔註22〕 《春秋繁露・王道》云：「五帝三王之治天下，不敢有君民之心，什一而稅，
教以愛，使以忠，敬長老，親親而尊尊，不奪民時，使民不過歲三日，民家

秋時期王道不行，天子、諸侯、大夫都有過失，如《春秋繁露‧王道》舉例
云：

> 天王使宰喧來歸惠公仲子之賵，刺不及事也；天王伐鄭，譏親也；
> 會王世子，譏微也；祭公來逆王后，譏失禮也。刺家父求車，武氏
> 毛伯求賻金，王人救衛，王師敗于貿戎，天王不養出居于鄭，殺母
> 弟。王室亂，不能及外，分爲東西周，無以先天下。召衛侯，不能
> 致；遣子突征衛，不能絕；伐鄭，不能從；無駭滅極，不能誅。諸
> 侯得以大亂，篡弑無已，臣下上逼，僭儗天子；諸侯強者行威，小
> 國破滅；晉至三侵周，與天王戰于貿戎，而大敗之；戎執凡伯於楚
> 丘，以歸；諸侯本怨隨惡，發兵相破，夷人宗廟社稷，不能統理；
> 臣子強，至弑其君父；法度廢，而不復用；威武絕，而不復行。故
> 鄭魯易地；晉文再致天子；齊桓會王世子，擅封邢、衛、杞，橫行
> 中國，意欲王天下；魯舞八佾，北祭泰山，郊天祀地，如天子之爲，
> 以此之故，弑君三十二，亡國五十二，細惡不絕之所致也。〔註23〕

以上諸例散見於《春秋》，皆不合於王道，是孔子以王道貶天子、退諸侯、討
大夫的事證，可以參閱。

（二）虛擬春秋新王朝以改制

「以春秋當新王」是孔子改制的政治理想所寄託。《春秋繁露‧三代改制
質文》云：

> 王者必受命而後王，王者必改正朔，易服色，制禮樂，一統於天下，
> 所以明易姓，非繼人，通以己受之於天也。……故湯受命而王，應
> 天變夏，作殷號，時正白統，親夏、故虞、絀唐，謂之帝堯，以神
> 農爲赤帝，作宮邑於下洛之陽，名相官曰尹，作濩樂、制質禮以奉
> 天。文王受命而王，應天變殷，作周號，時正赤統，親殷、故夏、

給人足，無怨望忿怒之患、強弱之難，無讒賊妒疾之人，民修德而美好，被
髮銜哺而游，不慕富貴，恥惡不犯，父不哭子，兄不哭弟，毒蟲不螫，猛獸
不搏，抵蟲不觸，故天爲之下甘露，朱草生，醴泉出，風雨時，嘉禾興，鳳
凰、麒麟遊於郊，囹圄空虛，畫衣裳而民不犯，四夷傳譯而朝，民情至樸而
不文，郊天、祀地、秩山川以時至，封於泰山，禪於梁父，立明堂，宗祀先
帝，以祖配天，天下諸侯各以其職來祭，貢土地所有，先以入宗廟，端冕盛
服，而後見先，德恩之報，奉先之應也。」〔漢〕董仲舒、〔清〕盧文弨校：《春
秋繁露》，卷4，頁1。

〔註23〕〔漢〕董仲舒、〔清〕盧文弨校：《春秋繁露》，卷4，頁3～4。

紺虞，謂之帝舜，以軒轅爲黃帝，推神農以爲九皇，作宮邑於豐，名相官曰宰，作武樂、制文禮以奉天。武王受命，作宮邑於鄗，制爵五等，作象樂，繼文以奉天。周公輔成王受命，作宮邑於洛陽，成文武之制，作汋樂以奉天。殷湯之後稱邑，示天之變反命，故天之命〔註24〕無常，唯德是慶〔註25〕。故春秋應天，作新王之事，時正黑統，王魯，尚黑，紺夏、親周〔註26〕、故宋，樂宜用招舞〔註27〕，故以虞錄親，制爵〔註28〕宜商，合伯、子、男爲一等。……春秋作新王之事，變周之制，當正黑統，而殷、周爲王者之後，紺夏，改號禹謂之帝，錄其後以小國，故曰：紺夏、存周，以春秋當新王。〔註29〕

董仲舒首倡《春秋》王魯說，以上文字是王魯說的精義所在。春秋時期王道不行，孔子受命作《春秋》，春秋於周代之後繼興，成爲一個虛擬的新王朝，以傳承三代以來的道統，並改正朔、易服色、制禮樂，表示是異姓受命。按孟子以夏、殷、周爲三代〔註30〕，《荀子·王制》亦云：「王者之制，道不過三代，法不貳後王。」〔註31〕董仲舒演孟子、荀子之說，合殷、周、春秋爲三代，王魯、親周、故宋而紺夏，並存續殷、周二王之後。魯爲春秋新興的王者，故曰王魯；周的年代與春秋最爲親近，故曰親周；宋（殷）的年代與春秋較爲疏遠，故曰故宋；夏退於三代之外，故曰紺夏。

〔註24〕 「天之命」，原作「天子命」。蘇輿云：「『子』，疑作『之』。」從其校改。〔清〕蘇輿：《春秋繁露義證》，頁187。

〔註25〕 「唯德是慶」，原作「唯命是德慶」。蘇輿云：「疑作『唯德是慶』。」從其校改。慶，賞賜也。〔清〕蘇輿：《春秋繁露義證》，頁187。

〔註26〕 「親周」，或主張應作「新周」。按「親」、「新」二字自古有通用情形，如《尚書·金縢》：「惟朕小子其新逆。」（周成王將親迎周公）新逆，意謂親逆。《韓非子·亡徵》：「親臣進而故人退。」親臣，意謂新臣。《禮記·大學》：「在親民。」朱熹《大學章句》云：「程子曰：『親，當作新。』」親民，意謂新民。「親周」若作「新周」，意涵不變。

〔註27〕 「樂宜用招舞」，原作「樂宜親招武」。蘇輿云：「上『親』字，疑『用』之誤。」從其校改。招舞，即韶舞；「招」、「韶」二字通。〔清〕蘇輿：《春秋繁露義證》，頁191。

〔註28〕 「制爵」，原作「樂制」。蘇輿引盧文弨云：「『樂制』，疑當作『制爵』。」從其校改。〔清〕蘇輿：《春秋繁露義證》，頁191。

〔註29〕 〔漢〕董仲舒、〔清〕盧文弨校：《春秋繁露》，卷7，頁2～6。

〔註30〕 《孟子·滕文公上》孟子曰：「夏曰校，殷曰序，周曰庠，學則三代共之。」〔宋〕孫奭：《孟子注疏》（臺北：大化書局，1982年10月，《十三經注疏》本），卷5上，頁38。

〔註31〕 〔清〕王先謙：《荀子集解》（臺北：藝文印書館，1988年6月），卷5，頁8。

虛擬的春秋新王朝成立之後，由魯十二公受命爲新王，新王必改制，略舉如下：

1. 制爵變五等為三等

《春秋繁露‧三代改制質文》云：

> 《春秋》鄭忽何以名？《春秋》曰：「伯、子、男一也，辭無所貶。」
>
> 何以爲一？曰：「周爵五等，春秋三等。」〔註32〕

《春秋》桓公十一年秋：「鄭忽出奔衛。」所引「《春秋》曰」云云，見《公羊傳》。鄭爲伯爵，世子忽繼位爲君之後遭廢出奔，《春秋》書其名不書其爵。《公羊傳》認爲，忽失國稱名無貶斥之意，因爲子爵、男爵失國，《春秋》亦是書其名不書其爵。但董仲舒的見解與《公羊傳》不同，認爲「伯、子、男一也」是合伯、子、男爲一等。周爵有公、侯、伯、子、男五等；春秋改周爵之制，公一等，侯一等，「伯、子、男」一等，凡三等。又《春秋繁露‧爵國》云：

> 《春秋》曰：「會宰周公。」又曰：「公會齊侯、宋公、鄭伯、許男、滕子。」又曰：「初獻六羽。」《傳》曰：「天子三公稱公，王者之後稱公，其餘大國稱侯，小國稱伯、子、男。」凡五等，故周爵五等，士三品，文多而實少；春秋三等，合伯、子、男爲一爵，士二品，文少而實多。〔註33〕

所引魯公會宰周公于葵丘，事見《春秋》僖公九年夏，與會者尚有齊侯、宋子、衛侯、鄭伯、許男、曹伯；初獻六羽，事見《春秋》隱公五年秋九月；「《傳》曰」云云，見《公羊傳》。《公羊傳》所謂「小國稱伯、子、男」，似無合稱之意，董仲舒仍重申春秋「合伯、子、男爲一爵」。

2. 制禮救文以質

按《論語‧八佾》引孔子曰：「周監於二代，郁郁乎文哉！吾從周。」〔註34〕所謂「文」，是指典章制度。周代典章制度大盛，較夏、殷二代完備，故孔子從而行之。但董仲舒有不同的見解，認爲「文」是相對於「質」而言，歷代典章制度的性質有文有質，殷「制質禮以奉天」，周「制文禮以奉天」〔註35〕；

〔註32〕 〔漢〕董仲舒、〔清〕盧文弨校：《春秋繁露》，卷7，頁6。

〔註33〕 〔漢〕董仲舒、〔清〕盧文弨校：《春秋繁露》，卷8，頁2。

〔註34〕 〔宋〕邢昺：《論語注疏》（臺北：大化書局，1982年10月，《十三經注疏》本），頁11。

〔註35〕 見《春秋繁露‧三代改制質文》。〔漢〕董仲舒、〔清〕盧文弨校：《春秋繁露》，卷7，頁3。

周文之弊，在功利與虛僞，所以春秋「救文以質」〔註36〕，「立新王之道，明
其貴志以反利〔註37〕，見其好誠以滅僞」〔註38〕。如《春秋》文公二年冬：「公
子遂如齊納幣。」《公羊傳》云：「納幣不書，此何以書？譏。何譏爾？譏喪
娶也。娶在三年之外，則何譏乎喪娶？三年之內不圖婚。」按古代喪法之制，
父喪三年（二十五月）內不得婚娶，魯文公於其父僖公喪四十一月，使公子
遂迎娶齊女，因圖婚於三年喪期之內，《春秋》仍書而譏之。但《春秋繁露・
玉杯》云：

> 取必納幣，納幣之月在喪分，故謂之喪取也。……春秋之序道也，
> 先質而後文。〔註39〕

文公迎娶齊女，乃先文而後質，董仲舒不是譴責其喪娶，而是譴責其先文而
後質，因爲春秋序道是先質而後文。又《春秋繁露・王道》云：

> 宋伯姬曰：「婦人夜出，傅母不在，不下堂。」曰：「古者，周公東
> 征，則西國怨。」桓公曰：「無貯粟，無鄣谷，無易樹子，無以妾爲
> 妻。」宋襄公曰：「不鼓不成列，不阨人。」莊王曰：「古者，杅不
> 穿，皮不蠹，則不出。君子篤於禮，薄於利；要其人，不要其土；
> 告從不赦，不祥；強不陵弱。」齊頃公弔死視疾。孔父正色而立於
> 朝，人莫過而致難乎其君。齊國佐不辱君命，而尊齊侯。

〔註40〕以上凡八例，俱見春秋新王制禮，救文以質之義，可以參閱。

春秋新王朝成立之後，新王必改制，爲董仲舒之重要主張。但《春秋繁
露・楚莊王》又云：

> 今所謂新王必改制者，非改其道，非變其理，受命於天，易姓更王，
> 非繼前王而王也，若一因前制，修故業，而無有所改，是與繼前王
> 而王者無以別。受命之君，天之所大顯也；事父者承意，事君者儀

〔註36〕　見《春秋繁露・王道》。〔漢〕董仲舒、〔清〕盧文弨校：《春秋繁露》，卷4，
　　　　頁6。

〔註37〕　「利」，原作「和」。蘇輿云：「『和』，疑『利』之誤，『誠』、『僞』對文可證。」
　　　　從其校改。〔清〕蘇輿：《春秋繁露義證》，頁30。

〔註38〕　見《春秋繁露・玉杯》。〔漢〕董仲舒、〔清〕盧文弨校：《春秋繁露》，卷1，
　　　　頁7。

〔註39〕　見《春秋繁露・玉杯》。〔漢〕董仲舒、〔清〕盧文弨校：《春秋繁露》，卷1，
　　　　頁6〜7。

〔註40〕　見《春秋繁露・王道》。〔漢〕董仲舒、〔清〕盧文弨校：《春秋繁露》，卷4，
　　　　頁6。

志，事天亦然：今天大顯已，物襲所代，而率與同，則不顯不明，
非天志，故必徙居處，更稱號，改正朔，易服色者，無他焉，不敢
不順天志，而明自顯也。若夫大綱，人倫道理，政治教化，習俗文
義盡如故，亦何改哉！故王者有改制之名，無易道之實。〔註41〕

雖然新王必改制，表示受命於天，但「非改其道，非變其理」，而是藉由改制
彰顯天志，使道統傳承不絕。

（三）建構三統循環說為道統遞嬗系統

董仲舒建構三統循環說，旨在使春秋新王朝成立之後，在道統傳承系統
中得到明確的定位。所謂三統，是指黑統、白統、赤統，三統各統朝代，受
命改制，以次遞嬗，終而復始。黑統色尚黑，以寅月為正月；白統色尚白，
以丑月為正月；赤統色尚赤，以子月為正月。新王受命必改制，並以建正月
為首要之事，所以三統亦稱三正。如《春秋繁露・三代改制質文》云：

三正以黑統初。正黑統奈何？曰：正黑統者，厤〔註42〕正日月朔於
營室，斗建寅，天統氣始通化物，物見萌達，其色黑，故朝正服黑，
首服藻黑，正路輿質黑，馬黑，大節綬幘尚黑，旗黑，大寶玉黑，
郊牲黑，犧牲角卵，冠于阼，昏禮逆于庭，喪禮殯於東階之上，祭
牲黑牡，薦尚肝，樂器黑質，法不刑有身〔註43〕懷任新產，是月不
殺，聽朔廢刑發德，具存二王之後也，親赤統，故日分平明，平明
朝正。正白統奈何？曰：正白統者，歷正日月朔于虛，斗建丑，天
統氣始蛻化物，物初芽，其色白，故朝正服白，首服藻白，正路輿
質白，馬白，大節綬幘尚白，旗白，大寶玉白，郊牲白，犧牲角繭，
冠于堂，昏禮逆于堂，喪事殯于楹柱之間，祭牲白牡，薦尚肺，樂
器白質，法不刑有身懷任，是月不殺，聽朔廢刑發德，具存二王之
後也，親黑統，故日分鳴晨，鳴晨朝正。正赤統奈何？曰：正赤統

〔註41〕〔漢〕董仲舒、〔清〕盧文弨校：《春秋繁露》，卷1，頁4～5。
〔註42〕「正黑統奈何？曰：正黑統者，厤」十一字，原闕。俞樾《諸子平議・春秋
　　　　繁露》云：「『三正以黑統初』，謂三正以黑統為始也。『初』下有闕文，當據
　　　　下文補『正黑統奈何？曰：正黑統者，厤』十一字。」從其校補。〔清〕俞樾：
　　　　《諸子平議》（上海：上海古籍出版社，2002年3月，《續修四庫全書》，冊
　　　　1162），卷25，頁13。
〔註43〕「身」字，原闕。蘇輿云：「以下文例之，『有』下脫『身』字。」從其校補。
　　　　〔清〕蘇輿：《春秋繁露義證》，頁192。

者,歷正日月朔于牽牛,斗建子,天統氣始施化物,物始動,其色赤,故朝正服赤,首服藻赤,正路輿質赤,馬赤,大節綏幘尚赤,旗赤,大寶玉赤,郊牲騂,犧牲角栗,冠于房,昏禮逆于戶,喪禮殯于西階之上,祭牲騂牡,薦尚心,樂器赤質,法不刑有身,重懷藏以養微,是月不殺,聽朔廢刑發德,具存二王之後也,親白統,故日分夜半,夜半朝正。〔註44〕

其中,王者「具存二王之後」,謂之「通三統」:

王者之法必正號。紐王謂之帝,封其後以小國,使奉祀之。下存二王之後以大國,使服其服,行其禮樂,稱客而朝;故同時稱帝者五,稱王者三,所以昭五端,通三統也。〔註45〕

依據上述,夏受命爲王,正黑統,存唐、虞二王之後,合爲「三代」;殷受命爲王,正白統,存虞、夏二王之後,合爲「三代」;周受命爲王,正赤統,存夏、殷二王之後,合爲「三代」;春秋繼興受命爲王之後,正黑統,存殷、周二王之後,合爲「三代」。也。夏、殷、周三統終,春秋復自黑統始,三統循環不息,是爲「通三統」。

　　附帶一提,三統循環說不同於五德終始說,學者多混淆不清〔註46〕,以致誤認董仲舒亦主張五德終始說。按三統循環說旨在說明道統的遞嬗系統,以黑統、白統、赤統循環不息,代表夏、殷、周、春秋的王道傳承不息。五德終始說則旨在說明政統的遞嬗系統,以金克木、火克金、水克火、土克水,附會殷克夏、周克殷、秦克周、漢克秦的史實,二者不可混爲一談。(詳見拙作《春秋王魯說研究》第三章第二節〔註47〕)

〔註44〕 〔漢〕董仲舒、〔清〕盧文弨校:《春秋繁露》,卷7,頁4~5。

〔註45〕 〔漢〕董仲舒、〔清〕盧文弨校:《春秋繁露》,卷7,頁5。

〔註46〕 如顧頡剛先生(1893~1980年)云:「因爲三統說是影戲了五德說而成立的。在那時的五行相勝的五德說裏定湯爲金德,文王爲火德,繼周者爲水德;所以他便趁口說湯爲白統,文王爲赤統,孔子以《春秋》繼周爲黑統,以示與五德說相應合而不相衝突。若一提到夏,則在五德說爲木德,在三統說爲黑統,便不相容了。這是一種『託古改制』的學說初出來時所應有的遮遮掩掩的態度。」顧頡剛:《中國上古史研究講義》(臺北:洪葉文化事業,1994年10月),頁355。

〔註47〕 張厚齊:《春秋王魯說研究》(臺北:私立東吳大學中國文學系碩士論文,2007年6月),頁72~80。

二、何休模式

東漢何休（129～182 年）是繼胡毋子都與董仲舒之後的公羊學大師。西漢初年《公羊傳》由公羊高與弟子胡毋子都寫定之後，景帝立胡毋子都與董仲舒爲公羊學博士；迄東漢末年，公羊學在官學中雖仍占有一席之地，但《左傳》在私學中的聲勢漸盛，公羊學的學術地位已經發生動搖，甚至開始沒落了。於是何休作《春秋公羊解詁》，並「與其師博士羊弼，追述李育意以難二《傳》，作《公羊墨守》、《左氏膏肓》、《穀梁廢疾》」〔註 48〕，目的就在恢復公羊學的學術地位。

按胡毋子都另有一部義例的專門著作，名爲《條例》，已佚。據何休〈春秋公羊解詁序〉云：「往者略依胡毋生《條例》，多得其正，故遂隱括，使就繩墨焉。」〔註 49〕雖然何休宣稱《春秋公羊解詁》係依《條例》而作，但其中並未標示何者出自胡毋子都，且《春秋公羊解詁》表面上是爲《公羊傳》作注，卻經常離傳說義，實際上是傳承董仲舒王魯說並有所改造，並非專爲闡發《公羊傳》義例而作。

何休又繼胡毋子都《條例》之後作《文諡例》，亦已佚，目前僅可在徐彥《春秋公羊傳注疏》中尋得蛛絲馬跡。據《隋書·經籍志》載何休撰《春秋公羊諡例》一卷〔註 50〕，徐彥《春秋公羊傳注疏》則云「何氏作《文諡例》」〔註 51〕，二者書名不一，諸儒習稱爲《文諡例》。有關《文諡例》書名由來不詳，本文推測，「文」爲文飾之意，「諡」則作褒貶解。按諡法始於周初，目的在公開褒揚死者生前的功業〔註 52〕，如《白虎通·諡》云：「所以臨葬而諡之何？因眾會，欲顯揚之也。」〔註 53〕後來諡法普及，無論死者生前行

〔註 48〕 見范曄《後漢書·儒林列傳》。〔南朝宋〕范曄：《後漢書》（臺北：鼎文書局，1975 年 10 月），頁 2583。

〔註 49〕 〔唐〕徐彥：《春秋公羊傳注疏》，卷首，頁 2。

〔註 50〕 〔唐〕魏徵：《隋書》（臺北：臺灣中華書局，1965 年 11 月，《四部備要》本），卷 32，頁 13。

〔註 51〕 〔唐〕徐彥：《春秋公羊傳注疏》，卷 1，頁 1。

〔註 52〕 《逸周書·諡法解》云：「維周公旦、太公望開嗣王業，建功于牧之野，終，將葬，乃制諡，遂敘諡法。諡者，行之迹也；號者，功之表也；車服者，位之章也。」〔晉〕孔晁：《逸周書注》（臺北：臺灣中華書局，1965 年 11 月，《四部備要》本），卷 6，頁 17。

〔註 53〕 〔漢〕班固：《白虎通》（臺北：臺灣商務印書館，1979 年 11 月，《四部叢刊正編》本），卷 1，頁 15。

事是善是惡皆有諡，如劉向《五經通義》云：「諡之言列，陳列所行。善有善諡，惡有惡諡，亦以為勸戒也。」〔註54〕所以「文諡」二字應是指對前人行事的文飾與褒貶，《文諡例》（《春秋公羊諡例》）亦應是以義例褒貶前人行事的著作，然而事實並非如此。如徐彥《春秋公羊傳注疏》所引《文諡例》殘文六條，列舉「《春秋》五始、三科九旨、七等、六輔、二類之義，以矯枉撥亂，為受命品道之端、正德之紀」〔註55〕，其中「五始」或有例，或無例，不能貫通一致〔註56〕；「三科九旨」雖或有例，但不是為義例模式而設〔註57〕；「六輔」出處及義例均不詳〔註58〕；「二類」將人事連結災異，並非真正的

〔註54〕 見杜佑《通典·帝王諡號議》引。〔唐〕杜佑：《通典》（臺北：新興書局，1966年8月），卷104，頁549。

〔註55〕 見徐彥《春秋公羊傳注疏》引。〔唐〕徐彥：《春秋公羊傳注疏》，卷1，頁1。

〔註56〕 徐彥引何休《文諡例》云：「五始者，元年、春、王、正月、公即位是也。」「五始」源自《春秋》隱公「元年春王正月」。《公羊傳》云：「元年者何？君之始年也。春者何？歲之始也。王者孰謂？謂文王也。曷為先言王而後言正月？王正月也。何言乎王正月？大一統也。公何以不言即位？成公意也。」這一段文字是《公羊傳》開篇首章，旨在闡釋大一統，其中提到元年是「君之始年」，春是「歲之始」，只有二始。何休《春秋公羊解詁》對於「五始」有較完整的說法：一、元年是「君之始年」，元是「天地之始」；二、春是「歲之始」；三、王是「人道之始」；四、正月是「政教之始」；五、公即位是「一國之始」。第三、四、五始非《公羊傳》所有，是何休加上去的。然而「五始」是否屬義例模式呢？按《春秋》十二公、二百四十二年，十二公均以元年為始年，但元為「天地之始」，只適用於二百四十二年之始，無第二例可說；春為「歲之始」，每年適用；王為「人道之始」，只適用於「周始受命之王」，亦無第二例可說；正月為「政教之始」，每年適用；公即位為「一國之始」，十二公均適用。「五始」或有例，或無例，不能貫通一致，顯然不是為義例模式而設。〔唐〕徐彥：《春秋公羊傳注疏》，卷1，頁1；卷1，頁2。

〔註57〕 徐彥引何休《文諡例》云：「三科九旨者：新周，故宋，以春秋當新王，此一科三旨也；……所見異辭，所聞異辭，所傳聞異辭，二科六旨也；……內其國而外諸夏，內諸夏而外夷狄，是三科九旨也。」徐彥疏：「何氏之意，以為三科九旨正是一物。若摠言之謂之三科，科者，段也；若析而言之謂之九旨，旨者，意也。言三個科段之內有此九種之意。」若說得更確切一點，三科就是三個階段，「新周，故宋，以春秋當新王」是第一階段，「所見異辭，所聞異辭，所傳聞異辭」是第二階段，「內其國而外諸夏，內諸夏而外夷狄」是第三階段。何休是藉「三科九旨」闡述《春秋》完成政治理想的三個階段，雖或有例，但亦不是為義例模式而設。〔唐〕徐彥：《春秋公羊傳注疏》，卷1，頁1。

〔註58〕 徐彥引何休《文諡例》云：「六輔者，公輔天子，卿輔公，大夫輔卿，士輔大夫，京師輔君，諸夏輔京師是也。」〔唐〕徐彥：《春秋公羊傳注疏》，卷1，頁1。

義例〔註59〕；只有「七等」確爲褒貶義例〔註60〕。《文諡例》這些理論雖依附於義例的名義之下，卻未必是真正的義例，且非專爲闡發《公羊傳》義例而作，可能亦與王魯說有關。

何休上承董仲舒公羊學思想，提倡《春秋》王魯說，並藉《春秋說》「三科九旨」闡述《春秋》完成政治理想的三個階段：以「新周〔註61〕、故宋、以春秋當新王」爲第一階段（一科三旨），成立虛擬的春秋新王朝；以「所見異辭，所聞異辭，所傳聞異辭」爲第二階段（二科六旨），春秋新王朝由衰亂之世，進化至升平之世，再進化至太平之世；以「內其國而外諸夏，內諸夏而外夷狄」爲第三階段（三科九旨），春秋新王朝由一統魯國，擴展至一統諸夏，再擴展至一統夷狄，達成一統天下的終極目標。茲就其解經義法考述如下：

（一）變辭使魯君爲春秋新王

董仲舒《春秋繁露・三代改制質文》主張孔子受命作《春秋》，春秋於周代之後繼興，成爲一個虛擬的新王朝，春秋新王朝成立之後，由魯十二公受命爲新王，以傳承三代以來的道統。何休上承董仲舒之說，以變辭解經，略舉如下：

〔註59〕 徐彥引何休《文諡例》云：「二類者，人事與災異是也。」何休於《春秋公羊解詁》中，必將人事與災異相提並論。所謂災異，包括災害與異象兩部分。災害部分，如《春秋》隱公五年秋九月：「螟。」《公羊傳》云：「何以書？記災也。」何休注：「災者，有害於人，物隨事而至者。先是隱公張百金之魚、設苛令急法以禁民之所致。」《公羊傳》對於螟蟲的出現，只是表示發生了災害，不涉及人事。但何休認爲由於魯隱公施政不當在先，所以隨後出現災害。異象部分，如《春秋》隱公三年春二月己巳：「日有食之。」《公羊傳》云：「何以書？記異也。」何休注：「異者，非常可怪先事而至者。是後衛州吁弒其君完、諸侯初僭、魯隱係獲、公子翬進諂謀。」《公羊傳》對於日食的出現，只是表示發生了異象，不涉及人事。但何休認爲由於異象出現在先，所以隨後發生一連串人禍。何休爲將人事與災異作密切的連結，以災異發生前後的人事爲義例，其實不是真正的義例。〔唐〕徐彥：《春秋公羊傳注疏》，卷1，頁1；卷3，頁14；卷2，頁9。

〔註60〕 徐彥引何休《文諡例》云：「七等者，州、國、氏、人、名、字、子是也。」「七等」源自《春秋》莊公十年秋九月：「荊敗蔡師于莘，以蔡侯獻舞歸。」《公羊傳》云：「荊者何？州名也。州不若國，國不若氏，氏不若人，人不若名，名不若字，字不若子。蔡侯獻舞何以名？絕。曷爲絕之？獲也。曷爲不言其獲？不與夷狄之獲中國也。」州、國、氏、人、名、字、子七等的順序，是《春秋》褒貶進退的義例。〔唐〕徐彥：《春秋公羊傳注疏》，卷1，頁1。

〔註61〕 「新周」，《春秋繁露・三代改制質文》作「親周」，意涵不變。

1. 變魯君「一年」為「元年」

如《春秋》隱公「元年春王正月」。《公羊傳》云：「元年者何？君之始年也。」按《春秋》編年以記事，元年是魯君之始年。但何休認為，《春秋》書「元年」而不書「一年」，是變辭以託王魯之義，《春秋公羊解詁》云：

> 《春秋》……變「一」為「元」。元者，氣也，無形以起，有形以分，造起天地，天地之始也。故上無所繫，而使「春」繫之也。不言公，言君之始年者，王者、諸侯皆稱君，所以通其義於王者，惟王者然後改元立號。〔註62〕

何休取《公羊傳》「元年，君之始年」一句作注，卻有別解。《公羊傳》「君之始年」本是指「魯君之始年」，但何休認為，王與諸侯皆可稱為君，所謂「君之始年」是指「王之始年」，將魯君升格為王；又「元」為天地之始，王者受命於天，「改元立號」，所以《春秋》變「一年」為「元年」，假託魯君始起為春秋新王。

2. 變「來」為下對上之辭，「涖」為上對下之辭

如《春秋》隱公十一年春：「滕侯、薛侯來朝。」《春秋公羊解詁》云：

> 《春秋》王魯，王者無朝諸侯之義。〔註63〕

變來朝於魯為來朝於王。又如《春秋》桓公十四年夏五月：「鄭伯使其弟語來盟。」《春秋公羊解詁》云：

> 從內，為王義，明王者當以至信先天下。〔註64〕

變來盟於魯為來盟於王。又如《春秋》僖公三年冬：「公子友如齊涖盟。」《春秋公羊解詁》云：

> 《春秋》王魯，故言『涖』，以見王義，使若王者遣使臨諸侯盟，飭以法度。〔註65〕

變魯君遣使涖盟為王者遣使涖盟。按《春秋》書「來朝」、「來盟」、「涖盟」者，本是諸侯平等往來之辭；何休則認為，《春秋》變「來」為下對上之辭，「涖」為上對下之辭，俱假託魯君為春秋新王。

〔註62〕　〔唐〕徐彥：《春秋公羊傳注疏》，卷1，頁2。
〔註63〕　〔唐〕徐彥：《春秋公羊傳注疏》，卷3，頁16。
〔註64〕　〔唐〕徐彥：《春秋公羊傳注疏》，卷5，頁27。
〔註65〕　〔唐〕徐彥：《春秋公羊傳注疏》，卷10，頁54。

3. 變文從質

董仲舒認為，春秋「救文以質」〔註66〕，以濟周文之弊。何休承其說，主張「春秋變周之文，從殷之質」〔註67〕。如《春秋》隱公七年夏：「齊侯使其弟年來聘。」《公羊傳》云：「其稱弟何？母弟稱弟，母兄稱兄。」《春秋公羊解詁》云：

> 母弟，同母弟。母兄，同母兄。不言『同母』，言『母』弟者，若謂『不如』為『如』矣。……分別同母者，《春秋》變周之文，從殷之質。質家親親，明當親厚，異於羣公子也。〔註68〕

年是齊君的同母弟，《春秋》不書「同母弟」三字，亦不書「母弟」二字，而書「弟」一字。何休認為，《春秋》不書三字、二字，而書一字，乃是春秋變文而從質。所謂「質家親親」，是指親當自至親始；同母弟親於羣公子，故春秋親親自同母弟始。又如《春秋》隱公十一年春：「滕侯、薛侯來朝。」《春秋公羊解詁》云：

> 滕序上者，春秋變周之文，從殷之質。質家親親，先封同姓。〔註69〕

滕君序於薛君之上，原委見於《左傳》〔註70〕。滕，姬姓；薛，任姓。滕君與薛君皆為侯爵，朝禮無長次先後之分。兩君朝魯爭長，魯君乃引宗盟之制以決，滕與魯同姓，薛與魯異姓，故以滕君為長，序於薛君之上。薛侯曰「我先封」，本謂薛受封於夏，先於滕受封於周。何休認為，《春秋》假託魯君為王，滕君與薛君來朝魯君，爭先受封於魯，故薛侯曰「我先封」；所謂「質家親親」，是指滕以同姓親於薛，故魯先封滕君。

4. 變從魯君征伐為從王者征伐

如《春秋》成公二年夏六月癸酉：「季孫行父、臧孫許、叔孫僑如、公孫嬰齊帥師，會晉郤克、衛孫良夫、曹公子手，及齊侯戰于鞌，齊師敗績。」《公羊傳》云：「曹無大夫，公子手何以書？憂內也。」《公羊傳》認為，按《春

〔註66〕 〔漢〕董仲舒、〔清〕盧文弨校：《春秋繁露》，卷4，頁6。
〔註67〕 〔唐〕徐彥：《春秋公羊傳注疏》，卷3，頁15。
〔註68〕 〔唐〕徐彥：《春秋公羊傳注疏》，卷3，頁15。
〔註69〕 〔唐〕徐彥：《春秋公羊傳注疏》，卷3，頁16。
〔註70〕 《左傳》云：「滕侯、薛侯來朝，爭長。薛侯曰：『我先封。』滕侯曰：『我，周之卜正也。薛，庶姓也。我不可以後之。』公使羽父請於薛侯曰：『君與滕君，辱在寡人。周諺有之曰：「山有木，工則度之。賓有禮，主則擇之。」周之宗盟，異姓為後。寡人若朝于薛，不敢與諸任齒，君若辱貺寡人，則願以滕君為請。』薛侯許之。乃長滕侯。」

秋》常例，曹無賢大夫，其公子手應書「曹手」，不書「曹公子手」，因公子手憂恤魯難，助魯復讎，故以大夫之例書「曹公子手」。但《春秋公羊解詁》云：

> 《春秋》託王於魯，因假以見王法。明諸侯有能從王者征伐不義，
> 克勝有功，當襄之，故與大夫。〔註71〕

《春秋》假託魯君爲王，視齊伐魯爲犯上不義，魯復讎乃王者征伐不義，曹公子手帥師助魯，乃從王者征伐，爲襄其有克勝之功，故以大夫之例書「曹公子手」。又云：

> 大夫敵君，不貶者，隨從王者，大夫得敵諸侯也。〔註72〕

魯、晉、衛、曹四國大夫帥師，與齊君敵對而戰，《春秋》不貶稱「魯人」、「晉人」、「衛人」、「曹人」，是因爲《春秋》假託魯君爲王，大夫受王者之命，得與諸侯敵對而戰，無踰矩犯上之虞。

5. 變魯都為京師

如《春秋》桓公六年春正月：「寔來。」《公羊傳》云：「寔來者何？猶曰：『是人來』也。孰謂？謂州公也。曷爲謂之寔來？慢之也。曷爲慢之？化我也。」所謂「化我」，是指州君過魯而不朝爲無禮。《春秋》書「寔來」（是人來）不書「州公來」，即因其無禮。但《春秋公羊解詁》云：

> 諸侯相過，至竟必假塗，入都必朝，所以崇禮讓、絕慢易、戒不虞
> 也。今州公過魯都，不朝魯，是慢之爲惡，故書「寔來」，見其義也。
> 〔註73〕

何休認爲，《春秋》變「來」爲下對上之辭，又以魯都爲京師，州君來魯都而不朝魯君，即是來京師而不朝王，故《春秋》以簡慢之詞書之。

（二）託魯隱公為春秋始受命王

周室自平王東遷後，魯孝公傳於惠公，再傳於隱公；但《春秋》記事，何以始於隱公，不始於孝公或惠公呢？《春秋公羊解詁》云：

> 所以二百四十二年者，取法十二公，天數備足，著治法式。〔註74〕

徐彥疏：

〔註71〕〔唐〕徐彥：《春秋公羊傳注疏》，卷17，頁96。
〔註72〕〔唐〕徐彥：《春秋公羊傳注疏》，卷17，頁96。
〔註73〕〔唐〕徐彥：《春秋公羊傳注疏》，卷4，頁22。
〔註74〕〔唐〕徐彥：《春秋公羊傳注疏》，卷4，頁22。

－187－

考諸舊本，皆作『式』字。言取十二公者，法象天數，欲著治民之法式也。若作『戒』字，言著治亂之法，著治國之戒矣。〔註75〕

按讖緯學說大盛於東漢，何休法象天數十二之說，託始於魯隱公，止於魯哀公，正合《春秋》記魯十二公之事，兼可呼應孔子於獲麟後受命制作之說〔註76〕，終則在於「著治法式」；取讖緯之說應只是順應時勢，借題發揮，較易使東漢人接受。

何休結合義例模式，以《春秋》託魯隱公爲春秋始受命王，略舉如下：

1. 先與魯隱公盟者**褒**之

如《春秋》隱公元年春三月：「公及邾婁儀父盟于眜。」《公羊傳》云：「曷爲稱字？褒之也。曷爲褒之？爲其與公盟也。與公盟者眾矣，曷爲獨褒乎此？因其可褒而褒之。此其爲可褒奈何？漸進也。」《春秋》常例，遠國與盟者書「人」〔註77〕。邾婁是偏遠小國，其君與隱公會盟，《春秋》尊稱其字儀父，不書「邾婁人」，是因爲邾婁漸進於王化，故特稱其字以褒之。《春秋繁露・王道》亦云：「諸侯來朝者得褒，邾婁儀父稱字，……王道之意也。」〔註78〕說與《公羊傳》同。但《春秋公羊解詁》云：

> 《春秋》王魯，託隱公以爲始受命王。因儀父先與隱公盟，可假以見褒賞之法，故云爾。〔註79〕

又云：

> 漸者，物事之端，先見之辭。去惡就善曰進。譬若隱公受命而王，諸侯有倡始先歸之者，當進而封之，以率其後。〔註80〕

何休訓「漸」爲倡始，異於《公羊傳》；又《春秋》假託魯隱公爲始受命王，邾婁倡始先歸隱公，所以稱字褒之。

〔註75〕〔唐〕徐彥：《春秋公羊傳注疏》，卷1，頁6。

〔註76〕何休《春秋公羊經傳解詁》云：「得麟之后，天下血書魯端門，曰：『趨作法，孔聖沒。周姬亡，彗東出。秦政起，胡破術。書記散，孔不絕。』子夏明日往視之，寫書飛爲赤鳥，化爲白書，署曰：『演孔圖』，中有作圖制法之狀。孔子仰推天命，俯察時變，卻觀未來，豫解無窮，知漢當繼大亂之后，故作撥亂之法以授之。」〔唐〕徐彥：《春秋公羊傳注疏》，卷28，頁160。

〔註77〕《春秋》僖公二年秋九月：「齊侯、宋公、江人、黃人盟于貫澤。」《公羊傳》云：「江人、黃人者何？遠國之辭也。」

〔註78〕〔漢〕董仲舒、〔清〕盧文弨校：《春秋繁露》，卷4，頁4。

〔註79〕〔唐〕徐彥：《春秋公羊傳注疏》，卷1，頁4。

〔註80〕〔唐〕徐彥：《春秋公羊傳注疏》，卷1，頁4。

2. 先與魯隱公交接者襃之

如《春秋》隱公元年秋九月：「及宋人盟于宿。」又《春秋》隱公八年夏六月辛亥：「宿男卒。」《春秋公羊解詁》云：

> 宿本小國，不當卒。所以卒而日之者，《春秋》王魯，以隱公為始受命王。宿男先與隱公交接，故卒襃之也。〔註81〕

魯、宋立盟，宿亦與盟，因《春秋》假託魯隱公為始受命王，宿男先與隱公交接，所以書卒襃之。

3. 先朝魯隱公者襃之

如《春秋》隱公十一年春：「滕侯、薛侯來朝。」《春秋公羊解詁》云：

> 稱侯者，春秋託隱公以為始受命王。滕、薛先朝隱公，故襃之。……
> 儀父盟，功淺；滕、薛朝，功大。〔註82〕

滕本子爵，薛本伯爵。何休認為，滕君與薛君先朝隱公，功大於邾婁君先與隱公盟。邾婁君先與隱公盟，《春秋》稱字而襃之；滕君與薛君功大於邾婁君，故《春秋》皆進稱侯爵而襃之。

（三）疾惡犯春秋之始者

春秋新王朝成立後，開始實施王道於天下，不應再有侵伐僭亂之事，對於始犯惡行者，《春秋》必疾惡之，略舉如下：

1. 疾始滅國

如《春秋》隱公二年夏：「無駭帥師入極。」《公羊傳》云：「無駭者何？展無駭也。何以不氏？貶。曷為貶？疾始滅也。始滅，昉於此乎？前此矣。前此，則曷為始乎此？託始焉爾。曷為託始焉爾？《春秋》之始也。」又《春秋》隱公八年冬十二月：「無駭卒。」《公羊傳》云：「此展無駭也，何以不氏？疾始滅也，故終其身不氏。」魯司空展無駭帥師滅極，是《春秋》滅國之首例，所以《春秋》終其身不氏以示疾之。但《春秋公羊解詁》云：

> 春秋託王者始起，所當誅也。言『疾始滅』者，諸滅復見不復貶。
> 皆從此取法，所以省文也。〔註83〕

何休認為，魯司空展無駭帥師滅極，是春秋新王朝成立後之首例，故不書其氏，以示貶而誅之。

〔註81〕 〔唐〕徐彥：《春秋公羊傳注疏》，卷3，頁15。
〔註82〕 〔唐〕徐彥：《春秋公羊傳注疏》，卷3，頁16。
〔註83〕 〔唐〕徐彥：《春秋公羊傳注疏》，卷2，頁8。

2. 疾始取邑

如《春秋》隱公四年春二月：「莒人伐杞，取牟婁。」《公羊傳》云：「牟婁者何？杞之邑也。外取邑不書，此何以書？疾始取邑也。」按《春秋》常例，他國相伐取邑不書。莒取杞邑，是《春秋》取邑之首例，故《春秋》疾而書之。但相較於疾始滅國例，為何《公羊傳》不云：「取邑，昉於此乎？前此矣。前此，則曷為始乎此？託始焉爾。曷為託始焉爾？《春秋》之始也。」按《春秋公羊解詁》云：

> 《傳》不託始者，前此有滅，不嫌無取邑。當託始明，故省文也。
> 〔註84〕

何休認為，《春秋》外取邑猶書之，託始之義甚明，應當疾惡之，《公羊傳》因前疾始滅國例，滅國必取其邑，所以不再託始；而《春秋》未見託始（如展無駭不氏），是省略其文辭。

3. 疾始以火攻

如《春秋》桓公七年春二月己亥：「焚咸丘。」《公羊傳》云：「焚之者何？樵之也。樵之者何？以火攻也。何言乎以火攻？疾始以火攻也。咸丘者何？邾婁之邑也。」此為《春秋》以火攻之首例，故《春秋》疾而書之。但相較於疾始滅國例，為何《公羊傳》不云：「以火攻，昉於此乎？前此矣。前此，則曷為始乎此？託始焉爾。曷為託始焉爾？《春秋》之始也。」按《春秋公羊解詁》云：

> 征伐之道，不過用兵。服，則可以退；不服，則可以進。火之盛炎，
> 水之盛衝，雖欲服罪，不可復禁，故疾其暴而不仁也。不託始者，
> 前此未有，無所託也。〔註85〕

何休認為，火攻咸丘，暴而不仁，為春秋新王朝成立後之首例，應當疾之；但《公羊傳》認為前此未有，實為首例，無須託始。

（四）假義例以制王法

董仲舒《春秋繁露・楚莊王》云：「受命之君，天之所大顯也；事父者承意，事君者儀志，事天亦然；今天大顯己，物襲所代，而率與同，則不顯不明，非天志，故必徙居處，更稱號，改正朔，易服色者，無他焉，不敢不順

〔註84〕〔唐〕徐彥：《春秋公羊傳注疏》，卷2，頁11。
〔註85〕〔唐〕徐彥：《春秋公羊傳注疏》，卷5，頁24。

天志，而明自顯也。」〔註 86〕何休承其說，《春秋公羊解詁》亦云：「王者受命，必徙居處，改正朔，易服色，殊徽號，變犧牲，異器械，明受之於天，不受之於人。」〔註 87〕並主張「《春秋》託王於魯，因假以見王法」〔註 88〕。有關《春秋》假託義例以制王法，略舉如下：

1. 制立嫡之法

如《春秋》隱公元年春正月，《公羊傳》云：「隱長又賢，何以不宜立？立適以長，不以賢；立子以貴，不以長。」《春秋公羊解詁》云：

> 禮，嫡夫人無子，立右媵；右媵無子，立左媵；左媵無子，立嫡姪娣；嫡姪娣無子，立右媵姪娣；右媵姪娣無子，立左媵姪娣。質家親親，先立娣；文家尊尊，先立姪。嫡子有孫而死，質家親親，先立弟；文家尊尊，先立孫。其雙生也，質家據見，立先生；文家據本意，立後生。皆所以防愛爭。〔註 89〕

此何休離傳而說義，以制春秋新王朝立嫡之法。

2. 制送死之法

如《春秋》隱公元年秋七月：「天王使宰咺來歸惠公仲子之賵。」《公羊傳》云：「喪事有賵。賵者，蓋以馬，以乘馬束帛。」《春秋公羊解詁》云：

> 此道周制也。〔註 90〕

《公羊傳》又云：「車馬曰賵，貨財曰賻，衣被曰襚。」《春秋公羊解詁》云：

> 此者，春秋制也。〔註 91〕

何休認為，《公羊傳》增減一「車」字，意謂周制送死者以馬，春秋制送死者以車馬。

3. 制田獵之法

如《春秋》桓公四年春正月：「公狩于郎。」《公羊傳》云：「春曰苗，秋曰蒐，冬曰狩。」《春秋公羊解詁》云：

〔註 86〕 〔漢〕董仲舒、〔清〕盧文弨校：《春秋繁露》，卷 1，頁 4～5。
〔註 87〕 〔唐〕徐彥：《春秋公羊傳注疏》，卷 1，頁 2。
〔註 88〕 〔唐〕徐彥：《春秋公羊傳注疏》，卷 17，頁 96。
〔註 89〕 〔唐〕徐彥：《春秋公羊傳注疏》，卷 1，頁 3。
〔註 90〕 〔唐〕徐彥：《春秋公羊傳注疏》，卷 1，頁 5。
〔註 91〕 〔唐〕徐彥：《春秋公羊傳注疏》，卷 1，頁 5。

> 不以夏田者，春秋制也。以爲飛鳥未去於巢，走獸未离於穴，恐傷
> 害於幼稚，故於苑囿中取之。〔註92〕

按四時田獵，各有其名，但各家說法不同。如《左傳》隱公五年春云：「春蒐，夏苗，秋獮，冬狩。」《春秋繁露・深察名號》云：「春苗，秋蒐，冬狩，夏獮。」〔註93〕《公羊傳》獨漏夏時田獵之名，何休乃謂春秋之制夏不田獵。

4. 制班爵之法

如《春秋》桓公十一年秋：「鄭忽出奔衛。」《公羊傳》云：「忽何以名？《春秋》伯、子、男一也，辭無所貶。」鄭爲伯爵，世子忽繼位爲君之後遭廢出奔，《春秋》書其名不書其爵。《公羊傳》認爲，忽失國稱名無貶斥之意，因爲子爵、男爵失國，《春秋》亦是書其名不書其爵。董仲舒則主張春秋新王朝「合伯、子、男爲一爵」，即所謂「周爵五等，春秋三等」。《春秋公羊解詁》云：

> 春秋改周之文，從殷之質，合伯、子、男爲一。一，辭無所貶，皆
> 從子，夷狄進爵稱子是也。忽稱子，則與諸侯改伯從子辭同，於成
> 君無所貶損，故名也。〔註94〕

何休之說與董仲舒同，並以「合伯、子、男爲一爵」爲春秋新制。

5. 制納幣之法

如《春秋》莊公二十二年冬：「公如齊納幣。」《春秋公羊解詁》云：

> 《禮》言納徵，《春秋》言納幣者，春秋質也。〔註95〕

按《儀禮・士昏禮》有「納徵」之文，凡六見；《禮記・昏義》有「納徵」之文，〈曾子問〉有「納幣」之文，各一見。「納徵」與「納幣」意義本無不同，何休藉《春秋》書「納幣」不書「納徵」，判爲質文之別，以託春秋新制。

6. 制稱氏之法

如《春秋》成公十五年春三月乙巳：「仲嬰齊卒。」《公羊傳》云：「仲嬰齊者何？公孫嬰齊也。公孫嬰齊，則曷爲謂之仲嬰齊？爲兄後也。爲兄後，則曷爲謂之仲嬰齊？爲人後者，爲之子也。爲人後者，爲其子，則其稱仲何？孫以王父字爲氏也。然則嬰齊孰後？後歸父也。歸父使於晉而未反。」嬰齊

〔註92〕〔唐〕徐彥：《春秋公羊傳注疏》，卷4，頁21。
〔註93〕〔漢〕董仲舒、〔清〕盧文弨校：《春秋繁露》，卷10，頁1。
〔註94〕〔唐〕徐彥：《春秋公羊傳注疏》，卷5，頁26。
〔註95〕〔唐〕徐彥：《春秋公羊傳注疏》，卷8，頁42～43。

本爲歸父之弟，公子遂之子；以公子之子，稱公孫嬰齊。嬰齊過繼歸父，變爲歸父之子，遂之孫；公子之孫，不得復稱公孫，於是以祖父遂之字爲氏，遂字仲遂，故以仲爲氏，稱仲嬰齊。故《春秋公羊解詁》云：

> 《經》云「仲」者，明春秋質家當積於「仲」。〔註96〕

何休認爲，嬰齊以祖父之字爲氏，故稱仲嬰齊，是春秋之制。另按徐彥疏：

> 此《經》何故不連其父歸父之字，而單言『仲』者？欲明春秋當質
> 正得積於「仲」，是以不得更以「佗」字連之。〔註97〕

嬰齊之父歸父字佗，何以不稱仲佗嬰齊？稱氏者，止於祖父之字，不以父之字，亦是春秋之制。

7. 制用郊之法

如《春秋》成公十七年秋九月辛丑：「用郊。」《公羊傳》云：「用者何？用者，不宜用也。九月，非所用郊也。然則郊曷用？郊用正月上辛。」郊祭本應於正月舉行，魯成公於九月舉行郊祭是失時，所以《春秋》書以譏之。但《春秋公羊解詁》云：

> 三王之郊，一用夏正。言正月者，春秋之制也。〔註98〕

何休認爲，夏、殷、周三代皆用夏正，於九月舉行郊祭；而魯成公於正月舉行郊祭，正是春秋新制。

8. 制命名之法

如《春秋》定公六年多：「季孫斯、仲孫忌帥師圍運。」《公羊傳》云：「此仲孫何忌也，曷爲謂之仲孫忌？譏二名。二名，非禮也。」按仲孫何忌之名，《春秋》凡十二見，獨於此書仲孫忌，是譏二名。但《春秋公羊解詁》云：

> 爲其難諱也。一字爲名，令難言而易諱，所以長臣子之敬，不逼下
> 也。……此春秋之制也。〔註99〕

又云：

> 春秋定、哀之間，文致太平，欲見王者治定，無所復爲譏，唯有二
> 名，故譏之。〔註100〕

〔註96〕〔唐〕徐彥：《春秋公羊傳注疏》，卷18，頁102。
〔註97〕〔唐〕徐彥：《春秋公羊傳注疏》，卷18，頁102。
〔註98〕〔唐〕徐彥：《春秋公羊傳注疏》，卷18，頁104。
〔註99〕〔唐〕徐彥：《春秋公羊傳注疏》，卷26，頁145。
〔註100〕〔唐〕徐彥：《春秋公羊傳注疏》，卷26，頁145。

何休同意《公羊傳》譏二名之說，並因此例發生於魯定公在位期間，屬所見之世，於是假春秋制命名之法以託致太平之義。

9. 制序時之法

如《春秋》哀公十四年春：「西狩獲麟。」《春秋公羊解詁》云：

> 据天子、諸侯乃言狩，天王狩于河陽，公狩於郎是也。河陽冬言狩，獲麟春言狩者，蓋据魯，變周之春以爲冬，去周之正，而行夏之時。〔註101〕

據前述天子、諸侯四時田獵之名，春田曰苗，冬田曰狩，惟獨「西狩獲麟」以春田稱狩。何休認爲，這是因爲《春秋》假託魯君爲王，故變周之春以爲春秋之冬，狩於周之春即狩於春秋之冬，以制序時之法。

按孔子修作《春秋》，雖曰盡乎事、文、義，實重在義。而《春秋公羊解詁》云：「《春秋》託王於魯，因假以見王法。」〔註102〕何休屢次使用「託」、「假」等字，可見此法並非著重於考據《春秋》的事與文，只是藉助於事與文以發明大義。清儒皮錫瑞（1850～1908年）強調此法稱爲「借事明義」，云：

> 借事明義，是一部《春秋》大旨。……魯隱非眞能讓國也，而《春秋》借魯隱之事，以明讓國之義。祭仲非眞能知權也，而《春秋》借祭仲之事，以明知權之義。齊襄非眞能復讎也，而《春秋》借齊襄之事，以明復讎之義。宋襄非眞能仁義行師也，而《春秋》借宋襄之事，以明仁義行師之義。所謂見之行事，深切著明，孔子之意，蓋是如此。故其所託之義，與其本事不必盡合，孔子特欲借之，以明其作《春秋》之義，使後之讀《春秋》者，曉然知其大義所存，較之徒託空言，而未能徵實者，不益深切而著明乎！三傳惟公羊家能明此旨。昧者乃執《左氏》之事，以駁《公羊》之義，謂其所稱祭仲、齊襄之類，如何與事不合，不知孔子並非不見國史，其所以特筆褒之者，止是借當時之事，做一樣子，其事之合與不合，備與不備，本所不計。孔子是爲萬世作經，而立法以垂教；非爲一代作史，而紀實以徵信也。〔註103〕

〔註101〕〔唐〕徐彥：《春秋公羊傳注疏》，卷28，頁158。

〔註102〕〔唐〕徐彥：《春秋公羊傳注疏》，卷17，頁96。

〔註103〕〔清〕皮錫瑞：《經學通論》（臺北：河洛圖書出版社，1974年12月），頁21～22。

《春秋》所託之事，其詞或見增刪變易，於史未必盡合，於文亦未必詳備，完全是以明義爲重。借事明義亦屬《春秋》書法，皮錫瑞之說最爲精闢。

然而宋儒葉適（1150～1223 年）云：

> 《公》、《穀》按漢人以爲末世口說流行之學，見於其書者，又有尸子、魯子、子女子之流。自經術講於師傳，而訓故之說行，《書》以義，《詩》以物，《周官》以名，《數易》以象，《春秋》以事、以例，大抵訓故之類也，口授指畫，以淺傳淺。而《春秋》必欲因事明義，故其浮妄尤甚，害義實大。然則所謂口說流行者，乃是書之蠹也。
> 〔註 104〕

葉適以因事明義（即借事明義）爲末世口說流行之法，於訓詁《春秋》危害最大；但本文認爲，借事明義之法旨在明義，不在訓詁，二者學術領域本不相干，何必強將訓詁之法加諸假託之義呢？又明儒章潢（1527～1608 年）云：

> 《春秋》則據事明義，而事在古人，匪後人可得而增減者。四傳各發一義，未免揣摩測度于一字之間，此以爲是，彼以爲非，雖無疑者，反因之以生疑，縱自相牴牾，亦弗之恤。〔註 105〕

章潢以爲據事明義（即借事明義）流於揣摩測度，反而生疑；但本文認爲，借事明義之法義隨人解，各自表述，只要有益於世道人心，即是正解，縱然董仲舒與何休解經義法皆屬隱語類，其實亦頗多差異，學者自可斟酌取捨，無須抱持成見全盤否定。

第二節　起興類

宋儒程頤（1033～1107 年）認爲，聖人作《春秋》的用意有二：一是褒善貶惡，二是經世；然而「後世以史視《春秋》，謂褒善貶惡而已，至於經世之大法，則不知也」〔註 106〕，於是作《春秋傳》以闡明聖人之志，「俾後之人通其文而求其義，得其意而法其用」〔註 107〕。可見其《春秋傳》是

〔註 104〕〔宋〕葉適：《習學記言序目》（臺北：新文豐出版公司，1989 年 7 月，《叢書集成續編》，冊 16），卷 9，頁 1。
〔註 105〕〔明〕章潢：《圖書編》（臺北：成文出版社，1971 年 1 月），卷 12，頁 73。
〔註 106〕見程頤〈春秋傳序〉。〔宋〕朱熹：《河南程氏經說》（臺北：漢京文化事業，1983 年 9 月，《二程集》），卷 4，頁 1125。
〔註 107〕見程頤〈春秋傳序〉。〔宋〕朱熹：《河南程氏經說》，卷 4，頁 1125。

在爲聖人與後人扮演中介的角色，並寄望後人能藉以發揮《春秋》經世的作用。宋儒朱熹（1130～1200 年）亦盛稱「唯伊川以爲經世之大法，得其旨矣」〔註108〕。

《春秋》經世說對於宋儒而言，具有非常重大的意義，因爲宋代立國之初，內部兵將驕縱，隨時可能叛變，而遼穆宗怠於政事，暫可無憂，於是宋太祖以安內爲先，實施強幹弱枝、中央集權的尊王政策，軍事上收掌禁軍、削弱藩鎮，政治上分削相權、優遇文人，有效維持國內的安定；但由於重文偃武，且財用不足，導致國勢長期積弱不振，有識之士雖倡議變法，卻使朝廷黨爭加劇，權臣與宦官朋比爲奸，地方變亂蜂起，又外開邊釁，金人入侵，一發不可收拾，直至南宋仍與外患相爲始終。宋儒既受朝廷優遇，對於時事多有強烈的憂患意識與責任感，每藉《春秋》推重尊王攘夷之義，弘揚《春秋》經世大法，尤其歷經靖康之難、皇室南渡之後，更有以《春秋》爲「復讎之書」〔註109〕者，形成藉《春秋》起興的解經特色。

按《詩》有風、雅、頌、賦、比、興六義，其中興是指作詩的聯想法。晉儒摯虞（？～311 年）《文章流別志論》云：「興者，有感之辭也。」〔註110〕舊題「鄭樵」《六經奧論總文》「讀《詩》《易》法」條亦云：「凡興者，所見在此，所得在彼；不可以事類推，不可以理義求也。」〔註111〕二說基本上相同，意謂興體詩是藉由興句引起感觸，啓發對下文的聯想，至於興句本身意涵是什麼，不必刻意以事類或理義去推求。宋儒以視《春秋》如興句，引起感觸，啓發對宋代時勢環境的聯想，至於《春秋》本旨是什麼，不必刻意以事類或理義去推求；正如南宋諸儒藉由《春秋》聯想復讎大義，雖然「復讎之說初非《春秋》本旨」〔註112〕，但《春秋》本旨是什麼何必多問呢？

〔註108〕〔宋〕黎靖德：《朱子語類》（臺北：漢京文化事業，1980 年 7 月），卷83，頁 28。

〔註109〕朱彝尊《經義考》引宋儒趙孟何《春秋法度編》戴表元序：「咸淳中，余備員太學博士弟子，見學官月講必以《春秋》，竊怪而問諸人，曰：『是自渡江以爲復讎之書，不敢廢也。』」〔清〕朱彝尊：《經義考》（臺北：臺灣中華書局，1965 年 11 月，《四部備要》本），卷 191，頁 5。

〔註110〕〔晉〕摯虞：〈文章流別志論〉，《摯太常遺書》（臺北：藝文印書館，1970 年 6 月，《關中叢書》第 4 集），卷 3，頁 1。

〔註111〕〔宋〕鄭樵：《六經奧論總文》（臺北：臺灣大通書局，1969 年 10 月，《通志堂經解》，冊 40），頁 14。

〔註112〕見朱彝尊《經義考》引宋儒趙孟何《春秋法度編》戴表元序。〔清〕朱彝尊：《經義考》，卷 191，頁 5。

　　宋儒藉《春秋》起興，雖不刻意以事類或理義去推求《春秋》本旨，但強調經世之義，非徒飾以空言而已〔註113〕。如孫復《春秋尊王發微》十二卷大旨在尊王；王皙《春秋皇綱論》五卷大旨在發明尊王之義；孫覺《春秋經解》十三卷「大旨以抑霸尊王為主」〔註114〕；蕭楚《春秋辨疑》四卷因憤疾權臣蔡京專國而作，「主於以統制歸天王，而深戒威福之移於下」〔註115〕；胡安國《春秋傳》三十卷係於南渡之後感激時事而作；戴溪《春秋講義》四卷惓惓於內修外攘、交鄰經武之道〔註116〕；洪咨夔《春秋說》三十卷係「有感於聖人以天治人之意」〔註117〕而作。以上諸作皆存，謹以孫復、孫覺、胡安國三人為代表，依序討論。

一、孫復模式

　　宋儒孫復（992～1057 年）生平提倡「以仁義禮樂為學」，與胡瑗（993～1059 年）、石介（1005～1045 年）並稱「宋初三先生」，開宋代理學先河。少舉進士，不中，退居泰山之陽，學《春秋》，以道德與經術聞名，朝廷召拜國子監直講，「將以為侍講，而嫉之者言其講說多異先儒，遂止」〔註118〕。著有《春秋尊王發微》十二卷，自得褒貶之義，立為訓傳；又有《春秋總論》三卷，已佚。

　　孫復認為，「孔子之作《春秋》也，以天下無王而作也，非為隱公而作也」〔註119〕。但隱公於東周平王末年即位，為何說天下無王呢？因為平王東遷之後，不能中興周室，諸侯不修朝覲之禮，不奉貢賦之職，法紀蕩然無存；隱

〔註113〕 如宋儒李琪《春秋王霸列國世紀編》未見經世之義，爰依其內容係以《春秋》諸國統紀為主，劃歸緯史模式諸國統紀類（詳見本文第九章第三節）。

〔註114〕 《四庫全書總目》（臺北：臺灣商務印書館，1986 年 7 月，《景印文淵閣四庫全書》），卷 26，頁 29。

〔註115〕 《四庫全書總目》云：「於時蔡京方專國，楚憤疾其姦，謂京且將為宋王莽，誓不復仕，遂退而著書，明《春秋》之學。」《四庫全書總目》，卷 26，頁 32～33。

〔註116〕 《四庫全書總目》云：「時當韓侂胄北伐敗衂，和議再成，故於內修外攘、交鄰經武之道，尤惓惓焉。」《四庫全書總目》，卷 27，頁 24。

〔註117〕 朱彝尊《經義考》引洪咨夔自序：「自考功罷歸，杜門深省，有感於聖人以天治人之意，作《春秋說》。」〔清〕朱彝尊：《經義考》，卷 190，頁 6。

〔註118〕 見歐陽脩〈孫先生墓誌銘并序〉。〔宋〕孫復：《春秋尊王發微》（臺北：臺灣大通書局，1969 年 10 月，《通志堂經解》，冊 19），附錄，頁 2～3。

〔註119〕 〔宋〕孫復：《春秋尊王發微》，卷 1，頁 1。

公即位不久而平王去世，自此「周道絕矣」，「天下無復有王也」〔註120〕。可知所謂天下無王，是指周王庸暗，名存實亡。

孔子對聖王有深切的期許，可惜春秋之世聖王不作，諸侯恣意妄爲，所以孔子的心情是非常感傷的。如《春秋》桓公元年秋：「大水。」孫復《春秋尊王發微》云：

> 春秋之世多災異者，聖王不作故也。然自隱迄哀，聖王不作者久矣，天下之災異多矣，悉書之，則不可勝其所書矣，是故孔子惟日食與內災則詳而書之，外災則或舉其一，或舉于齊、鄭、宋、衛，則天下之異從可見矣。〔註121〕

春秋之世多災異，是因爲聖王不作。但爲何《春秋》只見日食和魯災有詳細的記載，其他只有偶見於齊、鄭、宋、衛？因爲災異太多，《春秋》無法全部記載，必須有所選擇。如果有聖王在位，災異便不會如此頻仍了。又如《春秋》桓公二年春：「滕子來朝。」孫復《春秋尊王發微》云：

> 滕稱子者，案：杞，公爵也；滕、薛，皆侯也。入春秋，杞或稱侯，或稱伯，或稱子，皆降也。滕或稱侯，或稱子；稱侯，正也，稱子，降也。薛或稱侯，或稱伯；稱侯，正也，稱伯，降也。此蓋聖王不作，諸侯自恣，朝會不常。彼三國者，力既不足，禮多不備，或以侯禮而朝，或以伯、子而會，故孔子從而錄之，以見其亂也。〔註122〕

由於春秋之世聖王不作，小國爲求生存，必須依附大國，尋求保護，以致有爵尊而國小者，自動降爵，朝貢大國。如杞、滕、薛三小國朝貢魯國，便是自動降爵改禮，孔子按照實際情形記錄下來，顯示聖王不作，禮制紊亂。《春秋尊王發微》以「尊王」爲名，意即《春秋》寓有尊王之義，藉以期許鞏固皇權，正與北宋前期強化中央集權統治的需求相呼應。以下謹就孫復解經模式考述之。

（一）亂世聖王不作，書者皆惡之

春秋時期聖王不作，所發生皆爲亂世之事，《春秋》書之表示惡之，如《春秋》隱公元年春三月：「公及邾儀父盟于蔑。」孫復《春秋尊王發微》云：

〔註120〕〔宋〕孫復：《春秋尊王發微》，卷1，頁1。
〔註121〕〔宋〕孫復：《春秋尊王發微》，卷2，頁1。
〔註122〕〔宋〕孫復：《春秋尊王發微》，卷2，頁2。

盟者，亂世之事。……斯蓋周道陵遲，眾心離貳，忠信殆絕，譎詐
交作，於是列國相與始有歃血要言之事爾。凡書盟者，皆惡之也。
〔註123〕

立盟是亂世才有的事，表示諸侯互不信任，《春秋》惡之，所以書之。而惡之
亦有程度上的不同，云：

《春秋》之法，惡甚者日，其次者時，非獨盟也。以類而求，二百
四十二年諸侯罪惡輕重之跡，煥然可得而見矣。〔註124〕

書時月日代表罪惡輕重程度，重者書日，輕者書時，這個原則適用於《春秋》
所書之事；所以「公及邾儀父盟于蔑」書月，表示二位國君的罪惡介於輕重
之間。至於《春秋》所書天子之事，是否亦是如此呢？如《春秋》文公八年
秋八月戊申：「天王崩。」九年春二月辛丑：「葬襄王。」孫復《春秋尊王發
微》云：

天子崩，七月而葬，……此禮之常也，故不書焉。凡書葬者，非常
也。〔註125〕

襄王七月而葬，書者，惡內也。案：六年八月乙亥晉侯驩卒，冬十
月公子遂如晉葬襄公，前年秋八月戊申天王崩，此年二月叔孫得臣
如京師，辛丑葬襄王，魯皆使卿會，是天子、諸侯可得齊也，故書
襄王之葬，以惡內。〔註126〕

周襄王去世七個月之後舉行葬禮，符合禮法，《春秋》為何書之呢？孫復將晉
襄公與周襄王作比較，發現晉襄公去世時，魯國指派公子遂會葬，周襄王去
世時，魯國指派叔孫得臣會葬，晉襄公與周襄王去世，魯國皆指派卿會葬，
天子與諸侯竟然沒有尊卑貴賤之分，《春秋》惡之，所以書之；又「葬襄王」
書日，表示魯國的罪惡重。可見《春秋》所書皆表示惡之，並無例外。

（二）書王者，《春秋》之法

《春秋》特別重視書王：

1.「元年春王正月」

孫復《春秋尊王發微》云：

〔註123〕〔宋〕孫復：《春秋尊王發微》，卷1，頁2。
〔註124〕〔宋〕孫復：《春秋尊王發微》，卷1，頁2。
〔註125〕〔宋〕孫復：《春秋尊王發微》，卷1，頁6。
〔註126〕〔宋〕孫復：《春秋尊王發微》，卷6，頁7。

> 《春秋》自隱公而始者，天下無復有王也。夫欲治其末者，必先端
> 其本；嚴其終者，必先正其始。元年書王，所以端本也；正月，所
> 以正始也。其本既端，其始既正，然後以大中之法從而誅賞之，故
> 曰「元年春王正月」也。〔註127〕

《春秋》始於魯隱公，非為隱公而作，而是為天下無王而作，因為自隱公之
後天下無王。孔子不忍見天下無王，於是作《春秋》，並於隱公元年書王，以
端其本、正其始，表示《春秋》傳承王道，並未斷絕。

2.「王無十年不書」

孫復《春秋尊王發微》云：

> 威〔註128〕無王，元年、二年、十年、十八年書王者，《春秋》之法，
> 王無十年不書也，十年無王則人道絕矣。〔註129〕

《春秋》以魯十二公紀年，每逢十年必書王，即使魯桓公逆弒自立，目
中無王，《春秋》桓公十年仍書王，以示王法猶存，人道未絕。

（三）無王者，正以王法

諸侯、大夫敗亂法紀，目中無王，周王不能正，而孔子錄之，以《春秋》
之法正之，略舉如下：

1. 專行征伐

如《春秋》隱公二年冬十二月：「鄭人伐衛。」孫復《春秋尊王發微》云：

> 孔子曰：「天下有道，則禮樂、征伐自天子出；天下無道，則禮樂、
> 征伐自諸侯出。……。」吾觀隱、威之際，諸侯無小大，皆專而行之；
> 宣、成而下，大夫無內外，皆專而行之。其無王也，甚矣。故孔子從
> 而錄之，正以王法。凡侵、伐、圍、入、取、滅，皆誅罪也。〔註130〕

國邑為周王所封，征伐必須由周王任命；但諸侯未經周王任命即擅自征伐，
在春秋時期是各國普遍的現象，舉凡侵、伐、圍、入、取、滅，皆是如此。
鄭國未經周王任命即擅自伐衛，孔子從而錄之，正以王法。

〔註127〕〔宋〕孫復：《春秋尊王發微》，卷1，頁1。
〔註128〕威，指魯桓公。本文所引孫復《春秋尊王發微》原文係迻錄自臺灣大通書局
　　　　印行清初《通志堂經解》本，其中東周桓王作「威王」，魯桓公、齊桓公皆作
　　　　「威公」，可能因《通志堂經解》沿襲南宋高宗紹興年間版本，避北宋欽宗趙
　　　　桓名諱所致。
〔註129〕〔宋〕孫復：《春秋尊王發微》，卷2，頁17。
〔註130〕〔宋〕孫復：《春秋尊王發微》，卷1，頁5。

2. 自諡

如《春秋》隱公三年冬十二月癸未：「葬宋穆公。」孫復《春秋尊王發微》云：

> 禮，天子崩，稱天命以諡之；諸侯薨，請諡于天子；大夫卒，受諡
> 於其君。大行受大名，小行受小名，所以懲惡而勸善也。東遷之後，
> 其禮遂廢，諸侯之葬也，不請諡於天子，皆自諡之；非獨不請諡于
> 天子，皆自諡之，而又僭稱公焉。故孔子從而錄之，正以王法。……
> 宋公爵，又五月而葬，書者，不請諡也。〔註131〕

宋穆公去世五個月之後舉行葬禮，符合禮法，但因自諡，不請諡於天子，孔子從而錄之，正以王法。

3. 僭用禮樂

如《春秋》隱公五年秋九月：「考仲子之宮，初獻六羽。」孫復《春秋尊王發微》云：

> 其言初獻六羽者，魯僭用天子禮樂，舞則八佾，孔子不敢斥也，故
> 因此減用六羽以見其僭天子之惡。〔註132〕

仲子之宮落成，初獻六佾舞，符合禮法，《春秋》為何書之呢？因為諸侯僭用天子八佾舞，孔子不敢斥責，亦不敢書，藉此凸顯諸侯無王之惡，而正以王法。

4. 專殺

如《春秋》宣公十五年夏六月：「王札子殺召伯、毛伯。」孫復《春秋尊王發微》云：

> 生殺之柄，天子所持也，是故《春秋》非天子不得專殺。王札子，
> 人臣，殺召伯、毛伯于朝，定王不能禁，專執甚焉！故曰「王札子
> 殺召伯、毛伯」，以誅其惡。〔註133〕

生殺大權為天子所有，諸侯、大夫有罪，當請罪於天子，不得僭越專殺。王札子專殺召伯、毛伯，未請罪於周定王，定王亦未予以禁止，於是孔子錄其惡，正以王法。

〔註131〕〔宋〕孫復：《春秋尊王發微》，卷1，頁8。
〔註132〕〔宋〕孫復：《春秋尊王發微》，卷1，頁11。
〔註133〕〔宋〕孫復：《春秋尊王發微》，卷7，頁9。

5. 僭號

如《春秋》宣公十八年秋七月甲戌:「楚子旅卒。」孫復《春秋尊王發微》云:

> 不書葬者,貶之也。吳、楚僭極惡重,王法所誅,故皆不書葬以貶
> 之。〔註134〕

吳、楚之君僭號稱王,罪惡重大當誅,所以楚子旅卒《春秋》不書其葬,正以王法。

孫復藉由以上解經模式,辨名分,別嫌疑,發明興亡治亂之機,誅討諸侯敗亂法紀的行為,恢復周王應有的權力與地位,弘揚《春秋》經世大法,以因應宋代的時勢環境,可謂獨有所得,石介以下皆師事之。然而譏評者亦不少,如宋儒葉夢得(1077~1148 年)云:

> 孫明復《春秋》專廢傳從經,然不盡達經例,又不深於禮學,故其
> 言多自牴牾,有甚害於經者,雖纍以禮論當時之過,而不能盡禮之
> 制,尤為膚淺。〔註135〕

葉夢得長於禮,並據周代禮制考三傳之事與義,以探究《春秋》本旨(詳見本文第八章第四節);但孫復(孫明復)志不在探究《春秋》本旨,雖不深於禮學,不能盡禮之制,又有何妨?《四庫全書總目》云:

> 孫復、劉敞之流,名為棄傳從經,所棄者特《左氏》事迹、《公羊》、
> 《穀梁》月日例耳。其推闡譏貶,少可多否,實陰本《公羊》、《穀
> 梁》法,猶誅鄧析用竹刑也。夫刪除事迹,何由知其是非?無案而
> 斷,是《春秋》為射覆矣。〔註136〕

《四庫全書總目》將孫復定位為「棄傳從經」是錯誤的,應更正為「藉經起興」;且孫復主張「《春秋》之法,惡甚者日,其次者時」〔註137〕,並未棄《公羊傳》與《穀梁傳》時月日例;至於孫復藉經起興並非按斷義理,何干於《左氏》事迹呢?又宋儒常秩(1019~1077 年)云:

> 明復為《春秋》,猶商鞅之法,棄灰于道者有刑,步過六尺者有誅。
> 〔註138〕

〔註134〕〔宋〕孫復:《春秋尊王發微》,卷7,頁11。
〔註135〕見朱彝尊《經義考》引。〔清〕朱彝尊:《經義考》,卷179,頁3。
〔註136〕《四庫全書總目》,卷26,頁1。
〔註137〕〔宋〕孫復:《春秋尊王發微》,卷1,頁2。
〔註138〕〔宋〕晁公武:《郡齋讀書志》(臺北:臺灣商務印書館,1968 年3 月),卷1
　　　　下,頁68。

元儒黃澤（1260～1346 年）云：

> 孫泰山謂《春秋》有貶而無襃，若據此解經，則不勝舛謬。〔註139〕

《四庫全書總目》亦云：

> 自《穀梁》發「常事不書」之例，孫復衍「有貶無襃」之
> 文，後代承流，轉相摹仿，務以刻酷爲經義，二百四十二年之中，上至
> 天王，下至列國，無一人得免於彈刺，遂使游、夏贊之而不能者，
> 申、韓爲之而有餘，流弊所極，乃有貶及天道者（呂柟《春秋説
> 志》謂：「書季孫意如卒，所以見天道之左。」），《春秋》於是乎
> 亂矣。〔註140〕

按「常事不書」係《公羊傳》所發之例（《四庫全書總目》誤爲《穀梁傳》所發），「凡經所書，皆變古亂常則書之，故曰《春秋》無襃」〔註141〕，孫復（泰山先生）藉經起興，意在貶斥宋代變古亂常的人物，實非孔子作經以刻酷爲務、無所不貶，後儒不明就裡者貿然沿襲孫復之說以解經，當然舛謬紛亂。

　　然而如何公正評斷孫復之說呢？清儒納蘭成德（1655～1685 年）主張，「雖然羣言異同，必質諸大儒而論定。」〔註142〕如宋儒歐陽脩（1007～1072 年）云：

> 先生治《春秋》，不惑傳註，不爲曲説以亂經，其言簡易，明于諸侯、
> 大夫功罪，以考時之盛衰，而推見王道之治亂，得于經之本義爲多。
> 〔註143〕

歐陽脩似乎隱約體會出「考時之盛衰」是孫復治《春秋》的關鍵，但所謂「時」是指春秋或宋代，則語焉不詳；至於所謂「得于經之本義」，應係偶合《春秋》本義，而非孫復的目的。又宋儒朱熹云：

> 近時言《春秋》者，皆是計較利害，大義却不曾見。如唐之陸淳、
> 本朝孫明復之徒，他雖未能深於聖經，然觀其推言治道，凜凜然可
> 畏，終是得聖人簡意思。〔註144〕

〔註139〕見朱彝尊《經義考》引。〔清〕朱彝尊：《經義考》，卷179，頁4。
〔註140〕《四庫全書總目》，卷29，頁21。
〔註141〕見朱彝尊《經義考》引王得臣曰。〔清〕朱彝尊：《經義考》，卷179，頁3。
〔註142〕見納蘭成德〈孫泰山春秋尊王發微序〉。〔宋〕孫復：《春秋尊王發微》，附錄，頁1。
〔註143〕見歐陽脩〈孫先生墓誌銘并序〉。〔宋〕孫復：《春秋尊王發微》，附錄，頁3。
〔註144〕〔宋〕黎靖德：《朱子語類》，卷83，頁27。

孫復「未能深於聖經」，正是藉經起興所致，朱熹已掌握其關鍵；而所謂「觀其推言治道，凜凜然可畏」，亦是孫復因應宋代時勢環境的用心所在，朱熹獨具慧眼，評斷中肯。

二、孫覺模式

宋儒孫覺（字莘老，1028～1090 年）早年從學於胡瑗（安定先生），受《春秋》之學〔註145〕，晚年「患諸儒之鑿，彼此佩劍，蠹蝕我聖經，迺擷其所自得，為之傳」〔註146〕。所作《春秋經解》（別名《春秋學纂》）十三卷「以三家之說校其當否，而《穀梁》最為精深，且以《穀梁》為本者；其說是非褒貶，則雜取三傳及歷代諸儒、唐啖、趙、陸氏之說，長者從之；其所未聞，即以所聞安定先生之說解之」〔註147〕。由於胡瑗《春秋口義》五卷已佚，全賴孫覺存其梗概，可惜《春秋經解》並未標示何者出自胡瑗之說。

據宋儒周麟之（生卒年不詳）跋：「初，王荊公欲釋《春秋》，以行于天下，而莘老之傳已出，一見而有惎心，自知不復能出其右，遂詆聖經而廢之，曰：『此斷爛朝報也。』」〔註148〕但宋儒邵輯（生卒年不詳）序稱孫覺《春秋經解》作於晚年，王安石（1021～1086 年）應早已罷官（1076 年），因孫覺而廢《春秋》之說未必屬實，「然亦可見當時甚重其書，故有此說也」〔註149〕。

孫覺《春秋經解》藉經起興，多發明弦外之音，大旨以抑霸尊王為主，意在維護北宋集權中央、削弱藩鎮的政策。對於孔子作《春秋》為何始於魯隱公，孫覺與孫復的見解相同，因為周室自平王東遷之後，賞罰號令不行於天下，諸侯朝貢不至於京師，道統自此斷絕；平王去世之後，孔子已無可期待，於是作《春秋》，以魯隱公為始，表示王道不行，天下無王。孔子作《春秋》的目的，即是「以天下無王，而代之賞罰也」〔註150〕；所謂賞罰，並非

〔註145〕牟潤孫先生（1908～1988 年）云：「傳胡氏《春秋》之學著者有二人：一為孫覺莘老，著《春秋經解》；一為程頤伊川，著《春秋傳》。」牟潤孫：〈兩宋春秋學主流〉，《注史齋叢稿》（臺北：臺灣商務印書館，1990 年 6 月），頁 149。

〔註146〕見《龍學孫公春秋經解》邵輯序。〔宋〕孫覺：《龍學孫公春秋經解》（舊鈔本），卷末，頁 1。

〔註147〕見〔宋〕孫覺：〈龍學孫公春秋經解序〉，《龍學孫公春秋經解》，卷末，頁 4。

〔註148〕見《龍學孫公春秋經解》周麟之跋。〔宋〕孫覺：《龍學孫公春秋經解》，卷末，頁 1。

〔註149〕《四庫全書總目》，卷 26，頁 30。

〔註150〕〔宋〕孫覺：《春秋經解》（臺北：新文豐出版公司，1985 年 1 月，《叢書集成新編》，冊 108），卷 1，頁 1。

以褒貶義例爲賞罰，而是「據實志事，而善惡自見」〔註151〕。且「《春秋》之法，善惡皆書，不以一善而掩其終身之惡，不以一惡而廢其它事之善」〔註152〕。所以《春秋》善惡分明，賞罰足爲人臣戒。謹就其解經模式考述如下：

（一）天下無王，則示以王道

　　《春秋》每逢十年必書王，孫復發明在先，孫覺隨之於後，並認爲「十年書王者，以爲王者政教之出，不可以一日無之，十年無王，則王道將絕於天下，而天下之爲惡者益熾而昌也」〔註153〕，因此其《春秋經解》藉春秋時期天下無王，反襯王道行於天下的重要性。如《春秋》以「元年春王正月」開宗，《春秋經解》云：

　　　　王者，天下之本。正者，王之所爲，而政教之始也。以「正」次「王」
　　　　者，言「正」非王無以施爲政教之道也。是故王者必正其天下之政
　　　　教，而上奉乎天，故以「王」次「春」焉；諸侯必正其一國之政教，
　　　　而上奉乎王，故以「公即位」次「正」焉。〔註154〕

天子上奉天命，推行王道於天下，不是徒托空言、坐觀其成即可，而是必須：一、由天子與諸侯共同推行，二、落實於天下與一國的政教之上。首先，天子與諸侯如何推行王道呢？孫覺主張求賢而治，如《春秋》隱公元年冬：「公子益師卒。」其《春秋經解》起興云：

　　　　獨君不能治其民，獨臣不能行其道。故爲天子者，必求天下之賢而
　　　　治之；爲諸侯者，必求一國之賢而治之。……故爲天子者，切於求
　　　　諸侯；爲諸侯者，切於求卿大夫。故天子萬乘，諸侯千乘；諸侯千
　　　　乘，其臣百乘。不敢以天下、一國之富獨私其身，而惟賢之共，以
　　　　治天下之民與天子之民也。〔註155〕

推行王道必須求賢，與賢者共治，不可存有私心，獨治其民。而諸侯受國於天子，以治一國之民，務使上令下達，貫徹實施。其次，如何將王道落實於政教之上呢？如《春秋》隱公元年夏五月：「鄭伯克段于鄢。」《春秋經解》起興云：

〔註151〕〔宋〕孫覺：《春秋經解》，卷2，頁43。
〔註152〕〔宋〕孫覺：《春秋經解》，卷2，頁29。
〔註153〕〔宋〕孫覺：《春秋經解》，卷3，頁53～54。
〔註154〕〔宋〕孫覺：《春秋經解》，卷1，頁2。
〔註155〕〔宋〕孫覺：《春秋經解》，卷1，頁8。

尊尊、親親之道行，天下之治可之也。雖堯、舜、三代之盛，其治
不過乎此。尊尊，義也；親親，仁也。尊尊、親親之道行，仁義之
化被矣。〔註156〕

政教的終極目標就是尊尊、親親，仁義廣被天下，此即王道的體現。

（二）王道不行，則示以天子、諸侯之道

春秋時期諸侯專命，不奉於王，孫覺《春秋經解》屢次提及「王道之行」
云云，意在提倡王道，先建立天、天子、諸侯的關係層次，而後示以天子、
諸侯之道，如《春秋》隱公四年冬十二月：「衛人立晉。」《春秋經解》起興
云：

孟子謂：「天子能薦人於天，不能使天與之天下；諸侯能薦人於天子，
不能使天子與之諸侯。」由此觀之，則天子者，繫之於天，天與之，
則與之矣；諸侯者，繫之天子，天子與之，則與之矣。〔註157〕

天子的權位是天所賦予，而諸侯的權位是天子所賦予，此一關係層次不容顛
覆。又如《春秋》隱公二年夏五月：「莒人入向。」《春秋經解》起興云：

古者王道之行，征伐出于天子；方伯連帥，受天子斧鉞之賜，然後
專征諸侯。〔註158〕

可見征伐是天子的權力，諸侯若有背叛王命者，方伯必須獲得天子授權後，
才可專征諸侯。

至於天子與諸侯推行王道，應從何做起呢？孫覺認為，天子與諸侯皆應
從修德做起，如《春秋》桓公五年秋：「蔡人、衛人、陳人從王伐鄭。」《春
秋經解》起興云：

天下諸侯有敢逆王之命，叛上之□，而不朝不貢，則天子修德於內，
方伯專征於外。……蓋天子者，至尊至貴，至高至大者也。四方有
一弗率，則天子退託不明，益修德教；而方伯連帥，問罪專征。其
義以謂天子至尊至貴，則不可敵，至高至大，則不可擬，有罪，則
驅除之而已，為惡者，則滅絕之而已，焉得天子之尊而下伐于諸侯
乎！〔註159〕

〔註156〕〔宋〕孫覺：《春秋經解》，卷1，頁4。
〔註157〕〔宋〕孫覺：《春秋經解》，卷2，頁31。
〔註158〕〔宋〕孫覺：《春秋經解》，卷1，頁10。
〔註159〕〔宋〕孫覺：《春秋經解》，卷3，頁69。

天子遇諸侯叛命，表示道德修養不足，應該反躬自省，益修德教；而天子至
尊至貴，至高至大，不宜親自討伐，交由方伯問罪專征即可。周王不知先從
修德做起，反而親自率領蔡人、衛人、陳人伐鄭，是嚴重的錯誤示範。又如
《春秋》桓公十五年夏五月：「鄭伯突出奔蔡。」《春秋經解》起興云：

> 天下之達尊三，而諸侯兼之者二，故不名于經，所以尊之，且責之
> 以諸侯之道也。然而失地則名之，受天子之爵，而長一國之民，是
> 有德有爵者也，德不足以保其國，而至于出奔，則無德矣。〔註160〕

按《孟子·公孫丑下》孟子曰：「天下有達尊三：爵一，齒一，德一。」〔註161〕
諸侯治理一國之民，應兼具爵與德，鄭伯突已有其爵，卻因德不足以保其國
而出奔，《春秋》書其名以作為後人的戒惕。

　　然而有一個邏輯推理上的重要問題：王道行於天下之後，天子與諸侯皆
能益修德教，就不應再有背叛王命的諸侯，天子還需要方伯專征嗎？如《春
秋》僖公四年夏：「楚屈完來盟于師，盟于召陵。」《春秋經解》起興云：

> 春秋之盛，莫盛于齊桓，齊桓之功，莫大于召陵之盟，然而孔子
> 書之無異辭焉。蓋王道之行，則無伯者，伯者雖盛，皆王道之罪
> 人。故明乎王道，然後知伯者之小；論乎聖人，然後知道德之大
> 也。〔註162〕

伯者（霸者）存在的條件，是王道尚未行於天下，奉命討伐叛命的諸侯。但
王道行於天下之後，即不必再專征諸侯，伯者的存在與王道的推行格格不入，
甚至有礙王道的推行，成為王道的罪人。即使如齊桓公成功地扮演方伯的角
色，《春秋》並未特別表彰其功業，因為《春秋》崇王抑霸，要表彰的是王道，
而非霸道。

（三）君臣失道，則示以君臣相遇之道

　　推行王道是天子與諸侯的責任，必須求賢共治，如《春秋》莊公二十二
年春：「陳人殺其公子禦寇。」《春秋經解》起興云：

> 蓋古者諸侯貢士于天子，天子以為賢，則命之歸國為大夫。故其為
> 諸侯之大夫，則一國之賢也；為天子之大夫，則天下之賢也。……
> 故王道之行，則列國之大夫莫不皆賢，而諸侯遇之莫不有禮。故其

〔註160〕〔宋〕孫覺：《春秋經解》，卷4，頁93～94。
〔註161〕〔宋〕孫奭：《孟子注疏》，卷4上，頁30。
〔註162〕〔宋〕孫覺：《春秋經解》，卷8，頁206。

為臣之道，諫行言聽，則膏澤其民；諫不行，言不聽，則違而去之，以自免於禍。〔註163〕

天子與諸侯推行王道，起用賢大夫為臣，君臣以禮相遇，則天下、國家大治。但春秋時期君臣失道，所命大夫未必皆賢，大夫未必皆自重，臣弒君者多矣，君殺大夫者亦多矣，於是聖人制君臣之禮，如《春秋》隱公四年春二月戊申：「衛州吁弒其君完。」《春秋經解》起興云：

聖人因天地自然之勢，人情之所願欲，則制為君臣父子之禮，君南面，臣北面，父坐子立，以明其尊者不可僭，卑者不可踰也。〔註164〕

君有君道，臣有臣道，應該各自盡守本分，互不踰越。

就君道而言，國君不可專殺大夫，如《春秋》莊公二十六年夏：「曹殺其大夫。」《春秋經解》起興云：

《春秋》殺大夫三十有八，有書國殺之者，有書人殺之者，未嘗有書爵者也。蓋聖人之意猶曰：「大夫者，人君之所尊任，而與之治國家之人也，同體之相須，同業以相濟，求取之不精，任用之不當，則己有罪矣，何至于殺之乎！」古之大夫，或命于天子，則不可專放。春秋之大夫，或命于其君，則不可專殺。故《春秋》可書國人殺之，不可以君殺之也；雖其君殺之者，而不言，蓋有之，不許之也。〔註165〕

此處孫覺刻意避談天子殺大夫，只談諸侯國君殺大夫。大夫是由天子任命的賢者，本應以禮待之，未經天子同意不可專殺；若認為大夫非賢者，則是國君求取不精，任用不當，罪在自己，不在大夫，所以更不可專殺。

就臣道而言，臣子必須以道事君。由於君臣之間的關係本非對等，「《春秋》之法，責臣子以重，責君父以輕」〔註166〕，「君雖不君，臣不可以不臣」〔註167〕，所以臣道的意涵較為複雜。按《春秋》弒君二十四人，而死難之臣只有宋大夫孔父、宋大夫仇牧、晉大夫荀息三人〔註168〕，應屬難能可貴，《公羊傳》亟稱其賢；但孫覺有不同的見解，其《春秋經解》云：

〔註163〕〔宋〕孫覺：《春秋經解》，卷6，頁162。
〔註164〕〔宋〕孫覺：《春秋經解》，卷1，頁26。
〔註165〕〔宋〕孫覺：《春秋經解》，卷6，頁174。
〔註166〕〔宋〕孫覺：《春秋經解》，卷1，頁22。
〔註167〕〔宋〕孫覺：《春秋經解》，卷1，頁21。
〔註168〕《春秋》桓公二年春正月戊申：「宋督弒其君與夷及其大夫孔父。」莊公十二年秋八月甲午：「宋萬弒其君捷及其大夫仇牧。」僖公十年春：「晉里克弒其君卓及其大夫荀息。」

若三人者，投萬死以赴君之難，難不果救，以身死之，而又在春秋之時，蓋賢者不可議矣。然而孔子書之無異文者，蓋孔子曰：「以道事君，不可則止。」又曰：「既明且哲，以保其身。」事君而至於殺身，孔子不爲也。事君之日久，則君必信我，而言必用也；然小人猶在於朝，而君猶任於小人，則其道必不行，其言必不信矣。道必不行，言必不信，猶在其位，是苟祿者也，非以道事君者也。苟祿而事君，固位而見殺，孔子又何襃乎！三人者之謂善，乃孔子爲不能死者設爾，非孔子所謂善也。〔註169〕

蓋聖人所謂大臣，「以道事君，不可則止」者也。若事君之日久，不能致君于無過，而至于見殺焉，則其事君之道必未至矣，雖死之，何益也！〔註170〕

臣子受天子與國君任命，必須以道事君，但常人誤以死君之難爲善盡臣道。雖然以身死難只有賢者才做得到，卻非眞正善盡臣道。依據孔子的標準，臣子善盡臣道與否，可分爲五個等級：最高等級，臣子獲得信任與重用，使王道行於天下、國家；其次，臣子雖未必獲得信任與重用，但能「致君于無過」；其次，小人在朝，臣子無法獲得信任與重用，則退而明哲保身；其次，臣子不知退而明哲保身，「苟祿而事君」，當小人弒君時，只有以身死難；最低等級，臣子「苟祿而事君」，又不能以身死難，則與小人同受弒君之罪名。所以宋大夫孔父、宋大夫仇牧、晉大夫荀息三人以身死難，僅是未與小人同受弒君之罪名而已，並非孔子所謂善盡臣道。

按孫覺《春秋經解》藉經起興的形式一望可知，不易造成後儒誤會，是其優點。相對的，孫復《春秋尊王發微》爲藉經起興的初創者，不如孫覺《春秋經解》的形式分明，後儒亦多不明其「《春秋》有貶而無襃」的用意，以致頗受譏評，並以《春秋》本旨相責求。事實上，孫復、孫覺二人所處時勢環境相同，所申抑霸尊王之旨及對經文的見解亦多近似，可相互參閱。

三、胡安國模式

宋儒胡安國（字康侯，諡文定，1074～1138 年）是孫復的再傳弟子，但除了繼承其《春秋》學之外，又私淑程頤，認爲程頤之學是進入孔、孟之學

〔註169〕〔宋〕孫覺：《春秋經解》，卷5，頁145。
〔註170〕〔宋〕孫覺：《春秋經解》，卷8，頁214。

的門戶，曾云：「孔、孟之道不傳久矣，自頤兄弟始發明之，然後知其可學而至。今使學者師孔、孟，而禁不得從頤學，是入室而不由戶。」〔註 171〕並建議朝廷下詔「館閣裒其遺書，校正頒行，使邪說者不得作」〔註 172〕。胡安國「平生出處，皆內斷於心，浮世利名如蟻蝼過前」〔註 173〕，其淡泊名利的處世態度，與程頤「力學好古，安貧守節，言必忠信，動遵禮法」〔註 174〕的風格相當一致，因此當時學者多將胡安國與程頤相提並論，儼然出於程門。

　　胡安國對於王安石廢《春秋》極爲不滿，云：「近世推隆王氏新說，按爲國是，獨於《春秋》貢舉不以取士，庠序不以設官，經筵不以進讀，斷國論者無所折衷，天下不知所適，人欲日長，天理日消，其効使夷狄亂華，莫之遏也。噫！至此極矣。」〔註 175〕於是潛心研究《春秋》。皇室南遷之後，胡安國奉高宗之命纂修所著《春秋傳》三十卷，「事按《左氏》，義採《公羊》、《穀梁》之精者，大綱本《孟子》，而微詞多以程氏之說爲證」〔註 176〕；書成，獲高宗讚許深得聖人之旨。

　　胡安國之學有出自程頤者，其《春秋傳》主張「學經以傳爲按」〔註 177〕，即源於程頤「《春秋》，傳爲案，經爲斷」〔註 178〕之說。然而誠如《四庫全書總目》云：

　　　　顧其書作於南渡之後，故感激時事，往往借《春秋》以寓意，不必
　　　　一一悉合於經旨。〔註 179〕

胡安國《春秋傳》未必合於經旨，原因在於其目的是以《春秋》寄寓時事，發明經世之義，其微詞雖多以程氏之說爲證，卻非專爲傳承程頤之學而作。至於元、明兩代宗法程、朱之學，科舉取士以胡安國《春秋傳》爲定本，亦

〔註 171〕見《宋史・儒林列傳》。〔元〕脫脫：《宋史》（臺北：臺灣中華書局，1965 年 11 月，《四部備要》本），卷 435，頁 6。

〔註 172〕見《宋史・儒林列傳》。〔元〕脫脫：《宋史》，卷 435，頁 6。

〔註 173〕見《宋史・儒林列傳》。〔元〕脫脫：《宋史》，卷 435，頁 7。

〔註 174〕見《宋史・道學列傳》。〔元〕脫脫：《宋史》，卷 427，頁 6。

〔註 175〕〔宋〕胡安國：〈春秋傳序〉，《春秋胡氏傳》（臺北：臺灣商務印書館，1966 年，《四部叢刊續編》），卷首，頁 2。

〔註 176〕見胡安國《春秋傳・敘傳授》。〔宋〕胡安國：《春秋胡氏傳》，卷首，頁 3～4。

〔註 177〕見胡安國《春秋傳・敘傳授》。〔宋〕胡安國：《春秋胡氏傳》，卷首，頁 3。

〔註 178〕見《河南程氏遺書・入關語錄》。〔宋〕朱熹：《河南程氏遺書》（臺北：漢京文化事業，1983 年 9 月，《二程集》），卷 15，頁 164。

〔註 179〕《四庫全書總目》，卷 27，頁 12。

非因該書傳承程頤之學,「蓋重其淵源,不必定以其書也」〔註180〕。可見胡安國作《春秋傳》,主要仍在於藉經起興,與孫復作《春秋尊王發微》的目的一致,並未脫離師門的影響。爰謹就其《春秋傳》解經模式考述如下:

(一)夏時冠周月,見《春秋》微旨

「夏時冠周月」是胡安國解《春秋》的重要主張。但《春秋》據魯史而作,魯國係採行周曆,《春秋》時序與月份完全相合(春爲一至三月,夏爲四至六月,秋爲七至九月,冬爲十至十二月),分明是「周時冠周月」,何來「夏時冠周月」呢?本文認爲,胡安國所謂「夏時冠周月」,是《春秋》時序的換算法。胡安國《春秋傳》云:

> 按《左氏》曰「王周正月」,周人以建子爲歲首,則冬十有一月是也。前乎周者以丑爲正,其書始即位,曰「惟元祀十有二月」,則知月不易也。後乎周者以亥爲正,其書始建國,曰「元年冬十月」,則知時不易也。建子非春亦明矣。乃以夏時冠周月,何哉?聖人語顏回以爲邦,則曰「行夏之時」;作《春秋》以經世,則曰「春王正月」,此見諸行事之驗也。或曰:「非天子不議禮。仲尼有聖德,無其位,而改正朔,可乎?」曰:「有是言也。不曰『《春秋》天子之事』乎?以夏時冠月垂法後世,以周正紀事,示無其位,不敢自專也,其旨微矣。」〔註181〕

《論語‧衛靈公》:「顏淵問爲邦。子曰:『行夏之時,乘殷之輅,服周之冕,樂則韶舞。……。』」〔註182〕孔子教導顏淵治國施政必須「行夏之時」,應是爲了配合四時節氣的運作規律。按夏曆建寅以元月爲歲首,殷曆建丑以十二月爲歲首,周曆建子以十一月爲歲首,秦曆建亥以十月爲歲首,所以夏曆與周曆的春夏秋冬四時有兩個月的差值。漢初沿襲秦制,到了武帝制頒太初曆,改從夏曆建寅以元月爲歲首,此後兩千多年以元月爲歲首沿用至今。胡安國據以認爲,孔子作《春秋》的用意有二:一是紀事,二是垂法後世。紀事是以周曆固無疑義,而垂法後世則是以夏時冠周月,意即將周曆的時序換算爲夏曆的時序。以夏時冠周月之後,時序會產生兩個月的差值(周曆春元月爲夏曆冬十一月,周曆夏四月爲夏曆春二月,周曆秋七月爲夏曆夏五月,周曆冬十月爲夏曆秋八月,餘類推),《春秋》微旨即在其中。

〔註180〕 《四庫全書總目》,卷27,頁12。
〔註181〕 〔宋〕胡安國:《春秋胡氏傳》,卷1,頁2。
〔註182〕 〔宋〕邢昺:《論語注疏》,卷15,頁61。

然而如何觀察夏時冠周月的《春秋》微旨呢？如《春秋》隱公九年春三月癸酉：「大雨震電。」庚辰：「大雨雪。」胡安國《春秋傳》云：

> 周三月，夏之正月也，雷未可以出，電未可以見，而大震電，此陽失節也。雷已出，電已見，則雪不當復降，而大雨雪，此陰氣縱也。夫陰陽運動，有常而無忒，凡其失度，人為感之也。今陽失節而陰氣縱，公子翬之讒兆矣，鍾巫之難萌矣。《春秋》災異必書，雖不言其事應，而事應具存，惟明於天人相感之際，響應之理，則見聖人所書之意矣。〔註183〕

觀察其中微旨，步驟有二：首先，必須將周曆的時序換算為夏曆的時序，「大雨震電」與「大雨雪」發生於周曆春三月，換算為夏曆春元月，在正常節氣中，雷電應發生於夏曆春二月以後，降雪應發生於夏曆冬十二月以前，此年卻集中發生於夏曆春元月，氣候陰陽變化異常，所以視為災異；若不知換算，以為周曆春三月與當今春三月相同，則發生雷電不足為奇，何須視為災異！其次，必須以災異感應人事，雖然《春秋》只書災異，不提感應，但災異之後發生禍亂是確實存在的，所以《春秋》書災異的微旨，是孔子希望世人能明白天人感應的道理。

又如《春秋》桓公八年春正月己卯：「烝。」胡安國《春秋傳》云：

> 按《周官》大司馬烝以中冬，今魯烝以春正月，其不同，何也？……司馬中冬教大閱，獻禽以享烝，所謂自夏。而魯之烝祭在春正月，見《春秋》用周正紀魯事也。而穀梁子乃曰：「烝，冬事也，春興之，志不時也。」是以閉蟄而烝為是，與周制異矣。《春秋》非以不時志也，為再烝見瀆書也。〔註184〕

《周官》記載烝祭於夏曆仲冬（十一月）舉行，而《春秋》記載魯國烝祭於周曆春正月舉行，換算為夏曆冬十一月，與周制相符。若按《穀梁傳》之說，烝祭不得於周曆春天舉行，換算為夏曆十一、十二、一月，則烝祭必須於夏曆冬十月（閉蟄）舉行，便與周制不符。所以《春秋》記載魯國於周曆春正月舉行烝祭，並非指責不按時舉行，而是因為魯國將於周曆夏五月丁丑再度舉行烝祭，褻瀆了神明。此即夏時冠周月所見的《春秋》微旨。

〔註183〕〔宋〕胡安國：《春秋胡氏傳》，卷3，頁3。
〔註184〕〔宋〕胡安國：《春秋胡氏傳》，卷5，頁5。

（二）《春秋》書「王正月」，示天下定于一

《春秋》三傳中，唯有《公羊傳》以大一統爲開宗第一要義。《春秋》隱公「元年春王正月」，《公羊傳》云：「曷爲先言王而後言正月？王正月也。何言乎王正月？大一統也。」胡安國《春秋傳》成書於南宋初年，正當外族侵擾、金甌殘破的時局，天下未能一統，於是以《公羊傳》大一統之說起興云：

> 加「王」於正月者，《公羊》言大一統是也。〔註185〕
>
> 謂正月爲王正，則知天下之定于一也。……王正月之定于一，何也？天無二日，土無二王，家無二主，尊無二上，道無二致，政無二門。故議常經者，黜百家，尊孔氏，諸不在六藝之科者，勿使並進，此道術之歸于一也。言致理者，欲令政事皆出中書，而變禮樂、革制度，則流放竄殛之刑隨其後，此國政之歸于一也。若乃闘私門，廢公道，各以便宜行事，是人自爲政，繆於《春秋》大一統之義矣。
> 〔註186〕

《公羊傳》認爲，《春秋》於「正月」上加「王」字，表示大一統。所謂大一統，是指「天下定于一」，胡安國強調的是「土無二王」。天下必須一統於王，包括兩方面：一是「道術歸于一」，二是「國政歸于一」。道術與國政二者皆一統於王，即是《春秋》大一統的眞正意義。

（三）依違三傳，藉題發揮

胡安國認爲，「傳《春秋》者三家，《左氏》敘事見本末，《公羊》、《穀梁》詞辨而義精。學經以傳爲按，則當閱《左氏》；玩詞以義爲主，則當習《公》、《穀》。」〔註187〕三傳解經的取向各有不同，但胡安國對三傳的價值都是相當肯定的。然而三傳亦各有乖謬，該如何處理呢？胡安國認爲，「經以傳爲案，傳有乖繆，則信經而棄傳可也。」〔註188〕只有當「傳有乖謬」時，才「信經棄傳」，而不是盲目地尊經或棄傳。胡安國藉經起興，依違於三傳之間，以達藉題發揮的效果。茲略舉事例如下：

1. 固國保民

北宋兩度推行新法：第一次在仁宗慶曆年間，由范仲淹主事，提出十項

〔註185〕〔宋〕胡安國：《春秋胡氏傳》，卷1，頁2。
〔註186〕〔宋〕胡安國：《春秋胡氏傳》，卷3，頁6。
〔註187〕見胡安國《春秋傳・敘傳授》。〔宋〕胡安國：《春秋胡氏傳》，卷首，頁3。
〔註188〕〔宋〕胡安國：《春秋胡氏傳》，卷23，頁6。

改革計畫，但因社會積習已久，反對者眾，未能付諸實施；第二次在神宗熙寧年間，由王安石主事，依據《周禮》制訂政策，以富國強兵爲目的，但因遭到舊黨保守勢力反對，且用人不當，推行時頗爲擾民，怨聲四起。胡安國《春秋傳》見其弊端，主張德政，以保民爲固國之本，如《春秋》隱公五年秋：「衛師入郕。」《左傳》云：「衛之亂也，郕人侵衛，故衛師入郕。」衛師入郕的原因，是郕人乘衛內亂入侵，遭衛反擊。但胡安國《春秋傳》云：

> 衛宣繼州吁暴亂之後，不施德政，固本恤民，而毒眾臨戎，入人之
> 國，失君道矣。書衛師入郕，著其暴也。〔註189〕

以上所述與《左傳》事迹不同，解釋衛師入郕是因爲衛宣公暴虐，並未提是郕人乘衛內亂入侵所致。至於所謂衛君「不施德政，固本恤民，而毒眾臨戎」，不知何據；但其批評衛宣公的暴行，用意則在告誡國君必須實施德政，固本恤民。又如《春秋》莊公九年冬：「浚洙。」《公羊傳》云：「洙者何？水也。浚之者何？深之也。曷爲深之？畏齊也。曷爲畏齊也？辭殺子糾也。」《穀梁傳》云：「浚洙者，深洙也，著力不足也。」按齊國公子小白與公子糾爭奪君位，公子小白捷足先登，並要求魯國殺公子糾，魯國不肯，後來在齊國脅迫之下殺死公子糾。《公羊傳》認爲，魯國疏浚洙水，是因爲害怕齊國報復。《穀梁傳》只表示魯國疏浚洙水的能力不足，未提公子小白與公子糾爭奪君位之事。但胡安國《春秋傳》云：

> 固國以保民爲本。輕用民力，妄興大作，邦本一搖，雖有長江巨川，
> 限帶封域，洞庭彭蠡，河漢之險，猶不足憑，而況洙乎！浚洙，見
> 勞民於守國之末務，而不知本，爲後戒也。〔註190〕

胡安國完全不顧當時魯國疏浚洙水的動機或背景，憑空發揮出一番大道理，用意亦在強調固國保民。

2. 杜絕朋黨

北宋自王安石變法之後，新、舊兩黨對立，衝突日趨激烈，相互以報復爲事，黨錮禍起，埋下覆亡的遠因。胡安國《春秋傳》引《春秋》之事爲戒，在三傳之外，闡發杜絕朋黨之義，如《春秋》隱公元年冬十二月：「祭伯來。」《公羊傳》認爲，《春秋》書「來」不書「奔」，是因爲「王者無外」。《穀梁傳》認爲，《春秋》書「來」不書「來朝」，是因爲「非有天子之命，不得出

〔註189〕 〔宋〕胡安國：《春秋胡氏傳》，卷2，頁4。
〔註190〕 〔宋〕胡安國：《春秋胡氏傳》，卷8，頁2。

會諸侯」。《左傳》認爲，祭伯來「非王命也」，至於是來朝或來奔，則非所問。三傳的意旨相同，祭伯非銜王命而來朝魯，是《春秋》所不容許的行爲，只是《春秋》在書法上作了修飾，隱諱魯國接受祭伯之恥。胡安國《春秋傳》在三傳之外，另樹一義，云：

> 祭伯，畿內諸侯，爲王卿士，來朝于魯，而直書曰「來」，不與其朝也。人臣義無私交，大夫非君命不越境，所以然者，杜朋黨之原，爲後世事君有貳心者之明戒也。……經於內臣朝聘告赴，皆貶而不與，正其本也。豈有誣上行私、自植其黨之患哉！〔註191〕

《春秋》不容許祭伯非銜天子之命而來朝魯，是爲了避免祭伯與魯君結爲朋黨，「杜朋黨之原」，並告誡後世事君不得有貳心。又如《春秋》莊公二十三年春：「祭叔來聘。」《公羊傳》與《左傳》無說。《穀梁傳》認爲，祭叔非受天子之使，《春秋》「不正其外交」，故不書「天子使祭叔來聘」。胡安國《春秋傳》另樹一義，云：

> 祭伯來朝，而不言朝；祭叔來聘，而不言使；尹氏、王子虎、劉卷來訃，而不書其爵秩，皆所以正人臣之義也。人君而明此，不容下比之臣；人臣而明此，不爲交私之計，黨錮之禍息矣。〔註192〕

《春秋》不容許祭叔非受天子之使而來聘魯，是爲了避免祭叔與魯君「交私」，以息黨錮之禍，顯然是針對時事而發的。

3. 明辨華夷

兩宋外有強大的異族環伺，道統與正統的存續與發展遭受嚴重威脅，華夷不得不辨。華夷之辨是《春秋》三傳通義，如《春秋》莊公二十三年夏：「荊人來聘。」《公羊傳》云：「荊何以稱人？始能聘也。」《穀梁傳》云：「善累而後進之。其曰人，何也？舉道不待再。」荊本是州名，稱之爲「荊人」，表示嘉許其能與中原諸國交通往來，漸進於文明。胡安國《春秋傳》亦云：

> 荊自莊公十年始見於經，十四年入蔡，十六年伐鄭，皆以州舉者，惡其猾夏不恭，故狄之也。至是來聘，遂稱人者，嘉其慕義自通，故進之也。朝聘者，中國諸侯之事，雖蠻夷而能修中國諸侯之事，則不念其猾夏不恭，而遂進焉。見聖人之心，樂與人爲善矣。〔註193〕

〔註191〕 〔宋〕胡安國：《春秋胡氏傳》，卷1，頁4。
〔註192〕 〔宋〕胡安國：《春秋胡氏傳》，卷9，頁2。
〔註193〕 〔宋〕胡安國：《春秋胡氏傳》，卷9，頁3。

胡安國對於荊的進化，亦是持肯定的態度，並期許「後世之君能以聖人之心為心，則與天地相似」〔註194〕。又如《春秋》僖公二十三年冬十一月：「杞子卒。」《左傳》云：「杞成公卒。書曰『子』，杞，夷也。」杞成公本為伯爵，因實行夷禮，貶稱子爵。胡安國《春秋傳》亦云：

> 《春秋》固天子之事也，而尤謹於華夷之辨。中國之所以為中國，以禮義也。一失則為夷狄，再失則為禽獸，人類滅矣。……夷不亂華，成公變之，貶而稱子，存諸夏也。〔註195〕

胡安國承襲三傳，謹華夷之辨，對於華夷之間的差異是分辨得很清楚的。

4. 不忘復讎

北宋徽宗、欽宗於靖康之難遭金人擄走，皇室南渡後，胡安國不忘復讎之志，曾向高宗獻《時政論》，其中〈論立志〉謂：「當必志於恢復中原，祇奉陵寢；必志於掃平讎敵，迎復兩宮。」〔註196〕三傳中，《公羊傳》特別重視復讎，屢發復讎之義，甚至及於九世之讎，如《春秋》隱公十一年冬十一月壬辰：「公薨。」《公羊傳》云：「《春秋》君弒，賊不討，不書葬，以為無臣子也。子沈子曰：『君弒，臣不討賊，非臣也；子不復讎，非子也。』」國君遭弒，臣子有討賊復讎的義務，否則便無當臣子的資格，國君亦不書葬。魯隱公遭桓公逆弒篡位，《春秋》不書葬，正是因為臣子未討賊復讎。胡安國《春秋傳》亦云：

> 不書葬，示臣子於君父有討賊復讎之義。……夫賊不討，讎不復，而不書葬，則服不除，寢苫，枕戈，無時而終事也。以此法討罪，至嚴矣。〔註197〕

《春秋》以不書葬之法，誅討臣子不復讎之罪，至為嚴厲，對於南宋抱持偏安江南心態，忘記復讎雪恥的士大夫而言，正是一大警惕。另《公羊傳》與《穀梁傳》共同提及魯莊公之父桓公遭齊襄公謀害，竟然忘記復讎的一些事例，胡安國皆藉題發揮，如《春秋》莊公元年夏：「單伯逆王姬。」秋：「築王姬之館于外。」胡安國《春秋傳》云：

> 今莊公有父之讎，方居苫塊，此禮之大變也，而為之主婚，是廢人

〔註194〕〔宋〕胡安國：《春秋胡氏傳》，卷9，頁3。

〔註195〕〔宋〕胡安國：《春秋胡氏傳》，卷12，頁10。

〔註196〕見《宋史·儒林列傳》。〔元〕脫脫：《宋史》，卷435，頁5。

〔註197〕〔宋〕胡安國：《春秋胡氏傳》，卷3，頁5。

倫、滅天理矣。《春秋》於此事一書再書又再書者，其義以復讎爲重，
示天下後世臣子不可忘君親之意。故雖築館于外，不以爲得禮，而
特書之也。〔註198〕

周天子娶齊女，由魯莊公主持婚禮，並派遣大夫單伯迎娶，築館於外，所以
《春秋》一書再書，昭示天下後世臣子不可忘記君父之讎。《春秋》莊公四年
冬：「公及齊人狩于禚。」胡安國《春秋傳》云：

今莊公於齊侯，不與共戴天，則無時焉可通也，而與之狩，是忘親釋
怨，非人子矣。……故齊侯稱人，而魯公書「及」，以著其罪。〔註199〕

魯莊公忘記君父之讎，不但不復讎，甚至與讎人共同狩獵，所以《春秋》將
齊襄公貶稱齊人，書「及」則表示是魯莊公主動邀約，以著其罪。《春秋》莊
公九年秋八月庚申：「及齊師戰于乾時，我師敗績。」胡安國《春秋傳》云：

內不言敗，此其言敗者，爲與讎戰，雖敗亦榮也。……何以不言公？
貶之也。公本忘親釋怨，欲納讎人之子，謀定其國家，不爲復讎與
之戰也，是故沒公以見貶。若以復讎舉事，則此戰爲義戰，當書公
冠于敗績之上。……惟不以復讎戰也，是故諱公，以重貶其忘親釋
怨之罪，其義深切著明矣。〔註200〕

魯莊公與齊師戰，《春秋》書其敗而不諱，是因爲與讎戰，雖敗猶榮。但深究
其實，魯莊公並非爲復讎而戰，而是爲擁立讎人之子公子糾返齊國繼位而戰，
於是《春秋》不書魯莊公，以示貶其忘親釋怨之罪。胡安國對於復讎之義發
揮頗多，且著墨甚深，正是出於對時局遭變的深切感受。

關於胡安國《春秋傳》的評價，諸儒褒貶互見，大部分是針對其「夏時
冠周月」之說，贊成者如宋儒高閌、「鄭樵」、家鉉翁、元儒程端學、王元杰、
明儒劉基、章品等人；至於反對者多從宋儒朱熹之說，朱熹（1130～1200年）
云：

某親見文定公家說，文定《春秋》說夫子以夏時冠月，以周正紀事，
謂如「公即位」，依舊是十一月，只是孔子改正作「春正月」。某便
不敢信，恁地時，二百四十二年，夫子只證得箇「行夏之時」四箇
字。據今《周禮》有正月，有正歲，則周實是元改作「春正月」。夫

〔註198〕〔宋〕胡安國：《春秋胡氏傳》，卷7，頁2。
〔註199〕〔宋〕胡安國：《春秋胡氏傳》，卷7，頁5。
〔註200〕〔宋〕胡安國：《春秋胡氏傳》，卷8，頁1～2。

子所謂「行夏之時」，只是爲他不順，欲改從建寅。如孟子説「七八月之間旱」，這斷然是五六月；「十一月徒杠成，十二月輿梁成」，這分明是九月十月。若眞是十一月十二月時，寒自過了，何用更造橋梁？古人只是寒時造橋度人，若暖時又只是教他自從水裏過。看來古時橋也只是小橋子，不似如今石橋、浮橋恁地好。〔註201〕

這一段文字係朱熹晚年弟子黃義剛所錄，內容未必嚴謹，尤其末尾提及造橋之事離題太遠，但仍可從中略窺梗概。胡安國既知《春秋》「以周正紀事」，便不可能說「公即位」於周曆春正月是「孔子改正」，因爲《春秋》並非以夏正紀事，何須改正。《春秋》書「公即位」者，正常情形是即位於周曆春正月，相當於夏曆多十一月，孔子所謂「行夏之時」，只是因爲周曆的時序不順，欲改從夏曆建寅，使國君即位於夏曆春正月。本文認爲，朱熹所反對者，應該是胡安國過分強調以「夏時冠周月」解《春秋》，因爲夏曆、周曆時序的換算是基本常識，過分強調易使人誤會「夫子只證得箇『行夏之時』四箇字」，而忽略大義。然而宋儒黃震（生卒年不詳）曲解胡安國與朱熹之意，云：

文定以春爲夏正之春，建寅而非建子，可也；以月爲周之月，則時與月異，又存疑而未決也。故晦庵先生以爲，若如胡氏學，則月與時事常差兩月，恐聖人作經又不若是之紛更也。〔註202〕

甚至清儒毛奇齡（1623～1716年）云：

胡氏不知何據，逞其武斷，謂以夏時冠周月，致有明以來數百年盡爲所惑。夫子月稱正，冬月稱春，經傳顯然，……而反云夏時，吾不解也。〔註203〕

按《春秋》是以周正紀事，「夏時冠周月」只是夏曆、周曆時序的換算法，胡安國未曾以《春秋》之春爲夏正之春，朱熹亦未批評胡氏學「月與時事常差兩月」。毛奇齡批評胡安國主張「《春秋》用夏時」，與事實完全不符。

除了「夏時冠周月」之外，諸儒對於胡安國《春秋傳》的批評，與解經模式有關者，如宋儒朱熹云：

胡《春秋傳》有牽強處，然議論有開合精神。〔註204〕

〔註201〕〔宋〕黎靖德：《朱子語類》，卷83，頁13。
〔註202〕〔宋〕黃震：《黃氏日抄》（臺北：大化書局，1984年12月），卷7，頁3。
〔註203〕〔清〕毛奇齡：《春秋毛氏傳》（臺北：藝文印書館，年月份不詳，《皇清經解》，卷121），頁5。
〔註204〕〔宋〕黎靖德：《朱子語類》，卷83，頁10。

所謂「有牽強處」，應是胡安國藉經起興、牽合時事所致。朱熹對於胡安國《春秋傳》經常表示並不滿意，亦不盡信，但由於胡安國藉經起興、牽合時事，較前儒更具特色，仍肯定其議論有開合精神（開創精神）。又如元儒梁寅（1309～1389年）云：

> 信《公》、《穀》之過，求褒貶之詳，未免蹈先儒之謬，此胡康侯之失也。〔註205〕

清儒俞汝言（1614～1679年）云：

> 胡氏之傳，借經以抒己志，非仲尼之本旨。〔註206〕

清儒尤侗（1616～1704年）云：

> 胡傳專以復讎爲義，割經義以從己說，此宋之《春秋》，非魯之《春秋》也。〔註207〕

以上諸說，與其視爲胡安國《春秋傳》的缺失，不如當作其特色，因爲藉經起興的目的在強調經世之義，是否合於《春秋》本旨實非所問，無須苛求。

第三節 小 結

本章探討各家以寓言解經的模式，概分爲二類：

第一類是隱語類，視《春秋》的微辭爲隱語，主張王魯說，以董仲舒、何休二人原創學說爲代表。

西漢董仲舒首倡王魯說，作《春秋繁露》諸篇，因孔子感嘆王道不興，道統將絕，於是是非春秋人物之行事而加乎王心，將改制的政治理想寄寓其中，期使天下一統於王；並於周代之後，虛擬春秋新王朝以改制，由魯十二公受命爲新王，以傳承三代以來的道統；又建構三統循環說，以夏、殷、周三代分別爲黑統、白統、赤統，使春秋新王朝繼起之後復自黑統始，在道統遞嬗系統中得到明確的定位。

東漢何休上承董仲舒王魯說，作《春秋公羊解詁》，變辭使魯君爲春秋新王，託魯隱公爲春秋始受命王，疾惡犯春秋之始者，並假義例以制王法，使王道行於天下；又結合「三科九旨」的理論架構，闡述《春秋》政治理想的三個階段：第一階段（一科三旨）以「新周、故宋、以春秋當新王」，成立虛

〔註205〕見朱彝尊《經義考》引。〔清〕朱彝尊：《經義考》，卷185，頁4。
〔註206〕見朱彝尊《經義考》引。〔清〕朱彝尊：《經義考》，卷185，頁5。
〔註207〕見朱彝尊《經義考》引。〔清〕朱彝尊：《經義考》，卷185，頁5。

擬的春秋新王朝；第二階段（二科六旨）以「所見異辭，所聞異辭，所傳聞異辭」，闡釋春秋新王朝由衰亂之世、升平之世而進化至太平之世；第三階段（三科九旨）以「內其國而外諸夏，內諸夏而外夷狄」，闡釋春秋新王朝由一統魯國、諸夏而擴展至夷狄，達成一統天下的終極目標。

第二類是起興類，視《春秋》如興句，引起感觸，啓發對時勢環境的聯想，並奉行經世說，強調經世之義，非徒飾以空言，略舉孫復、孫覺、胡安國三人爲代表。

宋儒孫復作《春秋尊王發微》十二卷，大旨在尊王，主張：一、春秋時期聖王不作，所發生皆爲亂世之事，《春秋》書之表示惡之，即是所謂「有貶無褒」；二、《春秋》特別重視書王，書王是《春秋》之法；三、諸侯、大夫敗亂法紀，目中無王，周王不能正，孔子以《春秋》之法正之。孫復藉經起興，貶斥宋代變古亂常的人物，期許鞏固皇權，呼應北宋前期強化中央集權統治的需求。

宋儒孫覺作《春秋經解》十三卷，大旨以抑霸尊王爲主，主張：一、天下無王，則示以王道，強調王道行於天下的重要性；二、王道不行，須先建立天、天子、諸侯的關係層次，而後示以天子、諸侯之道；君臣失道，則示以君臣相遇之道，因爲推行王道是天子與諸侯的責任，必須求賢共治。孫覺藉經起興，意在維護北宋集權中央、削弱藩鎮的政策。

宋儒胡安國作《春秋傳》三十卷，係於南渡之後感激時事而作，主張：一、孔子作《春秋》，以夏時冠周月，將周曆的時序換算爲夏曆的時序，則見《春秋》微旨；二、《春秋》書「王正月」，示天下定于一，見南宋當時外族侵擾、金甌殘破的時局，天下亟待一統；三、依違三傳，藉時事爲題，發揮固國保民、杜絕朋黨、明辨華夷、不忘復讎之義。胡安國對於復讎之義發揮頗多，且著墨甚深，正是出於對時局遭變的深切感受。

按義例與寓言模式，是最受儒者詬病的兩種解經模式，其中又以寓言模式隱語類最不易爲人接受。隱語類以王魯說爲核心，董仲舒提倡於前，何休呼應於後，但後儒提及王魯說，每將何休批評得體無完膚，對董仲舒反而不置一詞，如唐儒陸淳（？～806 年）《春秋啖趙集傳纂例・春秋宗指議》引啖助（724～770 年）曰：

> 何氏所云，變周之文，從先代之質，雖得其言，用非其所。不用之
> 於性情，而用之於名位，失指淺末，不得其門者也。……唯王爲大，

逖矣崇高，反云黜周王魯，以爲《春秋》宗指。兩漢專門，傳之于今，悖禮誣聖，反經毀傳，訓人以逆，罪莫大焉。〔註208〕

宋儒蘇軾（1037～1101年）云：

三家之傳，迂誕奇怪之說，《公羊》爲多，而何休又從而附成之。後之言《春秋》者，黜周王魯之學，與夫讖緯之書者，皆祖《公羊》。《公羊》無明文，何休因其近似而附成之。愚以爲，何休，《公羊》之罪人也。〔註209〕

宋儒晁說之（1059～1129年）云：

《公羊》家既失之舛雜矣，而何休者，又特負于《公羊》之學，徒勤而功亦不除過矣。五始、三科、九旨、七等、六輔、二類、七缺之設，何其紛紛邪！其最爲害者有三：曰王魯，曰黜周，曰新周故宋。無他焉，圖緯讖記之所蠱幻，而甘心于巫鬼機祥，而不自寤也。

〔註210〕

宋儒葉夢得（1077～1148年）云：

《公羊》之學，其妖妄迂怪，莫大於黜周王魯，以隱公託新王受命之論。……《春秋》本以周室微弱，諸侯僭亂，正天下之名分，以立一王之法。若周未滅而黜之，魯諸侯而推以爲王，則啓天下亂臣賊子，乃自《春秋》始。孰謂其誣經敢至是乎！將正《公羊》之失，莫大於此，學者不可以不察。〔註211〕

宋儒呂大圭（1227～1275年）云：

三傳要皆失實，而失之多者，莫如《公羊》。何、范、杜三家各自爲說，而說之謬者莫如何休。……元年春王正月，《公羊》不過曰「君之始年」爾，何休則曰：「《春秋》紀新王受命於魯。」滕侯卒不日，不過曰「滕，微國，而侯，不嫌也」，而休則曰：「《春秋》王魯，託隱公以爲始。」黜周、王魯，《公羊》未有明文也，而休乃唱之，其

〔註208〕 〔唐〕陸淳：《春秋啖趙集傳纂例》（臺北：新文豐出版公司，1985年1月，《叢書集成新編》，冊108），卷1，頁2。

〔註209〕 〔宋〕蘇軾：〈論春秋變周之文〉，《蘇軾文集》（北京：中華書局，1992年9月），卷3，頁76。

〔註210〕 〔宋〕晁說之：〈三傳說〉，《嵩山景迂生集》（臺北：臺灣學生書局，1975年5月），卷12，頁16。

〔註211〕 〔宋〕葉夢得：《春秋公羊傳讞》（臺北：臺灣商務印書館，1986年7月，《景印文淵閣四庫全書》，冊149），卷1，頁9～10。

誣聖人也甚矣。……《穀梁》之義有未安者，輒曰：「甯未詳，蓋闕之也。」而何休則曲爲之説，適以增《公羊》之過耳。故曰：范甯，《穀梁》之忠臣；何休，《公羊》之罪人也。〔註212〕

餘不一一臚列。諸儒多誤以王魯説爲何休所創，但無論如何，王魯説確實遭到嚴重誤解，應該是與諸儒固有的成見有關，因爲歷代儒者奉《春秋》爲經書，地位非常崇高，以致諸儒無法理解「借事明義」的道理，不知王魯説只是將史實轉化爲虛擬的寓言故事，借事明義而已，猶如明儒羅貫中作《三國演義》，將三國史實轉化爲寓言式的人物故事，其事亦未必是眞，忠孝節義的教化作用卻深深烙印在世人心中。春秋既非眞正的新王朝，魯十二公亦未眞正稱王，周代更未遭黜；而董仲舒、何休視《春秋》爲隱語，以寓言模式闡釋微言大義，目的只是期待三代以來的道統能獲得延續，不致斷絕，具有正面的價值，實無須作無謂的抵制。

至於起興類亦是如此，如孫復主張《春秋》有貶無褒，似乎春秋時期皆爲亂臣賊子，無一賢良之士，實則《春秋》本旨未必如此，與史實未必相符，孫復只是藉以貶斥宋代變古亂常的人物，以寄寓經世之意。對於孫覺、胡安國及其他宋儒經世類的寓言解經模式，均應作如是觀。

〔註212〕〔宋〕呂大圭：《春秋五論》（臺北：臺灣大通書局，1969 年 10 月，《通志堂經解》，冊 23），頁 22～24。

第五章 《春秋》義法之屬比模式

「屬辭比事」一詞出自《禮記》。《禮記‧經解》引孔子曰：

> 入其國，其教可知也。其爲人也，溫柔敦厚，《詩》教也；疏通知遠，
> 《書》教也；廣博易良，《樂》教也；絜靜精微，《易》教也；恭儉
> 莊敬，《禮》教也；屬辭比事，《春秋》教也。故《詩》之失愚，《書》
> 之失誣，《樂》之失奢，《易》之失賊，《禮》之失煩，《春秋》之失
> 亂。其爲人也，溫柔敦厚而不愚，則深於《詩》者也；疏通知遠而
> 不誣，則深於《書》者也；廣博易良而不奢，則深於《樂》者也；
> 絜靜精微而不賊，則深於《易》者也；恭儉莊敬而不煩，則深於《禮》
> 者也；屬辭比事而不亂，則深於《春秋》者也。〔註1〕

這一段文字是談論六經對人民的教化作用，藉由觀察某國人民的「爲人」（做
人的修爲），可以得知該國推行六經教化的情形。其中關於《春秋》的部分有
三句，第一句：「其爲人也，屬辭比事，《春秋》教也。」第二句：「《春秋》
之失亂。」第三句：「其爲人也，屬辭比事而不亂，則深於《春秋》者也。」
首先，依據鄭玄注：

> 屬，猶合也。《春秋》多記諸侯朝聘會同，有相接之辭，罪辯之事。
>
> 〔註2〕

「屬，猶合也」，指相互聯繫往來交接，所以「屬辭」是諸侯朝聘會同時的「相
接之辭」；至於「比」字，鄭玄雖未作訓詁，但可知「比，猶比也」，指援比

〔註1〕 〔唐〕孔穎達：《禮記正義》（臺北：大化書局，1982年10月，《十三經注疏》
本），卷50，頁381。
〔註2〕 〔唐〕孔穎達：《禮記正義》，卷50，頁381。

法例論辯罪狀〔註 3〕，所以「比事」是諸侯朝聘會同時的「罪辯之事」。可知鄭玄認爲「屬」、「比」二字都是形容詞。《春秋》的教化作用就是使人民具有「相接之辭」與「罪辯之事」的修爲，此一見解應屬合理。其次，按「相接之辭」爲國際外交禮節，「罪辯之事」爲國際司法正義，二者皆必須遵守一定的程式，如果人民失教，一切漫無章法，必將造然混亂失誤；但鄭玄又注：

> 失，謂不能節其教者也。……《春秋》習戰爭之事，近亂。〔註 4〕

對於第二句「《春秋》之失亂」，鄭玄先謂「失」爲失教，是正確的，後卻無端指向「習戰爭之事」，而將教化的主題棄置不顧，與「相接之辭」、「罪辯之事」無法契合，故不可採。最後，唯有回歸教化的主題，第三句才可得解，意謂如果人民具有「相接之辭」與「罪辯之事」的修爲，而不會混亂失誤，則表示該國推行《春秋》的教化深厚。

到了唐代，孔穎達雖是依據鄭玄注作疏，但對於「屬辭比事」一詞的理解出現了部分變化。孔穎達疏：

> 屬，合也。比，近也。《春秋》聚合會同之辭，是屬辭；比次褒貶之事，是比事也。〔註 5〕

> 《春秋》習戰爭之事，若不能節制，失在於亂。此皆謂人君用之教下，不能可否相濟，節制合宜，所以致失也。〔註 6〕

以上的變化有二：一是將「屬」、「比」二字由形容詞變成動詞；二是將「相接之辭」由國際外交禮節變成會同之辭的聚合，「罪辯之事」由國際司法正義變成褒貶之事的比次。唯一不變的是對於第二句「《春秋》之失亂」的理解，仍是指向「習戰爭之事」，而將教化的主題棄置不顧。如此的變與不變，形同斷章取義，使「屬辭比事」一詞與《禮記・經解》本義完全脫離，轉而成爲《春秋》義法屬比模式的理論基礎。諸儒將《春秋》相關的文辭聯屬起來，相關的事件排比起來，以闡釋《春秋》義法，便成爲「屬辭比事」一詞的新義。

〔註 3〕 《漢書・地理志》云：「及至孝武即位，……招進張湯、趙禹之屬，條定法令，……律令凡三百五十九章，大辟四百九條，千八百八十二事，死罪決事比萬三千四百七十二事。」顏師古曰：「比，以例相比況也。」〔清〕王先謙：《漢書補注》（上海：上海古籍出版社，2002 年 3 月，《續修四庫全書》，冊 269），卷 23，頁 15。

〔註 4〕 〔唐〕孔穎達：《禮記正義》，卷 50，頁 381。

〔註 5〕 〔唐〕孔穎達：《禮記正義》，卷 50，頁 381。

〔註 6〕 〔唐〕孔穎達：《禮記正義》，卷 50，頁 381～382。

本文將「屬辭比事」一詞簡稱「屬比」，其模式大致分爲三類：紀事本末類、經傳比事類、禮儀制度類。謹順序討論之。

第一節 紀事本末類

按傳統史書的編輯體裁，主要有編年體、紀傳體與紀事本末體三種。明儒劉日梧（生卒年不詳）云：

> 夫古今之有史，皆紀事也，而經緯不同。左、馬之義例精矣，一以年爲經，一以人爲經；而建安袁先生復別開戶牖，迺又以事爲經，而始末具載。〔註7〕

編年體「以年爲經」，紀傳體「以人爲經」，紀事本末體「以事爲經」，如此定義，簡單而明瞭；因此，紀事本末體是以敘述事件的本末與發展爲主，不同於編年體以紀年爲主，亦不同於紀傳體以人物爲主。而劉日梧認爲，南宋袁樞（1131～1205 年）是紀事本末體的首創者；《四庫全書總目》亦認爲，袁樞《通鑑紀事本末》四十二卷「乃自出新意，因司馬光《資治通鑑》區別門目，以類排纂，……遂使紀傳、編年貫通爲一，實前古之所未有也。」〔註8〕必須注意的是，袁樞《通鑑紀事本末》是史學著作，問世於南宋孝宗乾道九年（1173 年），而紀事本末體的經學著作亦大約出現於北宋末或南宋初〔註9〕，如周武仲《春秋左傳編類》三十卷〔註10〕、句龍傳《春秋三傳分國紀事本末》卷數

〔註7〕 見劉日梧〈刻宋史紀事本末序〉。〔明〕馮琦、陳邦瞻：《宋史紀事本末》（明萬曆三十三年劉日梧徐申刻本），附錄二，頁 1。

〔註8〕 《四庫全書總目》（臺北：臺灣商務印書館，1986 年 7 月，《景印文淵閣四庫全書》），卷 49，頁 2。

〔註9〕 張素卿先生將唐代第五泰《左傳事類》二十卷、高重《春秋纂要》四十卷、唐文宗《御集春秋左氏列國經傳》三十卷列爲《左傳》紀事本末體文獻，但自稱是「根據書題之命名取義蠡測」。由於三書均已亡佚，無法證明確屬紀事本末體，更無法進一步證明紀事本末體始於唐代，本文不採。張素卿：〈左傳研究：敘事與紀事本末〉，《行政院國家科學委員會專題研究計畫成果報告》（1999 年），頁 4。

〔註10〕 周武仲爲北宋哲宗紹聖四年（1097 年）進士。朱彝尊《經義考》引楊時作墓志曰：「公常病《春秋左氏傳》敘事隔涉年月，學者不得其統，於是創新銓次其事，各列於諸國，俾易覽焉。」其《春秋左傳編類》已佚，成書年代不可考。〔清〕朱彝尊：《經義考》（臺北：臺灣中華書局，1965 年 11 月，《四部備要》本），卷 184，頁 2。

不詳〔註 11〕、章沖《春秋左氏傳事類始末》五卷〔註 12〕皆是，可見經學與史學的治學關係是非常密切的。

　　紀事本末體雖創於北宋末或南宋初，卻可溯源自《左傳》。如《左傳》僖公十五年秋秦、晉韓原之戰，將前傳已經敘述過的事迹簡要地重述一次，尹達先生（1906～1983 年）即認為「帶著濃厚的『事具本末』的記事本末體的意味」〔註 13〕。又如《左傳》僖公二十四年春敘述晉公子重耳流亡期間遭遇的困難險阻，以及得到賢才輔佐返國即位的事迹，陳其泰先生亦認為「是在編年體中有機地糅合了紀事本末體的因素」〔註 14〕。雖然二位先生是以史學的角度觀察《左傳》，但《左傳》學者長期以史學方法治《春秋》，《左傳》早已兼具經學與史學的性質，其體裁既「糅合了紀事本末的因素」，對於後世經學與史學的研究發展必然產生重要的影響。誠如張素卿先生云：

> 《春秋》編年記事，《左傳》依經述其本末，發展為編年敘事。由於編年敘事仍然以時間為主要綱領，歷代學者因應研讀《左傳》的需求，乃又發展出以「事」為主要綱領的「紀事本末」體。就史傳的發展源流而言，《左傳》居於上承記事並下啓敘事之開展的關鍵地位。〔註 15〕

後儒藉由紀事本末的方法，以《左傳》事迹為經，屬辭比事，排列組合成為題類型態，於是形成紀事本末類的解經模式。

　　依據前述，《春秋》紀事本末類解經模式大約始於北宋至南宋之際的周武仲《春秋左傳編類》、句龍傳《春秋三傳分國紀事本末》〔註 16〕或章沖《春秋

〔註 11〕 句龍傳為南宋高宗紹興十八年（1148 年）進士，其《春秋三傳分國紀事本末》已佚，成書年代不可考。

〔註 12〕 章沖《春秋左氏傳事類始末》作於南宋孝宗淳熙十五年（1185 年），自認是以紀事本末模式治《左傳》的第一人，其序云：「古今人用力於是書亦云多矣，而為之事類者未之見也。」〔宋〕章沖：《春秋左氏傳事類始末》（臺北：臺灣大通書局，1969 年 10 月，《通志堂經解》，冊 22），卷首，頁 2。

〔註 13〕 尹達：《中國史學發展史》（鄭州：中州古籍出版社，1987 年 4 月），頁 38。

〔註 14〕 陳其泰：《史學與中國文化傳統》（北京：書目文獻出版社，1992 年 9 月），頁 57。

〔註 15〕 張素卿：〈左傳研究：敘事與紀事本末〉，《行政院國家科學委員會專題研究計畫成果報告》（1999 年），頁 2。

〔註 16〕 朱彝尊《經義考》引劉光祖序：「分國而紀之，自東周而下，大國、次國特書，小國、滅國附見，不獨紀其事與其文，而兼著其義。」〔清〕朱彝尊：《經義考》，卷 186，頁 6。

左氏傳事類始末》，繼踵者有劉淵《左傳紀事本末》卷數不詳，范士衡《春秋本末》卷數不詳，劉伯証《左氏本末》卷數不詳，陳琰《左氏世系本末》四十卷；但其中范士衡《春秋本末》、劉伯証《左氏本末》、陳琰《左氏世系本末》是否「以事爲經」已不可考。另有楊泰之《春秋列國事目》十五卷疑屬紀事本末類。以上僅章沖《春秋左氏傳事類始末》尚存。

元代有曹元博《左氏本末》卷數不詳〔註17〕，魏德剛《春秋左氏傳類編》卷數不詳〔註18〕，均已佚。

明代有傅藻《春秋本末》三十卷〔註19〕，曹宗儒《春秋序事本末》三十卷，徐鑒《左氏始末》卷數不詳，唐順之作《左氏始末》十二卷，傅遜作《春秋左傳屬事》二十卷，陳可言《春秋經傳類事》三十六卷〔註20〕，孫范《左傳分國紀事本末》二十卷。以上唐順之《左氏始末》、傅遜《春秋左傳屬事》、孫范《左傳分國紀事本末》尚存。

清代考據學興起，學術環境丕變，僅有初期馬驌《左傳事緯》十二卷，高士奇《左傳紀事本末》五十三卷，嚴毅《春秋論》二卷，曹基《左氏條貫》十八卷，均存。

另清儒毛奇齡（1623～1716年）屬辭比事以治《春秋》，並以禮、事、文、義四例概之，所作《春秋條貫篇》十一卷雖亦敘述事件的本末與發展，卻是主張「經有條貫，傳無條貫」〔註21〕，以《春秋》爲事例，不以《左傳》爲條貫，本文將之歸納爲比例模式（詳見第六章第五節）。

〔註17〕朱彝尊《經義考》引楊維楨序：「雲閒曹元博氏復案經以證傳，索傳以合經，爲《左氏敘事本末》若干卷。」〔清〕朱彝尊：《經義考》，卷197，頁4。

〔註18〕朱彝尊《經義考》引楊維楨序：「魏生德剛……以《左氏》所記本末不相貫穿者，每一事各爲始終而類編之，名曰《春秋左氏傳類編》。」〔清〕朱彝尊：《經義考》，卷197，頁5。

〔註19〕朱彝尊《經義考》云：「《實錄》洪武十一年五月癸酉，……上以《春秋》本諸魯史，而列國之事錯見閒出，欲究其終始，則艱於考索，乃命藻等纂錄，分列國而類聚之，附以《左氏傳》，首周王之世，以尊正統，次魯公之年，以仍舊文，事之終始，秩然有序，賜名曰《春秋本末》。」〔清〕朱彝尊：《經義考》，卷199，頁7。

〔註20〕朱彝尊《經義考》引陸元輔曰：「可言……好《左氏傳》，謂編年紀事，或一年之內數事錯陳，或一事始終散見於數年與數十年之後，學者驟讀之，未易得其要領，乃倣建安袁氏《通鑑紀事本末》，作《春秋經傳類事》，凡九十餘條，三十六卷，……。」〔清〕朱彝尊：《經義考》，卷206，頁5～6。

〔註21〕〔清〕毛奇齡：《春秋條貫篇》（上海：上海古籍出版社，2002年3月，《續修四庫全書》，冊139），卷1，頁2。

紀事本末類著作數量雖多，但流傳至今者僅有章沖、唐順之、傅遜、孫
范、馬驌、高士奇、嚴毅、曹基諸儒之作。其中唐順之《左氏始末》取材擴
及經學範圍以外，見於《國語》與《史記》者亦連屬比合，兼爲史學著作；
孫范《左傳分國紀事本末》編輯繁瑣，且題類繫於大夫而不繫於國君，一國
之內時序紊亂；馬驌《左傳事緯》各卷題類不知所繫，編次意旨不明；嚴毅《春
秋論》「其體在經義、史評之間」〔註22〕，非說經之體；曹基《左氏條貫》係
將《左傳》割裂成書，分國類敍，「以僃家塾之誦習」〔註23〕，對於諸事件全
無己見，本文皆略而不論。謹就其餘章沖、傅遜、高士奇三人之作依序考述。

一、章沖模式

宋儒章沖（生卒年不詳）曾追隨葉夢得（1077～1148 年）學習《左傳》，
發現《左傳》在記事方面的缺點，是「每載一事，或先經以發其端，或後經
以終其旨，有越二三君數十年而後備，近者亦或十數年」，造成「有一人而數
事所關」，或「有一事而先後若異」，無法連屬貫串，這不是《左傳》編輯上
的疏失，而是受到編年體製的切割，爲了增進閱讀便利，於是「掇其英精，
會其離析，各備其事之本末」〔註24〕，作《春秋左氏傳事類始末》五卷，其
模式如下：

（一）以事繫魯，以時為序

章沖《春秋左氏傳事類始末》將《左傳》事迹無論大小全部採取，「原始
要終，擸摭推遷，各從其類」〔註25〕，各題類則繫於魯，以魯十二公爲目，
並依所繫諸事件始年爲序，如下：隱公（下繫「鄭伯克段」等十七題類）、桓
公（下繫「曲沃滅晉」等十一題類）、莊公（下繫「楚武王伐隨卒」等十八題
類）、閔公（下繫「邢遷夷儀」等三題類）、僖公（下繫「鄭殺申侯」等三十
二題類）、文公（下繫「穆伯從己氏於莒」等三十題類）、宣公（下繫「晉於
是有公族」等十九題類）、成公（下繫「王師敗績于茅戎」等二十五題類）、

〔註22〕 《四庫全書總目》，卷31，頁4。
〔註23〕 見曹基《左氏條貫・例言》。〔清〕曹基：《左氏條貫》（上海：上海古籍出版
　　　　 社，2002 年 3 月，《續修四庫全書》，冊 221），卷首，頁 2。
〔註24〕 見章沖〈春秋左氏傳事類始末序〉。〔宋〕章沖：《春秋左氏傳事類始末》，卷
　　　　 首，頁 2。
〔註25〕 見章沖〈春秋左氏傳事類始末序〉。〔宋〕章沖：《春秋左氏傳事類始末》，卷
　　　　 首，頁 2。

襄公（下繫「其滅萊」等八十四題類）、昭公（下繫「季武子伐莒瀆齊盟楚人欲戮叔孫」等七十六題類）、定公（下繫「邾莊公卞急而好潔」等十五題類）、哀公（下繫「桓僖災」等二十七題類），凡十二目，三百五十七題類。

所謂各題類依所繫諸事件始年爲序，以「隱公」目「周鄭交惡」〔註26〕題類爲例，係採取下列事件：

1.《左傳》隱公三年夏：「鄭武公、莊公爲平王卿士，王貳于虢，鄭伯怨王。」云云。

2.《左傳》隱公六年冬：「鄭伯如周，始朝桓王也，王不禮焉。」云云。

3.《左傳》隱公八年夏：「虢公忌父始作卿士于周。」云云。

4.《左傳》隱公十一年秋：「王取鄔、劉、蒍、邗之田于鄭，而與鄭人蘇忿生之田。」云云。

5.《左傳》桓公五年夏：「王奪鄭伯政，鄭伯不朝。」秋：「王以諸侯伐鄭，鄭伯禦之。」云云。

該題類始於隱公三年，終於桓公五年，章沖「原始要終」合而爲一，於是繫於始年（隱公三年）之下。

（二）總記餘類爲附錄

《春秋左氏傳事類始末》除三百五十七題類之外，章沖「又總記其災異、力役之數，時君之政，戰陣之法，與夫器物之名，併繫于後，讀之者不煩參考，而畢陳於目前」〔註27〕。其附錄如下：

1. 災異：日食三十六、地震五、星隕一、星孛三、雨雹三、雨雪三、大雨震電一、震一、隕霜不殺草一、隕霜殺菽一、無冰三、木冰一、火災十二、屋壞一、山崩二、有年二、大水九、不雨七、大旱二、饑三、螽十、雨螽一、蜚一、蜮三、蜪一、無麥苗一、無麥禾一、蟓一、麋一、鸜鵒來巢一、隕石退鶂一、弑君二十六、滅國〔註28〕三十二〔註29〕。

2. 力役：宮室、城築、爰田、州兵、稅畝、丘甲、丘賦、刑書、竹刑、田賦〔註30〕。

〔註26〕　〔宋〕章沖：《春秋左氏傳事類始末》，卷1，頁2。
〔註27〕　見章沖〈春秋左氏傳事類始末序〉。〔宋〕章沖：《春秋左氏傳事類始末》，卷首，頁2。
〔註28〕　「滅國」，原作「云國」，不可解，按其所記皆爲滅國事，據改。
〔註29〕　〔宋〕章沖：《春秋左氏傳事類始末》，附錄，頁1～9。
〔註30〕　〔宋〕章沖：《春秋左氏傳事類始末》，附錄，頁9～11。

3. 陳名：魚麗、荊尸、左盂右盂、左拒右拒、崇卒、鵝鸛、左右句卒、支離之卒〔註31〕。

4. 器物：螫弧、皋比、金樸姑、綎皇、犖鑑、丁寧、笠轂、軘車、窒皇、佐車、紀甗、賦輿、巢車、跗注、頌琴、畚挶、旆夏、廣車、彝器、宗器、武軍、大蔡、寢戈、長轂、大屈、靈姑銔、復陶、餘皇、無射、楄柎、傴句、啟服、龍輔、蕭爽、繁弱、少帛、大呂、闕鞏、沽洗、昭兆、羽毛、葱靈、屬辟、大器、屬鏤、衷甸〔註32〕。

以上將有年、弒君、滅國列爲災異，殊值商榷；又將「力役之數」與「時君之政」併爲力役，按力役當屬「時君之政」，豈可將「時君之政」繫於力役？至於陳名（戰陣之名）與器物，似受宋代《藝文類聚》、《錦繡萬花谷》、《古今合璧事類備要》等類書影響，以備檢索文章辭藻、掌故事實，雖輯爲附錄，對於治《春秋》的幫助不大。

按《四庫全書總目》云：

沖但以事類裒集，遂變經義爲史裁，於筆削之文，渺不相涉。舊列經部，未見其然。今與樞書同隸史類，庶稱其實焉。〔註33〕

《四庫全書》將《春秋左氏傳事類始末》由經部改列史部，理由只是章沖「以事類裒集」，而未探討《春秋》的筆削大義。但本文認爲，章沖「以事類裒集」是屬辭比事，屬辭比事既爲《春秋》之教，則其《春秋左氏傳事類始末》自屬經學著作；而四庫館臣似乎認定探討筆削大義才是治經之法，忽略了屬辭比事亦可治經，貿然將《春秋左氏傳事類始末》改列史部，並不妥當。

二、傅遜模式

明儒傅遜（1573～1626 年）鑒於袁樞《通鑑紀事本末》「始每事成敗始終之迹一覽而得，讀史者咸便而葆之」〔註34〕，有意仿效其法以編纂《左傳》，在其師歸有光（1506～1571 年）指點下，取同門王執禮（生卒年不詳）之作重新整理，續成《春秋左傳屬事》二十卷，其模式如下：

〔註31〕〔宋〕章沖：《春秋左氏傳事類始末》，附錄，頁 11～12。
〔註32〕〔宋〕章沖：《春秋左氏傳事類始末》，附錄，頁 12～13。
〔註33〕《四庫全書總目》，卷 49，頁 3～4。
〔註34〕見傅遜〈春秋左傳屬事序〉。〔明〕傅遜：《春秋左傳屬事》（明萬曆日殖齋刊本），卷首，頁 1～2。

（一）事以題分，題以國分

傅遜《春秋左傳屬事》事以題分，題以國分，「纂事從題，無題從類」〔註35〕，前者占多數，後者則居少數，並以王（周）、霸（伯）及諸國爲目，如下：周（下繫「桓王伐鄭」等九題類）、伯（下繫「齊桓公之伯」等十二題類）、魯（下繫「隱公攝國」等十四題類）、晉（下繫「曲沃并晉」等五題類）、齊（下繫「襄公滅紀」等八題類）、宋（下繫「殤公之弒」等九題類）、衛（下繫「州吁之亂」等七題類）、鄭（下繫「莊公克叔段」等九題類）、秦（下繫「納芮取梁」等三題類）、楚（下繫「武王伐隨」等十題類）、吳楚（下繫「吳通上國」等二題類）、楚吳、越（下繫「昭王復國」等四題類），凡十三目，九十二題類。

所謂纂事從題（類），以「周」目「桓王伐鄭」〔註36〕題類爲例，係採取下列事件：

1.《左傳》隱公三年夏：「鄭武公、莊公爲平王卿士，王貳于虢，鄭伯怨王。」云云。

2.《左傳》隱公六年冬：「鄭伯如周，始朝桓王也，王不禮焉。」云云。

3.《左傳》隱公八年夏：「虢公忌父始作卿士于周。」秋：「八月丙戌，鄭伯以齊人朝王，禮也。」云云。

4.《左傳》隱公九年夏：「宋公不王，鄭伯爲王左卿士，以王命討之，伐宋。」秋：「鄭人以王命來告伐宋。」云云。

5.《左傳》隱公十年夏：「六月戊申，公會齊侯、鄭伯于老桃。壬戌，公敗宋師于菅。庚午，鄭師入郜；辛未，歸于我。庚辰，鄭師入防；辛巳，歸于我。」云云。

6.《左傳》隱公十一年秋：「王取鄔、劉、蒍、邘之田于鄭，而與鄭人蘇忿生之田。」云云。

7.《左傳》桓公五年夏：「王奪鄭伯政，鄭伯不朝。」秋：「王以諸侯伐鄭，鄭伯禦之。……鄭師合以攻之，王卒大敗，祝聃射王中肩，王亦能軍。祝聃請從之，公曰：『君子不欲多上人，況敢陵天子乎！苟自救也，社稷無隕多矣。』夜，鄭伯使祭足勞王，且問左右。」云云。

8.《左傳》桓公七年夏：「盟、向求成于鄭，既而背之。」秋：「鄭人、齊人、衛人伐盟、向。王遷盟、向之民于郟。」云云。

〔註35〕見傅遜〈春秋左傳屬事凡例〉。〔明〕傅遜：《春秋左傳屬事》，卷首，頁1。
〔註36〕〔明〕傅遜：《春秋左傳屬事》，卷1，頁1～4。

　　若與章沖《春秋左氏傳事類始末》「隱公」目「周鄭交惡」題類相較，該題類始於隱公三年，終於桓公五年，僅及於周、鄭雙方交惡的事迹，不及於過程中雙方重新交善（隱公九年、十年），亦不及於交戰後的對立關係（桓公七年）。傅遜《春秋左傳屬事》「周」目「桓王伐鄭」題類涵蓋範圍顯然較為廣泛，設計亦較為周延。

（二）評議傳文以明大義

　　傅遜《春秋左傳屬事》所引每條傳文之下，皆有小字兩行，內容或為訓註，或為評議，各題類之後亦標示大圈發表總評，以明大義。茲仍以「周」目「桓王伐鄭」題類為例，其中引《左傳》桓公五年之下，傅遜云：

> 奪，悉不使之與也。……○鄭伯雖已不臣，而動假命以行，猶有尊周之心焉，可撫而御也。既易其田，又奪之政，是驅之叛矣。及討其不朝，能虞其不以兵禦耶？而遂親將以行也，至兵敗身傷，復受其勞問，而不自恥也，哀哉！〔註37〕

以上前段為訓註；大圈以後分析鄭莊公不臣、不朝的原因，是周桓王易其田、奪其政，周桓王不自我檢討，反而親自率兵討伐，以致身敗兵傷，又不知恥接受鄭莊公派人慰問，是為該題類的總評。

　　按傅遜《春秋左傳屬事》對於杜預《春秋經傳集解》內容未妥者，頗有更定。但亦嘗云：「傳中文義，頗竭思慮，特於地理殊多遺憾，恨不獲遍蒐天下郡縣志而精考之。」又云：「元凱無漢儒，不能為《集解》；遜無元凱，不能為此註。」《四庫全書總目》評其「用心深至，推讓古人，勝於文人相輕者多矣」〔註38〕，本文至表同意。

三、高士奇模式

　　清儒高士奇（1645～1704年）認為，「左氏之書雖傳《春秋》，實兼綜列國之史」〔註39〕，所作《左傳紀事本末》五十三卷乃仿袁樞《通鑑紀事本末》體例，為朱記榮（生卒年不詳）彙刊《歷朝紀事本末七種》〔註40〕之一；又

〔註37〕　〔明〕傅遜：《春秋左傳屬事》，卷1，頁3～4。
〔註38〕　《四庫全書總目》，卷28，頁33。
〔註39〕　見高士奇〈左傳紀事本末凡例〉。〔清〕高士奇：《左傳紀事本末》（臺北：新文豐出版公司，1997年3月，《叢書集成三編》，冊92），卷首，頁1。
〔註40〕　朱記榮《歷朝紀事本末七種》彙刊高士奇《左傳紀事本末》五十三卷、袁樞《通鑑紀事本末》二百三十九卷、馮琦《宋史紀事本末》一百零九卷、張鑑

鑒於「自啖、趙以來，多有舍傳立說、獨抱遺經以終始者矣，先生特爲起例」
〔註41〕，故《左傳紀事本末》兼具經學與史學的研究價值。其模式如下：

（一）以國為序，略其細目

高士奇《左傳紀事本末》「凡列國大事，各從其類，不以時序，而以國序」
〔註42〕，因此以周及諸國爲目，其序以王室爲首，因爲「尊周也」〔註43〕；
其次是魯，因爲「重宗國也，《春秋》之所託也」〔註44〕；其次是齊、晉二國，
因爲「崇霸統也」〔註45〕；其次是宋、衛、鄭三國，因爲「皆爲與國，其事
多，且《春秋》之樞紐也」〔註46〕；其次是楚、吳、越，因爲「其國大，其
事繁，後之者，黜其僭也」〔註47〕；其次是秦，因爲「志其代周，且惡之也」
〔註48〕；陳、蔡、曹、許諸小國散見於諸大國之中，因爲「微而畧之也」〔註49〕。

各目及其題類如下：周（下繫「王朝交魯」等四題類）、魯（下繫「隱公
嗣國」等十一題類）、齊（下繫「齊滅紀」等七題類）、晉（下繫「曲沃併晉」
等十一題類）、宋（下繫「宋殤閔昭公之弒」等三題類）、衛（下繫「衛公吁
宣姜之亂」等四題類）、鄭（下繫「鄭莊強國」等四題類）、楚（下繫「楚伐
滅小國」等四題類）、吳（下繫「吳通上國」等三題類）、秦（下繫「穆公伯
西戎」一題類）、列國（下繫「春秋災異」一題類），凡十一目，五十三題類。

所謂「列國大事，各從其類」，高士奇《左傳紀事本末》大事必書而略其
細目，相較於章沖《春秋左氏傳事類始末》十二目、三百五十七題類，傅遜
《春秋左傳屬事》十三目、九十二題類，更爲簡潔，易於把握。若個別檢視，
以「周」目「桓王伐鄭」〔註50〕題類爲例，高士奇《左傳紀事本末》係採取
下列事件：

《西夏紀事本末》三十六卷、陳邦瞻《元史紀事本末》二十七卷、谷應泰《明
史紀事本末》八十卷、楊陸榮《三藩紀事本末》二十二卷。
〔註41〕 見韓菼〈左傳紀事本末序〉。〔清〕高士奇：《左傳紀事本末》，卷首，頁1。
〔註42〕 見高士奇〈左傳紀事本末凡例〉。〔清〕高士奇：《左傳紀事本末》，卷首，頁1。
〔註43〕 見高士奇〈左傳紀事本末凡例〉。〔清〕高士奇：《左傳紀事本末》，卷首，頁1。
〔註44〕 見高士奇〈左傳紀事本末凡例〉。〔清〕高士奇：《左傳紀事本末》，卷首，頁1。
〔註45〕 見高士奇〈左傳紀事本末凡例〉。〔清〕高士奇：《左傳紀事本末》，卷首，頁1。
〔註46〕 見高士奇〈左傳紀事本末凡例〉。〔清〕高士奇：《左傳紀事本末》，卷首，頁1。
〔註47〕 見高士奇〈左傳紀事本末凡例〉。〔清〕高士奇：《左傳紀事本末》，卷首，頁1。
〔註48〕 見高士奇〈左傳紀事本末凡例〉。〔清〕高士奇：《左傳紀事本末》，卷首，頁1。
〔註49〕 見高士奇〈左傳紀事本末凡例〉。〔清〕高士奇：《左傳紀事本末》，卷首，頁1。
〔註50〕 〔清〕高士奇：《左傳紀事本末》，卷2，頁2。

1. 《左傳》隱公三年夏：「鄭武公、莊公爲平王卿士，王貳于虢，鄭伯怨王。」云云。

2. 《左傳》隱公六年多：「鄭伯如周，始朝桓王也，王不禮焉。」云云。

3. 《左傳》隱公八年夏：「虢公忌父始作卿士于周。」秋：「八月丙戌，鄭伯以齊人朝王，禮也。」云云。

4. 《左傳》隱公十一年秋：「王取鄔、劉、蔿、邘之田于鄭，而與鄭人蘇忿生之田。」云云。

5. 《左傳》桓公五年夏：「王奪鄭伯政，鄭伯不朝。」秋：「王以諸侯伐鄭，鄭伯禦之。」云云。

6. 《左傳》桓公七年夏：「盟、向求成于鄭，既而背之。」秋：「鄭人、齊人、衛人伐盟、向。王遷盟、向之民于郟。」云云。

周桓王伐鄭歷經雙方開始交惡（隱公三年、六年），重新交善（隱公八年、九年、十年），再度交惡（隱公十一年），終於交戰（桓公五年）及交戰後的對立關係（桓公七年）。高士奇在重新交善的部分，保留隱公八年而省略隱公九年、十年的事迹，是其對細目的處理。

（二）「臣士奇曰」

高士奇《左傳紀事本末》於各題類之後，仿《史記》「太史公曰」的史傳論贊形式，以「臣士奇曰」發表綜合評論。仍以「桓王伐鄭」題類爲例：

> 臣士奇曰：……平王暗于虢公，欲授之政，周人不能裁以大義，卒踐其言，此交惡之所由始也。夫臣子之於君父，信而見疑，忠而被疏，則益負罪引慝，積其忠誠，以冀一旦之悔悟而已；乃上下相要，愛子出質，君臣之分，等於敵國。《左氏》直稱周、鄭，蓋深疾鄭伯之不臣也。……春秋世，諸侯放恣，而用兵王室者，自鄭莊始，滅理犯分，甘舉父祖之勤勞而盡棄之，悖已甚矣。……。〔註51〕

以上包括對雙方交惡的評論，對君臣交質的評論，以及對周、鄭交戰的評論，既不因尊周而祖護王室的過失，亦不因天子有過在先而縱容鄭君悖禮犯紀，衡情論理持平客觀，足以發明《春秋》大義。

〔註51〕 〔清〕高士奇：《左傳紀事本末》，卷1，頁2〜3。

（三）補逸、攷異、辨誤、攷證、發明

由於《公羊傳》與《穀梁傳》「每多不同，好語神怪，易致失實」〔註52〕，而「《左氏》能傳經之所無，亦時闕經之所有」〔註53〕，於是高士奇《左傳紀事本末》在闡釋大義方面作了一些強化措施：

1. 補逸

〈凡例〉云：「三代秦漢之書，經史諸子雜出繁多，其與《左氏》相表裏者，皆博取而附載之，謂之補逸。」〔註54〕如「周」目「王朝交魯」〔註55〕題類，採取《春秋》隱公九年春：「天子使南季來聘。」並引《穀梁傳》云：「聘諸侯，非正也。」按該事件有經無傳，不可脫漏，於是補逸於此。

2. 攷異

〈凡例〉云：「其與《左氏》異同迥別者，並存其說，以備參伍，謂之攷異。」〔註56〕如「魯」目「魯隱公嗣國」〔註57〕題類，採取《左傳》隱公三年夏：「君氏卒，聲子也。不赴於諸侯，不反哭于寢，不祔于姑，故不曰薨。不稱夫人，故不言葬。不書姓，為公故，曰君氏。」高士奇《左傳紀事本末》攷異：

> 歐陽修曰：「《公》、《穀》以尹氏卒為正卿，《左氏》以尹氏卒為隱公
> 母，一以為男子，一以為婦人，得于所傳者蓋如是。〔註58〕

按三傳雖互有異文異說，但各有授受源流，於是攷其異而並存之。

3. 辨誤

〈凡例〉云：「其有踦駁不倫，傳聞失實者，為釐辨之，謂之辨誤。」〔註59〕如「齊」目「齊桓公之伯」〔註60〕題類，採取《左傳》僖公六年冬：「蔡穆侯將許僖公以見楚子於武城。許男面縛銜璧，大夫衰絰，士輿櫬。楚子問諸逢伯，對曰：『昔武王克殷，微子啟如是，武王親釋其縛，受其璧而袚之，焚其櫬，禮而命之，使復其所。』楚子從之。」高士奇《左傳紀事本末》辨誤：

〔註52〕見韓菼〈左傳紀事本末序〉。〔清〕高士奇：《左傳紀事本末》，卷首，頁1。
〔註53〕見韓菼〈左傳紀事本末序〉。〔清〕高士奇：《左傳紀事本末》，卷首，頁1。
〔註54〕見高士奇〈左傳紀事本末凡例〉。〔清〕高士奇：《左傳紀事本末》，卷首，頁1。
〔註55〕〔清〕高士奇：《左傳紀事本末》，卷1，頁1。
〔註56〕見高士奇〈左傳紀事本末凡例〉。〔清〕高士奇：《左傳紀事本末》，卷首，頁1。
〔註57〕〔清〕高士奇：《左傳紀事本末》，卷5，頁10。
〔註58〕〔清〕高士奇：《左傳紀事本末》，卷5，頁11。
〔註59〕見高士奇〈左傳紀事本末凡例〉。〔清〕高士奇：《左傳紀事本末》，卷首，頁1。
〔註60〕〔清〕高士奇：《左傳紀事本末》，卷18，頁38。

按《論語》:「微子去之。」不過行避而已,未嘗奔周也。武王克商時,又安得有面縛銜璧之事?故或曰奔周,或曰面縛,皆傳之訛也。……。〔註61〕

楚大夫逢伯引述傳聞,認為微子啓面縛銜璧,投奔周武王。高士奇依據《論語》記載,認為微子啓只是隱遁行蹤,未曾投奔周武王,辨駁傳聞之誤。

4. 攷證

〈凡例〉云:「其有證據明白可為典要者,別而誌之,謂之攷證。」〔註62〕如「齊」目「崔慶之亂」〔註63〕題類,採取《左傳》成公十七年夏:「齊慶克通于聲孟子,與婦人蒙衣乘輦而入于閎。鮑牽見之,以告國武子,武子召慶克而謂之。……。」秋七月壬寅:「刖鮑牽……。仲尼曰:『鮑莊子之知不如葵,葵猶能衛其足。』」高士奇《左傳紀事本末》攷證:

> 《家語》:「樊遲問於孔子曰:『鮑牽事齊君,執政不撓,可謂忠矣,而君刖之,其為至闇乎?』孔子曰:『古之士者,國有道則盡忠以輔之,國無道則退身以避之。今鮑莊子食于淫亂之朝,不量主之明暗,以受大刑,是智之不如葵,葵猶能衛其足。』」〔註64〕

《左傳》記載,齊執政鮑牽揭發大夫慶克與聲孟子(齊靈公之母)私通,反遭陷害,孔子譏評鮑牽之智之不如葵,攷證與《孔子家語》內容相同,於是鈔錄之。

5. 發明

〈凡例〉云:「參以管見,聊附臆說,謂之發明。」〔註65〕如「晉」目「曲沃併晉」〔註66〕題類,採取《左傳》桓公三年春:「曲沃武公伐翼,次于陘庭,韓萬御戎,梁弘為右,逐翼侯于汾隰,驂絓而止,夜獲之,及欒共叔。」高士奇《左傳紀事本末》發明:

> 欒共子,名欒成,欒賓之子。欒賓,晉靖侯之孫。晉室六卿,惟欒氏猶為公族,故諸大夫先亡之。〔註67〕

〔註61〕〔清〕高士奇:《左傳紀事本末》,卷18,頁42。
〔註62〕見高士奇〈左傳紀事本末凡例〉。〔清〕高士奇:《左傳紀事本末》,卷首,頁1。
〔註63〕〔清〕高士奇:《左傳紀事本末》,卷21,頁4。
〔註64〕〔清〕高士奇:《左傳紀事本末》,卷21,頁4。
〔註65〕見高士奇〈左傳紀事本末凡例〉。〔清〕高士奇:《左傳紀事本末》,卷首,頁1。
〔註66〕〔清〕高士奇:《左傳紀事本末》,卷23,頁11。
〔註67〕〔清〕高士奇:《左傳紀事本末》,卷23,頁11。

高士奇對晉諸大夫先亡欒共叔的原因，提出自己的意見，是爲其發明。

按章沖《春秋左氏傳事類始末》、傅遜《春秋左傳屬事》與高士奇《左傳紀事本末》三者皆爲同類的經學著作，《四庫全書》卻將章沖與高士奇的著作改列史部，並不妥當，本文已說明如前，不再贅述。又《四庫全書總目》云：「沖書門目，太傷繁碎，且於《左氏》原文頗多裁損，至有裂句摘字，聯合而成者。士奇則大事必書，而畧於其細，部居州次，端緒可尋。與沖書相較，雖謂之後來居上可也。」〔註68〕本文至表同意。

第二節　經傳比事類

《春秋》與《左傳》本是分行，閱讀時須二書同時對照，較爲麻煩；自從晉代杜預《春秋經傳集解》將《春秋》和《左傳》分年相附，增加了閱讀上的便利。到了元、明以後，又有儒者進一步細分，將《春秋》每年諸事與《左傳》逐一比附，亦即經傳不再是分年比附，而是按時間先後順序逐事比附，形成了以《左傳》之事爲主的經傳比事類，或並參以《公羊傳》、《穀梁傳》或其他典籍與諸儒之說以解經，使事與義的對照更爲清晰。如元代郝經《比類條目》十二卷，以「《春秋》一書，義在於事，必比事而觀，其義可見」〔註69〕；安熙《春秋左氏綱目》卷數不詳，「節《左氏》傳文，議論敘事始末，依倣《通鑑綱目》，作小字分注經文之下，以類相從，凡《左氏》浮夸乖戾之語悉去之，秦、漢以來大儒先生之言及諸家之說可取者，附注其後」〔註70〕；陳氏《春秋類編傳集》卷數不詳，「析經以主傳，分傳以屬經，創意廣例，論類粲然，蓋有得於子朱子之教者也」〔註71〕；鄭玉《春秋闕疑》四十五卷，集諸儒之說，而略參己意，對於《春秋》殘缺的部分堅持絕不鑿空杜撰。明代則有李廷機《左傳綱目定注》三十卷，楊時秀《春秋集傳》三十卷。清代有林春溥《春秋經傳比事》二十二卷。

以上諸儒之作，僅鄭玉《春秋闕疑》、林春溥《春秋經傳比事》流傳至今，爰就二人模式依序考述。

〔註68〕《四庫全書總目》，卷49，頁32～33。
〔註69〕見朱彝尊《經義考》引郝經《春秋外傳》自序。〔清〕朱彝尊：《經義考》，卷193，頁3。
〔註70〕見朱彝尊《經義考》引蘇天爵狀。〔清〕朱彝尊：《經義考》，卷194，頁8～9。
〔註71〕見朱彝尊《經義考》引吳澄序。〔清〕朱彝尊：《經義考》，卷197，頁7。

一、鄭玉模式

元儒鄭玉（1298～1358 年）治《春秋》，認為三傳「若故為異同之辭，而非有一定不可易之說」，兩漢春秋學「泥于災祥徵應，而不知經之大用」，唐、宋諸儒「人自為說，家自為書，紛如聚訟，互有得失」，「程子雖得經之本旨，昔無全書」，「朱子間論事之是非，又無著述」，於是作《春秋闕疑》四十五卷，博采諸儒之論，發明聖人之旨，「經有殘闕，則考諸傳以補其遺；傳有譌舛，則稽諸經以證其謬，使經之大旨粲然復明於世」〔註72〕。其模式如下：

（一）以經為綱，以傳為目

鄭玉主張《春秋》是一部褒貶之書，「有魯史之舊文，有聖人之特筆，固不可字求其義，如酷吏之刑書；亦不可謂全無其義，如史官之實錄」〔註73〕。為推明經旨，於是將《春秋闕疑》仿照朱熹《通鑑綱目》編輯體例，「以經為綱，大字揭之於上；復以傳為目，而小字疏之於下」〔註74〕。但現存僅有《四庫全書》本，字體已無大小之分；綱目亦無上下之別，而是另起一行書寫。至於屬辭比事，是將經傳按時間先後順序逐事比附，而非分年比附。

1.敘事「專於《左氏》而附以《公》、《穀》」〔註75〕

鄭玉《春秋闕疑》敘事，是以《左傳》為主；但「《左氏》雖若詳於事，其失也誇」〔註76〕，於是附以《公羊傳》與《穀梁傳》，「合於經者則取之」〔註77〕。如《春秋》僖公元年冬十月壬午：「公子友帥師敗莒師于酈，獲莒挐。」《春秋闕疑》云：

> 莒人來求賂，公子友敗諸酈，獲莒子之弟挐，公賜季友汶陽之田及費。〔註78〕

這一段敘事係引自《左傳》，但《左傳》未提到莒人來求賂的原因與公子友獲莒挐的過程。然而，《公羊傳》對於莒人來求賂的原因有深入的說明〔註79〕，

〔註72〕 〔元〕鄭玉：〈春秋闕疑序〉，《春秋闕疑》（臺北：臺灣商務印書館，1986 年7 月，《景印文淵閣四庫全書》，冊 163），卷首，頁 2。
〔註73〕 〔元〕鄭玉：〈春秋闕疑序〉，《春秋闕疑》，卷首，頁 3。
〔註74〕 〔元〕鄭玉：〈春秋闕疑序〉，《春秋闕疑》，卷首，頁 2。
〔註75〕 〔元〕鄭玉：〈春秋闕疑序〉，《春秋闕疑》，卷首，頁 2。
〔註76〕 〔元〕鄭玉：〈春秋闕疑序〉，《春秋闕疑》，卷首，頁 1～2。
〔註77〕 〔元〕鄭玉：〈春秋闕疑序〉，《春秋闕疑》，卷首，頁 2。
〔註78〕 〔元〕鄭玉：《春秋闕疑》，卷 13，頁 5。
〔註79〕 《公羊傳》云：「公子慶父弒閔公，走而之莒，莒人逐之，將由乎齊，齊人不

《穀梁傳》對於公子友獲莒挐的過程亦有詳細的敘述〔註80〕，鄭玉卻均未採用，或即認為不合於經。又如《春秋》閔公二年冬：「齊高子來盟。」《春秋闕疑》云：

> 比三君死，曠年無君，設以齊取魯，曾不興師，徒以言而已矣。桓公使高子將南陽之甲，立僖公而城魯，或曰：「自鹿門至于爭門者是也。」或曰：「自爭門至于吏門者是也。」魯人至今以為美談，曰：「猶望高子也。」〔註81〕

這一段敘事係引自《公羊傳》，《左傳》則有經無傳。《春秋》宣公十七年冬十一月壬午：「公弟叔肸卒。」《春秋闕疑》云：

> 其曰公弟叔肸，賢之也。其賢之，何也？宣弒而非之也。非之，則胡為不去也？曰：「兄弟也，何去而之？」與之財，則曰：「我足矣。」織屨而食，終身不食宣公之食。君子以是為通恩也，以取貴乎《春秋》。〔註82〕

這一段敘事係引自《穀梁傳》，《左傳》則以凡例說之〔註83〕。可見三傳皆有敘事時，鄭玉採《左傳》而不採《公羊傳》與《穀梁傳》；唯有《左傳》未見敘事時，才採用《公羊傳》與《穀梁傳》。

　　2. 立論「先於《公》、《穀》而參以歷代諸儒之說」〔註84〕

　　鄭玉《春秋闕疑》立論，優先採用《公羊傳》與《穀梁傳》之義；但「《公》、《穀》雖或明於理，其失也鄙」〔註85〕，於是參以歷代諸儒之說，「合於理者則取之」〔註86〕。如《春秋》隱公三年秋：「武氏子來求賻。」《春秋闕疑》云：

> 納，卻反舍于汶水之上，使公子奚斯入請。季子曰：『公子不可以入，入則殺矣。』奚斯不忍反命于慶父，自南涘，北面而哭。慶父聞之曰：『嘻！此奚斯之聲也，諾已。』曰：『吾不得入矣。』於是抗輈經而死。莒人聞之，曰：『吾已得子之賊矣。』以求賂乎魯，魯人不與，為是興師而伐魯，季子待之以偏戰。」

〔註80〕　《穀梁傳》云：「公子友謂莒挐曰：『吾二人不相說，士卒何罪？』屏左右而相搏，公子友處下，左右曰：『孟勞。』孟勞者，魯之寶刀也，公子友以殺之。」

〔註81〕　〔元〕鄭玉：《春秋闕疑》，卷12，頁10。

〔註82〕　〔元〕鄭玉：《春秋闕疑》，卷24，頁19～20。

〔註83〕　《左傳》云：「公弟叔肸卒。公母弟也。凡大子之母弟，公在曰公子，不在曰弟。凡稱弟，皆母弟也。」

〔註84〕　〔元〕鄭玉：〈春秋闕疑序〉，《春秋闕疑》，卷首，頁2。

〔註85〕　〔元〕鄭玉：〈春秋闕疑序〉，《春秋闕疑》，卷首，頁2。

〔註86〕　〔元〕鄭玉：〈春秋闕疑序〉，《春秋闕疑》，卷首，頁2。

王未葬也。《公羊氏》曰：「武氏子何？天子之大夫也。其稱武氏子
者何？譏。父卒，子未命也。何以不稱使？當喪，未君也。」《穀
梁氏》曰：「歸死者曰賵，歸生者曰賻。歸之者，正也；求之者，
非正也。周雖不求，魯不可以不歸；魯雖不歸，周不可以求之。求
之爲言，得不得，未可知之辭也，交譏之。」程子曰：「武氏，王
之卿士。稱武氏，見世官。天王崩，諸侯不供其喪，故武氏子徵求
于四國，書之，以見天子失道，諸侯不臣也。」胡氏曰：「古者，
君薨諒陰，百官總己，以聽于冢宰三年。夫百官總己以聽，則是攝
行軍國之事也。以非王命而不稱使，所以謹天下之通喪，而嚴君臣
之名分也。」張氏曰：「仲子之喪，宰咺歸賵；而平王之喪，隱公
不奔喪，不勝誅。爲政於王室者，不能輔王以舉政刑，而遣使下求
于列國，《春秋》書之，以見其隳體失政，取輕天下，文武之澤斬
然矣。」〔註87〕

首句「王未葬也」係引自《左傳》，以敘述「武氏子來求賻」的事件背景，非
立論。次引《公羊傳》與《穀梁傳》，以論武氏稱子不稱使、魯不歸賻而周室
求之之義。以下參以宋代程頤、胡安國、張洽諸儒之說，皆因合於經傳之理
而取之，以成其體例。

（二）常事直書，大事變文

鄭玉認爲，《春秋》之事分爲常事與大事，「常事則直書而義自見，大事
須變文而義始明」〔註88〕。常事如《春秋》莊公二十七年秋：「公子友如陳，
葬原仲。」《春秋闕疑》云：

愚按：《春秋》書人臣出境，未有著其事者。此獨書葬原仲，何也？
蓋不著其事，則嫌于出聘，故特書其事，以明其以私事出境，而更
不加譏貶之詞，所謂直書其事而義自見也。〔註89〕

人臣出境爲常事，若非公事，即是私事；但因公事出境不必書其事由，而因
私事出境則違背禮法。魯公子友前往陳國，《春秋》書其事由是會葬大夫原仲，
可知是因私事出境，雖未加譏貶之詞，亦可知是違背禮法的行爲，所以常事
直書其事而義自見。

〔註87〕 〔元〕鄭玉：《春秋闕疑》，卷1，頁22～23。
〔註88〕 〔元〕鄭玉：〈春秋闕疑序〉，《春秋闕疑》，卷首，頁3。
〔註89〕 〔元〕鄭玉：《春秋闕疑》，卷10，頁18。

大事如《春秋》文公九年冬：「秦人來歸僖公成風之襚。」《春秋闕疑》云：

> 愚按：成風薨葬，聖人以魯之臣子，不敢違其國制，皆以夫人書之，此因魯史之舊也。及秦人歸襚，乃始變文，書曰「僖公成風」，所以正其嫡妾之分，而明其夫人之非，此修《春秋》之文也。學者合而觀之，則聖人筆削之意可見，而《春秋》垂世之義明矣。〔註90〕

魯文公之母成風是僖公之妾，不是夫人，但《春秋》文公四年書「夫人風氏薨」，是聖人沿用魯史舊文稱爲夫人。到了文公九年秦人來歸襚，屬國際大事，必須明其身分，正其禮儀，於是正名改稱爲僖公成風，所以大事須變文而義始明。

（三）闕疑

諸儒治《春秋》之病，多在於不能闕疑，卻穿鑿附會強行解經。誠如鄭玉云：

> 聖人之經，詞簡義奧，固非淺見臆說所能窺測，重以歲月滋久，殘闕維多，又豈懸空想像所能補綴？與其強通其所不可通，以取譏於當世，孰若闕其所當闕，以俟知於後人。〔註91〕

所不可通者既不可強通，所以名爲《春秋闕疑》。其闕疑範圍包括三方面：

1. 「經有脫誤，無從質證，則寧闕之，以俟知者，而不敢強爲訓解」〔註92〕

如《春秋》莊公二十四年冬：「郭公。」《公羊傳》認爲郭公是「失地之君」，《穀梁傳》認爲郭公是曹國的赤，《左傳》則無說。鄭玉《春秋闕疑》云：「上下必有闕文誤字。或曰：『郭亡。』亦強通之也，當傳疑。」〔註93〕於是闕疑，諸說皆不取。

2. 「傳有不同，無所考據，則寧兩存之，而不敢妄爲去取」〔註94〕

如《春秋》隱公三年夏四月辛卯：「君氏卒。」《左傳》云：「君氏卒。聲子也。不赴於諸侯，不反哭于寢，不祔于姑，故不曰薨，不稱夫人，故不言

〔註90〕 〔元〕鄭玉：《春秋闕疑》，卷20，頁19。
〔註91〕 〔元〕鄭玉：〈春秋闕疑序〉，《春秋闕疑》，卷首，頁3。
〔註92〕 〔元〕鄭玉：〈春秋闕疑序〉，《春秋闕疑》，卷首，頁2。
〔註93〕 〔元〕鄭玉：《春秋闕疑》，卷10，頁10。
〔註94〕 〔元〕鄭玉：〈春秋闕疑序〉，《春秋闕疑》，卷首，頁2。

葬。不書姓，爲公故，曰君氏。」《公羊傳》云：「尹氏者何？天子之大夫也。
其稱尹氏何？貶。曷爲貶？譏世卿。世卿，非禮也。外大夫不卒，此何以卒？
天子崩，諸侯之主也。」《穀梁傳》云：「尹氏者，何也？天子之大夫也。外
大夫不卒，此何以卒之也？於天子之崩爲魯主，故隱而卒之。」《春秋》原文
爲「君氏」或「尹氏」已不可考，《左傳》認爲君氏是指魯隱公生母聲子，《公
羊傳》與《穀梁傳》則認爲尹氏是周大夫，三傳訓解不同，是非無從考據。
鄭玉《春秋闕疑》云：「愚按：三說不同，未知孰是，姑闕之，以竢知者。」
〔註95〕於是闕疑而並存之。

3. 「誅討之事，尤不敢輕信傳文，曲相附會，必欲獄得其情，事盡其
實」〔註96〕

如《春秋》僖公十九年夏六月：「宋公、曹人、邾人盟于曹南。鄫子會盟
于邾。」己酉：「邾人執鄫子，用之。」《左傳》云：「宋公使邾文公用鄫子于
次睢之社，欲以屬東夷。」鄭玉《春秋闕疑》云：

> 劉氏意林曰：「曹南之會，雖有邾人，即非邾子。今此會盟于邾者，
> 詳驗經文，是邾國自爲盟會，非復向者曹南之盟也。若宋公使邾子
> 執鄫子，而《春秋》越宋治邾，是爲首惡者不誅，而脅從者見討也。
> 《春秋》原心定罪，豈其若是哉？吾固曰：『宋不使邾用鄫子
> 也。』」……愚按：劉氏之說與傳文雖異，於經爲合，然無所據；
> 又會盟于邾之文，他無此例，不敢以爲決然，姑著其疑以俟知者。
> 〔註97〕

鄫子被執血祭，《春秋》只表示是邾人所爲，未指爲邾子；但《左傳》不僅明
指爲邾子，甚至是受宋公唆使。劉意林發現《春秋》與《左傳》敘事有異，
於是辨證此事並非受宋公唆使。鄭玉雖認爲劉意林之說合於經，但因無所據，
究究《左傳》與劉意林之說孰是孰非，仍姑予闕疑。又如《春秋》襄公十八
年夏：「晉人執衛行人石買。」《左傳》云：「晉人執衛行人石買于長子，執孫
蒯于純留，爲曹故也。」鄭玉《春秋闕疑》云：

> 夫晉之執石買，雖因其伐曹之故，然所以執之，則因其來聘，而遂
> 執之耳，非以其罪而執之于其國也，故經以行人書之。石買既爲行

〔註95〕〔元〕鄭玉：《春秋闕疑》，卷1，頁22。
〔註96〕〔元〕鄭玉：〈春秋闕疑序〉，《春秋闕疑》，卷首，頁2～3。
〔註97〕〔元〕鄭玉：《春秋闕疑》，卷16，頁2～3。

人至晉，孫蒯何緣與之同行而亦被執乎？蓋傳因伐曹之事，實孫蒯、

石買之所為，故附會而為此言耳。〔註98〕

衛大夫石買、孫蒯二人雖均曾伐曹，但鄭玉認為，晉執石買不是因為伐曹之事，而是因為來聘；晉執孫蒯也不是因為伐曹之事，而是另有原因。《左傳》不問晉執石買、孫蒯的真正原因，卻將二人均曾伐曹附會為被執的原因。鄭玉《春秋闕疑》敘事雖「專於《左氏》」，對於其中不合經者，卻寧可闕疑，而不輕信傳文，曲為附會，明儒徐尊生（生卒年不詳）評曰：「只『闕疑』二字，可見已自過人。」〔註99〕《四庫全書總目》亦評曰：「其論皆洞達光明，深得解經之要。」〔註100〕

二、林春溥模式

清儒林春溥（1775～1861年）〈春秋經傳比事序〉云：「余向讀《左傳》，每苦其繁，思稍節以為讀本，久而攷其始末，而後知其不可刪也，非惟不可刪，其有經無傳者，且惜其略也。」〔註101〕所作《春秋經傳比事》二十二卷即是以《左傳》之事為主，藉經傳比事以考其事件始末，其模式如下：

（一）析傳以附經，離經以就傳

林春溥取《左傳》所載經文，附註《公羊傳》與《穀梁傳》的異文，並「析傳以附經，亦離經以就傳」〔註102〕。如《春秋》莊公十八年：

春王三月，日有食之。

夏，公追戎于濟西。

秋，有蜮。

冬十月。

以上經文四條。《左傳》莊公十八年：

春，虢公、晉侯朝王，王饗醴，命之宥，皆賜玉五瑴、馬三匹。非

禮也。王命諸侯，名位不同，禮亦異數，不以禮假人。

虢公、晉侯、鄭伯使原莊公逆王后于陳，陳媯歸于京師，實惠后。

〔註98〕 〔元〕鄭玉：《春秋闕疑》，卷31，頁4。
〔註99〕 見朱彝尊《經義考》引。〔清〕朱彝尊：《經義考》，卷197，頁2。
〔註100〕《四庫全書總目》，卷28，頁12。
〔註101〕〔清〕林春溥：〈春秋經傳比事序〉，《春秋經傳比事》（臺北：鼎文書局，1974年10月），卷首，頁1。
〔註102〕〔清〕林春溥：〈春秋經傳比事序〉，《春秋經傳比事》，卷首，頁1。

夏，公追戎于濟西。不言其來，諱之也。

秋，有蜮爲災也。

初，楚武王克權，使鬥緡尹之，以叛，圍而殺之，遷權於那處，使
閻敖尹之。及文王即位，與巴人伐申，而驚其師，巴人叛楚，而伐
那處，取之，遂門于楚。閻敖游涌而逸，楚子殺之，其族爲亂。冬，
巴人因之以伐楚。

以上傳文五條，但其中第一、二、五條有傳無經。林春溥《春秋經傳比事》
按時間先後順序排比，將傳文逐條附於經文之後，有傳無經者，則於其上畫
一圓圈以示區別。

又《春秋》與《左傳》記事，日月或不同，若按時間先後順序排比，將
出現經傳不一致的情形，如《春秋》僖公十五年冬十一月壬戌：「晉侯及秦伯
戰于韓，獲晉侯。」《左傳》記載爲同年秋九月壬戌。林春溥《春秋經傳比事》
將傳文移就經文，並註明傳文原次於下：「傳作九月壬戌，在『震夷伯之廟』
之前。」〔註103〕「震夷伯之廟」在同年秋九月己卯晦。

（二）參以《公羊傳》與《穀梁傳》之義

林春溥《春秋經傳比事》以《左傳》史實爲主，並「參之《公》、《穀》，
以廣其義」〔註104〕，如《春秋》桓公三年秋九月：「齊侯送姜氏于讙。」《左
傳》云：「齊侯送姜氏，非禮也。凡公女嫁于敵國，姊妹則上卿送之，以禮
於先君；公子則下卿送之。於大國，雖公子，亦上卿送之；於天子，則諸卿
皆行，公不自送；於小國，則上大夫送之。」《春秋經傳比事》引《公羊傳》
曰：

諸侯越竟送女，非禮也。入國，何以不稱夫人？自我言齊，父母之
於子，雖爲鄰國夫人，猶曰吾姜氏。〔註105〕

又引《穀梁傳》曰：

禮：送女，父不下堂，母不出祭門，諸母兄弟不出闕門。父戒之曰：
「謹慎從爾舅之言。」母戒之曰：「謹慎從爾姑之言。」諸母般申之
曰：「謹慎從爾父母之言。」送女踰竟，非禮也。〔註106〕

〔註103〕〔清〕林春溥：《春秋經傳比事》，卷5，頁19。
〔註104〕〔清〕林春溥：〈春秋經傳比事序〉，《春秋經傳比事》，卷首，頁1。
〔註105〕〔清〕林春溥：《春秋經傳比事》，卷2，頁4。
〔註106〕〔清〕林春溥：《春秋經傳比事》，卷2，頁4。

三傳對於齊侯越境送女，皆認爲非禮，且各自舉出嫁女的禮儀，不局限於《左傳》，所以廣其義。

（三）補強《春秋》與《左傳》史實

《左傳》記事雖多詳於《春秋》，但亦有未盡其史實者。林春溥補強《春秋》與《左傳》記事的不完備，有取材自《國語》者，如《左傳》桓公三年春：「曲沃武公伐翼，次于陘庭，韓萬御戎，梁弘爲右，逐翼侯于汾隰，驂絓而止，夜獲之，及欒共叔。」《春秋經傳比事》引《國語》曰：

> 武公伐翼，殺哀侯，止欒共子曰：「苟無死，吾以子見天子，令子爲
> 上卿，制晉國之政。」辭曰：「成聞之：『民生於三，事之如一。』
> 父生之，師教之，君食之。惟其所在，則致死焉。臣敢以私利廢人
> 之道，君何以訓矣！」遂鬪而死。〔註107〕

所引係節錄《國語·晉語一》，以補強《左傳》。有取材自《史記》者，如《春秋》莊公二十二年春：「陳人殺其公子御寇。」《左傳》云：「陳人殺其大子御寇，陳公子完與顓孫奔齊。」《春秋經傳比事》引《史記》曰：

> 宣公有嬖姬生子款，欲立之，乃殺其大子禦寇。禦寇素愛屬公子完，
> 完懼禍及己，乃奔齊。〔註108〕

所引係節錄《史記·陳世家》，以補強《春秋》與《左傳》。有取材自《禮記》者，如《春秋》昭公七年冬十一月癸未：「季孫宿卒。」《左傳》云：「季武子卒。」《春秋經傳比事》引《禮記》曰：

> 季武子寢疾，蟜固不說，齊衰而入見。及其喪也，曾點倚其門而歌。
>
> 〔註109〕

所引係節錄《禮記·檀弓下》，以補強《春秋》與《左傳》。有取材自《說苑》者，如《春秋》莊公三十一年夏六月：「齊侯來獻戎捷。」《左傳》云：「齊侯來獻戎捷。非禮也。凡諸侯有四夷之功，則獻于王，王以警于夷；中國則否，諸侯不相遺俘。」《春秋經傳比事》引《說苑》曰：

> 桓公將伐山戎、孤竹，使人請助於魯。魯許助之而不行。齊已伐山
> 戎、孤竹，而欲移兵於魯。管仲曰：「不可。鄰國不親，非霸王之道，

〔註107〕〔清〕林春溥：《春秋經傳比事》，卷2，頁4。
〔註108〕〔清〕林春溥：《春秋經傳比事》，卷3，頁17。
〔註109〕〔清〕林春溥：《春秋經傳比事》，卷16，頁13。

> 君之所得山戎之寶器者，中國之所鮮也，不可以不進周公之廟。」
>
> 桓公乃分山戎。魯下令丁男悉發，五尺童子皆至。〔註110〕

所引係節錄《說苑・權謀》，以補強《春秋》與《左傳》。有取材自《列女傳》者，如《春秋》僖公九年冬：「晉里克殺其君之子奚齊。」《左傳》云：「十月，里克殺奚齊于次。書曰：『殺其君之子。』未葬也。荀息將死之，人曰：『不如立卓子而輔之。』荀息立公子卓以葬。十一月，里克殺公子卓于朝，荀息死之。」《春秋經傳比事》引《列女傳》曰：

> 乃戮驪姬，鞭而殺之。〔註111〕

所引係節錄《列女傳・孽嬖》，以補強《春秋》與《左傳》。以上取材以《國語》與《史記》為最多，其餘僅偶見。

第三節　禮儀制度類

按《左傳》記載，魯昭公二年春韓宣子適魯，「見《易》象與魯《春秋》，曰：『周禮盡在魯矣，吾乃今知周公之德，與周之所以王也。』」魯史《春秋》的內容既與周代的禮儀制度有關，即使經過增刪，其禮儀制度的主體是不可能改變的，若藉由屬辭比事歸納其中的禮儀制度，自是解經的途徑之一。

但後儒循此途經治《春秋》者頗為罕見，如元儒鄧淳翁（生卒年不詳）《春秋集傳》卷數不詳，據元儒袁桷（1266～1327 年）序：

> 三家之傳，事與義例，輵轕骹纂，……。先王之典禮舊章，具於傳記，悉心以推之，闇而日章，墜而復完；則禮者，又《春秋》之標準也。邵武鄧淳翁慨不行於今，特立己任，纂而為編，復因胡氏七家而增廣之。……淳翁學首於是，必有其本。〔註112〕

鄧淳翁治學，首重《春秋》，而不循三傳義例解經模式；所謂「必有其本」，應即指其治《春秋》係以禮為本，惜其書已佚。其後有清儒萬斯大《學春秋隨筆》十卷、惠士奇《春秋說》十五卷，為此類解經模式僅存的著作，謹考述如下。

〔註110〕〔清〕林春溥：《春秋經傳比事》，卷3，頁25。
〔註111〕〔清〕林春溥：《春秋經傳比事》，卷5，頁13。
〔註112〕見朱彝尊《經義考》引。〔清〕朱彝尊：《經義考》，卷195，頁4。

一、萬斯大模式

清儒萬斯大（1633～1683 年）篤志經學，尤精於三禮與《春秋》，著有《學禮質疑》二卷、《周官辨非》二卷、《儀禮商》二卷、《禮記偶箋》三卷、《學春秋隨筆》十卷等。曾編纂先儒說《春秋》二百四十二卷，燬於大火，後來復輯而絕筆於魯昭公，但未見刊行；《學春秋隨筆》為其編纂的心得，而另為箚記，以魯十二公為次，各為一卷，止於魯昭公，故為十卷。其闡釋《春秋》義法模式如下：

（一）重事實

據清儒鄭梁（1637～1713 年）〈跛翁傳〉記載，萬斯大纂輯《春秋》的大意有四：一是專傳，二是論世，三是屬辭比事，四是原情定罪。

所謂「專傳」，是指萬斯大治《春秋》以《左傳》為主，因為「經無事實，待傳而明，《公》、《穀》、《左氏》，互相同異，生今論古，事難懸斷，《左氏》詳覈，宜奉為主」〔註113〕。《左傳》的事實勝於《公羊傳》與《穀梁傳》，所以取《左傳》的事實為斷。

所謂「論世」，是指萬斯大認為，「《春秋》二百四十二年，世皆無道，孔子但就無道之世，據事直書，是非自見，而初未嘗以後生之匹夫，責已往之天子」〔註114〕。所以孔子作《春秋》的目的，只是在呈現當世的無道，不在檢討天子的責任，是對事而不對人，所以必須重視客觀的事實。

所謂「屬辭比事」，是指「《春秋》所書，一事必有本末，異事亦有同形」〔註115〕。前者「一事必有本末」，若藉由比事，即可昭明真相，如《春秋》隱公四年春二月戊申：「衛州吁弒其君完。」秋九月：「衛人殺州吁于濮。」冬十二月：「衛人立晉。」萬斯大《學春秋隨筆》云：

> 有以見亂賊肆逆，惡黨眾盛，衛人討賊之難。……又以見衛之立君，遲回慎重，晉無覬覦之嫌，衛人無黨暱之私。……故兩書「衛人」，以昭公義。此比事而見之也。〔註116〕

〔註113〕　見鄭梁〈跛翁傳〉。〔清〕萬斯大：《學春秋隨筆》（臺南：莊嚴文化事業，1997年 2 月，《四庫全書存目叢書》，經部冊 132），卷首，頁 1。

〔註114〕　見鄭梁〈跛翁傳〉。〔清〕萬斯大：《學春秋隨筆》，卷首，頁 1。

〔註115〕　見鄭梁〈跛翁傳〉。〔清〕萬斯大：《學春秋隨筆》，卷首，頁 1。

〔註116〕　〔清〕萬斯大：《學春秋隨筆》，卷 1，頁 17。

衛公子州吁弒君自立，衛人殺了州吁之後，立公子晉繼位爲君，此爲一事的本末，萬斯大藉由比事，將二事作比較，發現衛人與公子晉皆無私心，可見《春秋》兩書「衛人」的目的在「昭公義」。後者「異事亦有同形」，若藉由屬辭，即可呈現大義，如《春秋》昭公二十三年秋七月：「尹氏立王子朝。」萬斯大《學春秋隨筆》云：

> 《春秋》書「立」者，再見於晉，曰「衛人立晉」，足知一國之公也。
> 于朝，曰「尹氏立王子朝」，足知一族之私也。……曰「衛人立晉」，
> 以見繼弒者非討賊不可爲君，非得眾不可爲君，此屬辭而見之也。
> 〔註117〕

「衛人立晉」與「尹氏立王子朝」爲異事，但句型相同。萬斯大藉由屬辭，將二句內容作比較，發現衛人是大公無私的，尹氏則是私心作祟，可見《春秋》書「人」與書「氏」，書法不同即呈現不同的意義。無論屬辭或比事，皆是以事實爲基礎。

所謂「原情定罪」，是指「《春秋》所書，罪多而功少，而罪之所在，必即其所處之地，察其所處之情」〔註118〕。如《春秋》莊公四年冬：「公及齊人狩于禚。」萬斯大《學春秋隨筆》云：

> 魯莊以桓六年生，至嗣位，年十四，童稚無知，未能獨斷，上倚
> 乎母，母雖姦惡，其智術足以籠其子。又宣淫一事，其初年亦或
> 未知車中拉幹，亦謂竟出彭生，而非諸兒之毒也。且莊公技勇，
> 雖長，而天性未摯，知彭生既討，直謂無可更仇，故嘗與齊侯共
> 事而不顧。聖人於此，蓋甚憫其始之無知，而馴至後來之不振；
> 且甚疾諸兒之淫兇，既殺其父，而又愚弄其子也，故于此諱齊稱
> 人。〔註119〕

魯桓公因發現夫人文姜與齊襄公（諸兒）的姦情而遭謀殺，其子魯莊公繼位後，不但未曾爲父報仇，甚至與齊襄公一同狩獵。萬斯大認爲魯莊公之罪應該原情定罪，不宜一概而論，因爲其繼位時年僅十四，尚須依賴其母，無法爲父報仇，情猶可原，但成人之後應該明辨是非，若忘父之仇，甚至與殺父仇人一同狩獵，即應依據事實認定其罪。

〔註117〕〔清〕萬斯大：《學春秋隨筆》，卷1，頁17。
〔註118〕見鄭梁〈跛翁傳〉。〔清〕萬斯大：《學春秋隨筆》，卷首，頁2。
〔註119〕〔清〕萬斯大：《學春秋隨筆》，卷3，頁2。

（二）據三禮

　　萬斯大的學問根柢在三禮，與宋、元以後諸儒空談書法者大有不同，曾云：「吾於經學實有苦心，凡遇先王之度數儀文，自覺能疑人所不能疑，解人所不能解。」〔註120〕其治《春秋》亦多以三禮爲據。如《春秋》隱公元年春三月：「公及邾儀父盟于蔑。」《公羊傳》認爲「及」是「我欲之」（魯國主動），《穀梁傳》認爲「及」是「內爲志」（以魯國爲主）。又如《春秋》隱公二年春：「公會戎于潛。」《穀梁傳》認爲「會」是「外爲主」（以外國爲主）。對於「及」與「會」二字的意義，萬斯大有不同的見解，《學春秋隨筆》云：

　　　　〈曲禮〉曰：「諸侯相見于隙地曰會，涖牲曰盟。」是會有會禮，盟有
　　　　盟禮。《春秋》書魯特盟，先行會禮後行盟禮者，則曰「某會某盟于某」；
　　　　不行會禮徑行盟禮者，則曰「某及某盟于某」。及者，與也。……統觀
　　　　《春秋》，我欲而書會者有之，彼欲而書及者有之，非通論也。〔註121〕

首先，依據《禮記・曲禮下》的記載，確認諸侯「會」與「盟」是兩種不同的禮儀。其次，《春秋》對於魯國與他國單獨會盟的書法，書「某會某盟于某」表示先會後盟，書「某及某盟于某」表示不會而盟，利用屬辭觀察，雙方不會而盟時，將「會」改爲「及」字，所以得知「及」字只是單純的連接詞，意義就是「與」。最後，統觀《春秋》魯國與他國會盟的態度傾向，書「會」者，有以外國爲主的，亦有以魯國爲主的；書「及」者，有魯國主動的，亦有外國主動的。經由以上逐步推論，《公羊傳》、《穀梁傳》對於「及」與「會」二字意義的認知有誤，這正是因爲萬斯大專精於禮學，並煞費一番苦心從禮學的角度來解讀《春秋》，能疑人所不能疑，解人所不能解，所以得到了全新的研究成果。

　　然而《四庫全書總目》指出，萬斯大據三禮說《春秋》，「以新見長，亦以鑿見短」〔註122〕，並舉例若干，如《春秋》成公元年春三月：「作丘甲。」《學春秋隨筆》云：

　　　　古者車戰之法，甲士三人，一居左以主射，一居右以主擊刺，一居
　　　　中以御車；間有四人共乘者，則謂之駟乘。……魯畏齊彊，車增一
　　　　甲，皆爲駟乘，因使一丘出一甲。〔註123〕

〔註120〕　見萬經〈先考克宗府君行狀〉。〔清〕萬斯大：《學春秋隨筆》，卷首，頁3～4。
〔註121〕　〔清〕萬斯大：《學春秋隨筆》，卷1，頁5。
〔註122〕　《四庫全書總目》，卷31，頁6。
〔註123〕　〔清〕萬斯大：《學春秋隨筆》，卷8，頁1。

所謂「作丘甲」，是指增加每一丘的軍賦〔註124〕。萬斯大認為，魯國畏懼強大的齊國，將戰車每車甲士三人增加為每車甲士四人，所以稱為「駟乘」。《四庫全書總目》反駁其說，云：

> 今考《春秋傳》，叔孫得臣敗狄于鹹，富父終甥駟乘，在文十一年，則是成元年以前魯人已有駟乘矣，其不因此年三月令丘出一甲始為駟乘可知。又考襄二十三年傳：「齊侯伐衛，燭庸之越駟乘。」然則駟乘者豈特魯乎？謂魯畏齊始為駟乘，尤屬臆測。〔註125〕

以上理由有三：一是據《左傳》文公十一年記載，魯大夫叔孫得臣敗狄于鹹，即已使用駟乘，早於魯成公元年「作丘甲」的時間；二是據《左傳》襄公二十三年記載，齊莊公伐衛，亦使用駟乘，並非只有魯國使用駟乘；三是指責萬斯大「謂魯畏齊始為駟乘，尤屬臆測」。但本文認為四庫館臣誤解其意：第一，萬斯大謂魯成公「為駟乘」，非「始為駟乘」，駟乘始於何時或不可考，所以萬斯大表明「古者」每車甲士三人，偶有每車甲士四人，並未謂駟乘始於魯成公；第二，既然駟乘古已有之，各國皆可援古例進行改革，後來魯成公「作丘甲」為駟乘，齊莊公伐衛亦為駟乘，萬斯大並未謂駟乘為魯國獨有；第三，據《左傳》成公元年記載，魯國「作丘甲」是因為「齊難」，杜預注：「前年魯乞師於楚，欲以伐齊，楚師不出，故懼而作丘甲。」〔註126〕果然《左傳》成公二年春「齊侯伐我北鄙」，萬斯大謂「魯畏齊彊」而為駟乘，完全是依據杜預之說，並非出於臆測。可見四庫館臣讀書不精，反駁萬斯大的理由無一成立，而萬斯大據三禮解《春秋》的成就仍是值得推崇的。

二、惠士奇模式

清儒惠士奇（1671～1741年）傳承家學，精於三禮，亦長於《春秋》，著有《易說》六卷、《禮說》十四卷、《春秋說》十五卷、《大學說》一卷、《交食舉隅》三卷等。其《春秋說》闡釋《春秋》義法模式如下：

〔註124〕 《周禮・地官司徒》：「九夫為井，四井為邑，四邑為丘，四丘為甸，四甸為縣，四縣為都。」周代實施井田制度，據以訂定賦稅。春秋時期魯國實施賦稅改革，宣公十五年推行「初稅畝」，成公元年推行「作丘甲」。所謂「作丘甲」，眾說紛紜，萬斯大採用胡安國之說，認為「昔也四丘出三甲，今也一丘出一甲」，徵召甲士的人數增加了三分之一。〔清〕萬斯大：《學春秋隨筆》，卷8，頁1。

〔註125〕 《四庫全書總目》，卷31，頁8～9。

〔註126〕 〔唐〕孔穎達：《春秋左傳正義》（臺北：大化書局，1982年10月，《十三經注疏》本），卷25，頁190。

（一）以禮為綱，緯以《春秋》之事

惠士奇《春秋說》「以禮爲綱，而緯以《春秋》之事，比類相從」〔註127〕，於每條經文下附三傳，間附《史記》或諸儒之說，末以己意爲總論，不立門目，不設凡例，引據證佐頗爲典核。如論魯大夫季文子衛先君武公與季平子爲先君煬公立宮爲非禮，引《春秋》成公六年春二月辛巳：「立武宮。」《左傳》云：「季文子以鞌之功立武宮，非禮也。聽於人以救其難，不可以立武。立武由己，非由人也。」《公羊傳》云：「武宮者何？武公之宮也。立者何？立者，不宜立也。立武宮，非禮也。」《穀梁傳》云：「立者，不宜立也。」又引《春秋》定公元年秋九月：「立煬宮。」《左傳》云：「昭公出故，季平子禱于煬公，九月，立煬宮。」《公羊傳》云：「煬宮者何？煬公之宮也。立者何？立者，不宜立也。立煬宮，非禮也。」《穀梁傳》云：「立者，不宜立者也。」惠士奇將「立武宮」與「立煬宮」二事比類相從，總論云：

> 《春秋》有事同而辭異，有事異而辭同。武宮、煬宮，其事異也；皆書立，其辭同也。……〈明堂位〉曰：「魯公之廟，文世室也。武公之廟，武世室也。」武公者，孝公之父，隱公之曾祖，成公之九世祖，至僖公而廟毀，不知其何以得列于世室而不祧，今無可考。……煬公者，伯禽之子也，至昭、定時，久已爲鬼，似禱所不及，康成謂：「鬼主在祧，故季氏禱之，而立宮焉。」武公既列于世室，世世不祧，又何故而毀之，至成公而復立？或記禮者之曲爲附會，我固不得而知。然成公六年所立者，我知其必非武公之宮也，何以知之？以《左傳》知之。……然則立武宮猶立武軍，所以章明武功云爾。
> 〔註128〕

「立武宮」與「立煬宮」二事皆可疑。有關「立武宮」一事，惠士奇依據《禮記・明堂位》，確認武公之廟不毀，不毀則無復立武公之廟的情形；再依據《左傳》，確認所謂武宮，應該是爲彰顯鞌一戰的武功所立廟，而不是武公之廟，可見《公羊傳》以武宮爲武公之廟是錯誤的。至於「立煬宮」一事，煬公之廟久毀，牌位早已合祀於祖廟，鄭玄認爲「季氏禱之」，所以復立其廟，惠士奇存其說。

〔註127〕《四庫全書總目》，卷29，頁28。
〔註128〕〔清〕惠士奇：《春秋說》（臺北：藝文印書館，年月份不詳，《皇清經解》，卷230），頁26。

（二）以鄭玄為宗

清初諸儒說禮，以惠士奇《禮說》「持論最有根柢」〔註 129〕，除徵引諸子百家之文為證外，並參考鄭玄所引漢制以遞求周制，凡二百餘見。其《春秋說》說禮，亦多以鄭玄為宗，如說「禘」云：「故曰：『明乎郊社之禮，禘嘗之義，治國其如示諸掌乎！』其義則鄭康成言之備矣。」〔註 130〕說郊云：「王者郊天，必以其祖配，故冬至祭天以嚳配，祈穀祭天以稷配，明堂祭天以文配，鄭康成之說未嘗不通。」〔註 131〕說聘云：「俗儒好為異說，以駁先賢，顧以鄭氏釋《周官》為誤，始於啖、趙，後人皆附會之，吾所不敢。」〔註 132〕可見對於鄭玄之說多所維護。

但有一例外，如說「出」引《春秋》成公十二年春：「周公出奔晉。」《左傳》云：「書曰『周公出奔晉』，凡自周無出，周公自出故也。」孔穎達疏：「鄭玄答孫皓曰：『「凡自周無出」者，周無放臣之法，罪大者刑之，小則宥之。』以為實無出法。……若如《周禮》無流放之文，即云周無放臣之法，禮：『三諫不從，待放於郊。』」〔註 133〕然則周臣三諫不從，終是不蒙王放，欲令諫者何所措身？《左傳》發凡，自是書策之例，因即以為周制，謂其實無出者，執文害意，為蔽何甚！」〔註 134〕鄭玄認為「周無放臣之法」，孔穎達斥之為「執文害意」，惠士奇照錄孔穎達之說〔註 135〕，卻未為鄭玄辯護，無異於接受孔穎達之說。

（三）比事兼仿史書紀事本末體

惠士奇《春秋說》雖以說禮為主，仍兼仿史書紀事本末體以敘述史事，雜廁全書之間，其題類型態有三：

1. 單一題類

如立「侵伐圍救春秋以齊晉二霸為始終」〔註 136〕為題類，云：「是故伐

〔註 129〕 《四庫全書總目》，卷 19，頁 37。

〔註 130〕 〔清〕惠士奇：《春秋說》（《皇清經解》，卷 228），頁 2～3。

〔註 131〕 〔清〕惠士奇：《春秋說》（《皇清經解》，卷 228），頁 12。

〔註 132〕 〔清〕惠士奇：《春秋說》（《皇清經解》，卷 234），頁 9。

〔註 133〕 孔穎達所引「三諫不從，待放於郊」之說，出自《毛詩・羔裘》鄭玄箋。〔唐〕孔穎達：《毛詩正義》（臺北：大化書局，1982 年 10 月，《十三經注疏》本），卷 7 之 2，頁 113。

〔註 134〕 〔唐〕孔穎達：《春秋左傳正義》，卷 27，頁 208。

〔註 135〕 〔清〕惠士奇：《春秋說》（《皇清經解》，卷 237），頁 12。

〔註 136〕 〔清〕惠士奇：《春秋說》（《皇清經解》，卷 232），頁 12。

也、侵也、圍也、救也，皆王者之師。」〔註137〕「春秋之侵伐，豈王者之師哉！」〔註138〕「齊之霸，始于莊，終于僖；晉之霸，始于僖，終于定。故曰：『其事，則齊桓、晉文。』推戴維持，皆齊桓、晉文之力，春秋實以二霸爲始終焉。」〔註139〕

2. 組合題類

其比事兼據《春秋》與《左傳》，所立組合題類有三：一是以齊、衛二國爲組合，如「齊衛結謀叛晉」〔註140〕、「齊衛聯兵伐晉」〔註141〕、「范中行亂晉」〔註142〕、「齊衛謀救范中行」〔註143〕、「齊衛聯兵伐晉以救范中行」〔註144〕、「晉趙鞅帥師取戚納衛世子蒯瞶于戚以爲晉援」〔註145〕、「齊人輸粟於范中行鄭人送之晉趙鞅敗鄭師于戚」〔註146〕、「齊衛聯兵圍戚以救范中行」〔註147〕、「齊衛聯兵救范氏再圍五鹿會鮮虞納荀寅于柏人」〔註148〕、「晉范中行之亂前後八年而後平」〔註149〕、「趙鞅報伐衛」〔註150〕、「趙鞅報伐鮮虞」〔註151〕，總論「春秋東諸侯之黨，齊、衛爲魁」〔註152〕云云。二是以同盟爲組合，如「齊桓同盟二」〔註153〕、「晉靈同盟一」〔註154〕、「大夫同盟」〔註155〕、「晉景同盟五、其一大夫盟」〔註156〕、「晉厲同盟二」〔註157〕、「晉悼同盟四」、「晉

〔註137〕〔清〕惠士奇：《春秋說》（《皇清經解》，卷232），頁12。
〔註138〕〔清〕惠士奇：《春秋說》（《皇清經解》，卷232），頁12～13。
〔註139〕〔清〕惠士奇：《春秋說》（《皇清經解》，卷232），頁14。
〔註140〕〔清〕惠士奇：《春秋說》（《皇清經解》，卷233），頁1。
〔註141〕〔清〕惠士奇：《春秋說》（《皇清經解》，卷233），頁1。
〔註142〕〔清〕惠士奇：《春秋說》（《皇清經解》，卷233），頁1。
〔註143〕〔清〕惠士奇：《春秋說》（《皇清經解》，卷233），頁2。
〔註144〕〔清〕惠士奇：《春秋說》（《皇清經解》，卷233），頁2。
〔註145〕〔清〕惠士奇：《春秋說》（《皇清經解》，卷233），頁2。
〔註146〕〔清〕惠士奇：《春秋說》（《皇清經解》，卷233），頁3。
〔註147〕〔清〕惠士奇：《春秋說》（《皇清經解》，卷233），頁3。
〔註148〕〔清〕惠士奇：《春秋說》（《皇清經解》，卷233），頁3。
〔註149〕〔清〕惠士奇：《春秋說》（《皇清經解》，卷233），頁4。
〔註150〕〔清〕惠士奇：《春秋說》（《皇清經解》，卷233），頁4。
〔註151〕〔清〕惠士奇：《春秋說》（《皇清經解》，卷233），頁4。
〔註152〕〔清〕惠士奇：《春秋說》（《皇清經解》，卷233），頁4。
〔註153〕〔清〕惠士奇：《春秋說》（《皇清經解》，卷233），頁14。
〔註154〕〔清〕惠士奇：《春秋說》（《皇清經解》，卷233），頁14。
〔註155〕〔清〕惠士奇：《春秋說》（《皇清經解》，卷233），頁14。
〔註156〕〔清〕惠士奇：《春秋說》（《皇清經解》，卷233），頁15。
〔註157〕〔清〕惠士奇：《春秋說》（《皇清經解》，卷233），頁16。

平同盟一」〔註 158〕、「晉昭同盟一」〔註 159〕，總論「《周官》:『時見曰會，殷見曰同。』……春秋同盟，猶古殷同」〔註 160〕云云。三是以會盟爲組合，如「諱盟不言公會公及」〔註 161〕，總論「《春秋》達例，凡列國大夫來聘，且尋盟，則公與之盟，不言公」〔註 162〕云云。

3. 無題類

如說「春秋大國晉、楚、齊、秦東諸侯皆畏楚而不畏秦」〔註 163〕，引《春秋》文公至定公期間之事凡二十六條，比類相從，其中兼據《春秋》與《左傳》者十六條，據《左傳》而《春秋》無文者九條；尚有據《春秋》而兼以《公羊傳》論斷其義者一條，引《春秋》昭公元年夏:「秦伯之弟鍼出奔晉。」《公羊傳》云:「有千乘之國，而不能容其母弟，故君子謂之出奔也。」於是總論云:「晉足以當秦，東諸侯實賴晉爲之蔽也；楚無大國之蔽，故志在中原，由近及遠，……鄭服于楚，東諸侯靡然從風，楚遂橫行于中原而莫之能禁。……。」〔註 164〕但總論所云即爲敘述史事，所引《公羊傳》的作用亦在於補強史事。

《四庫全書總目》對其評語爲:「全書言必據典，論必持平，所謂原原本本之學，非孫復等之梧腹而談，亦非葉夢得等之恃博而辨也。」〔註 165〕本文敬表同意。

第四節　小　結

本章探討各家以屬比解經的模式，概分爲三類:

第一類是紀事本末類，以敘述事件的本末與發展爲主，略舉章沖、傅遜、高士奇三人爲代表。

宋儒章沖作《春秋左氏傳事類始末》五卷，採取《左傳》事迹，原始要終，各從其類，將各題類繫於魯，以魯十二公爲目，並依所繫諸事件始年爲

〔註 158〕〔清〕惠士奇:《春秋說》(《皇清經解》，卷 233)，頁 17。
〔註 159〕〔清〕惠士奇:《春秋說》(《皇清經解》，卷 233)，頁 18。
〔註 160〕〔清〕惠士奇:《春秋說》(《皇清經解》，卷 233)，頁 18。
〔註 161〕〔清〕惠士奇:《春秋說》(《皇清經解》，卷 233)，頁 22。
〔註 162〕〔清〕惠士奇:《春秋說》(《皇清經解》，卷 233)，頁 22。
〔註 163〕〔清〕惠士奇:《春秋說》(《皇清經解》，卷 233)，頁 30。
〔註 164〕〔清〕惠士奇:《春秋說》(《皇清經解》，卷 233)，頁 30。
〔註 165〕《四庫全書總目》，卷 29，頁 28。

序，凡十二目，三百五十七題類；又總記餘類（災異、力役之數，時君之政，戰陣之名，與器物之名），輯為附錄，併繫於後，頗似類書，但對於治《春秋》的幫助不大。

明儒傅遜作《春秋左傳屬事》二十卷，事以題分，題以國分，「纂事從題，無題從類」，凡十三目，九十二題類；又所引每條傳文之下，皆有訓註或評議，各題類之後亦標示大圈發表總評，以明大義。若與章沖《春秋左氏傳事類始末》相較，傅遜《春秋左傳屬事》題類涵蓋範圍廣泛，設計亦周延。

清儒高士奇作《左傳紀事本末》五十三卷，凡列國大事，各從其類，不以時序，而以國序，凡十一目，五十三題類；又於各題類之後，以「臣士奇曰」發表綜合評論。另高士奇鑒於《公羊傳》與《穀梁傳》「每多不同，好語神怪，易致失實」，而「《左氏》能傳經之所無，亦時闕經之所有」，於是在闡釋大義方面作了補逸、攷異、辨誤、攷證、發明等強化措施，配合全書大事必書而略其細目的特色，內容更為簡潔而易於把握。若與章沖《春秋左氏傳事類始末》、傅遜《春秋左傳屬事》相較，高士奇《左傳紀事本末》使紀事本末類逐步進化的軌跡特別凸顯出來。

第二類是經傳比事類，以《左傳》之事為主，將《春秋》每年諸事與《左傳》逐一比附，以鄭玉、林春溥二人為代表。

元儒鄭玉作《春秋闕疑》四十五卷，以《春秋》為綱，《左傳》為目，將經傳按時間先後順序逐事比附，敘事「專於《左氏》而附以《公》、《穀》」，立論「先於《公》、《穀》而參以歷代諸儒之說」，合於理者則取之；並將《春秋》之事分為常事與大事，「常事則直書而義自見，大事須變文而義始明」；又其敘事雖專於《左傳》，對於其中不合經者，卻寧可闕疑，而不輕信傳文，曲為附會，可謂深得解經之要。

清儒林春溥作《春秋經傳比事》二十二卷，取《左傳》所載經文，附註《公羊傳》與《穀梁傳》的異文，析傳以附經，離經以就傳；並以《左傳》史實為主，參考《公羊傳》與《穀梁傳》以廣其義；又《左傳》記事雖多詳於《春秋》，但亦有未盡其史實者，於是多取材《國語》與《史記》，以補強《春秋》與《左傳》史實。

第三類是禮儀制度類，藉由屬辭比事歸納《春秋》的禮儀制度，以萬斯大、惠士奇二人為代表。

　　清儒萬斯大作《學春秋隨筆》十卷，治《春秋》重事實，表現於四方面：
一是專傳，因爲「經無事實，待傳而明」，取《左傳》的事實爲斷；二是論世，
孔子作《春秋》的目的，在呈現當世的無道，必須重視客觀的事實；三是屬
辭比事，因爲「《春秋》所書，一事必有本末，異事亦有同形」，藉由屬辭比
事，即可昭明眞相，呈現大義；四是原情定罪，「罪之所在，必即其所處之地，
察其所處之情」。至於據三禮的部分，並。又萬斯大專精於禮學，據三禮解《春
秋》，對於先王度數儀文能疑人所不能疑，解人所不能解，因而得到了全新的
研究成果。

　　清儒惠士奇作《春秋說》十五卷，以禮爲綱，緯以《春秋》之事，比類
相從，於每條經文下附三傳，間附《史記》或諸儒之說，多以鄭玄爲宗，末
以己意爲總論，不立門目，不設凡例，引據證佐頗爲典核。又其說雖以說禮
爲主，仍兼仿史書紀事本末體以敘述史事，或爲單一題類，或爲組合題類，
或無題類，雜廁全書之間。全書言必據典，議論亦持平。

　　綜據上述，屬比模式各類的共同特徵有二：一是重視《左傳》的事迹，
二是重新編排史事的順序。但即使是同類著作，由於每位作者對於史事採取
的範圍不同，或編排歸納的組合不同，則呈現不同的品質。整體而言，以屬
比模式解經較無爭議，經學教化的效果亦較爲容易發揮。

第六章 《春秋》義法之比例模式

　　比例模式與義例模式都是以「例」解經。比例模式反對三傳義例模式，但它反對的不是「例」，而是「拘例」。

　　義例模式主張，聖人先設例再修作《春秋》，所以解經必先觀例，處處依例解經；即使唐代啖助學派興起，義例模式由專主一傳轉變爲取舍三傳，但仍不脫「拘例」的傳統學術傾向，流弊所及，穿鑿附會，字字有義，爲後儒所譏。比例模式則是藉由屬辭比事而得經例，誠如清儒李光地（1642～1718年）云：

> 《春秋》之教，所謂比事者，以同類之事相例也；所謂屬辭者，攷
> 其上下文以見意也。〔註1〕

聖人並非先設例再修經，因此解經不必處處受到例的拘束，即可避免穿鑿附會、字字有義的流弊。

　　比例模式出現甚早，可以西漢董仲舒爲代表（詳見後論），但對於相關理論的重視與釐清則遲至北宋，如宋儒洪興祖（1090～1155 年）〈春秋本旨序〉云：

> 《春秋》本無例，學者因行事之迹以爲例；猶天本無度，歷者即周
> 天之數以爲度。……屬辭比事，《春秋》教也。學者獨求于義，則其
> 失迂而鑿；獨求于例，則其失拘而淺。〔註2〕

〔註 1〕〔清〕徐用錫、李清植：《榕村語錄》（臺北：臺灣商務印書館，1986 年 7 月，
　　　　《景印文淵閣四庫全書》，冊 725），卷 16，頁 5。
〔註 2〕見陳振孫《直齋書錄解題》引。〔宋〕陳振孫：《直齋書錄解題》（臺北：臺灣
　　　　商務印書館，1968 年 3 月），卷 3，頁 61。

此說作爲比例模式的理論基礎，十分切當。《春秋》本無例，猶如天本無度，學者須屬辭比事，「因行事之迹以爲例」，才能求得經義；若獨求於義，或獨求於例，必將發生偏失。清儒皮錫瑞（1850～1908 年）呼應洪興祖之說，云：

> 洪氏此說，比例正合。聖人作《春秋》，當時嘗自定例與否，誠未可知，而學者觀聖人之書，譬如觀天，仁者見仁，知者見知，各成義例，皆有可通。治麻者因周天之數以爲度，不得以爲非天之度；學者因行事之迹以爲例，豈得以爲非《春秋》之例乎！〔註3〕

皮錫瑞認爲，聖人是否設例修經未可知，但學者藉由《春秋》人物的「行事之迹」各自歸納「義例」，自是解經的途徑之一。由於前儒對於「義例」一詞缺乏嚴謹的定義範圍，往往涵蓋本章所謂「比例」在內〔註4〕，皮錫瑞所謂「義例」，當非本文第三章所謂「義例」，而是指「比例」。

本文將比例模式大致分爲六類：公羊新義類、五禮會要類、即經類事類、筆削示義類、以史爲法類、采輯傳說類，順序討論如下。

第一節　公羊新義類

西漢公羊學由齊學系統的公羊高與弟子胡毋子都著於竹帛，完成以義例模式解經的《公羊傳》；至於趙學系統的董仲舒著作，經後人輯爲《春秋繁露》，則係以寓言模式與比例模式解經。爲示有別於《公羊傳》的義例模式，本文將董仲舒以比例模式解經的部分稱爲公羊新義類。

東漢何休傳承董仲舒《春秋》王魯說，但其《春秋公羊解詁》及《文諡例》以寓言模式解經（詳見本文第四章第一節），並未採用比例模式。

宋儒馮正符《春秋得法忘例論》三十卷，「首辨王魯、素王之說及杜預三體五例、何休三科九旨之怪妄穿鑿」〔註5〕，學術見解雖異於董仲舒，但「其書例最詳悉，務通經旨，不事浮辭」〔註6〕，惜已亡佚，是否採用比例模式無法詳考。

〔註 3〕〔清〕皮錫瑞：《經學通論》（臺北：河洛圖書出版社，1974 年 12 月），頁 55。

〔註 4〕按皮錫瑞《經學通論》「論三傳以後說《春秋》者亦多言例以爲本無例者非是」條，即涵蓋本章所謂「比例」在內。〔清〕皮錫瑞：《經學通論》，頁 55～56。

〔註 5〕〔宋〕陳振孫：《直齋書錄解題》，卷 3，頁 58。

〔註 6〕〔宋〕晁公武：《郡齋讀書志》（臺北：臺灣商務印書館，1968 年 3 月），卷 1下，頁 70。

　　清儒孔廣森亦不信《春秋》王魯說，但主張「《春秋》無達例」〔註7〕，
則為比例模式。

　　謹就董仲舒與孔廣森二人解經模式依序考述。

一、董仲舒模式

　　漢儒董仲舒（前179～前104年）《春秋繁露》諸篇解經之例，多以「《春
秋》云云」形式呈現，如〈楚莊王〉：「《春秋》之用辭，已明者去之，未明者著
之。」〔註8〕〈玉杯〉：「《春秋》之序道也，先質而後文，右志而左物。」〔註9〕
〈竹林〉：「《春秋》之常辭也，不予夷狄，而予中國為禮。」〔註10〕餘不一一
列舉。

　　清儒康有為（1858～1927年）《春秋董氏學》云：

> 言《春秋》以董子為宗，則學《春秋》例亦以董子為宗。董子之於
> 《春秋》例，亦如歐几里得之於幾何也。〔註11〕

歐几里得為古希臘數學家，後世尊為「幾何之父」；此意是將董仲舒尊為「《春
秋》例之父」。康有為將《春秋繁露》解經之例歸納為：五始、時月、王魯、
三世、內外、貴賤、屈伸詳略、常變、褒誅諱絕、見得失所以然、慎辭謹明
倫等物、別嫌辨類、嫌得見其不得、矯枉明人惑、辭不能及皆在於指、左右
參錯合比緣求、微辭婉辭溫辭、無通辭、用辭去已明而著未明、得一端而博
達、體微若無而無物不在、詭名詭實避文、弟子推補義〔註12〕，凡二十三類；
並擇要略作闡述，或駁斥他說，如其中「體微若無而無物不在」條引《春秋
繁露·精華》：「古之人有言曰：『不知來，視諸往。』今《春秋》之為學也，
道往而明來者也，然而其辭體天之微，故難知也，弗能察，寂若無，能察之，
無物不在。」〔註13〕《春秋董氏學》云：

〔註7〕 見孔廣森〈春秋公羊經傳通義敘〉。〔清〕孔廣森：《春秋公羊通義》（臺北：
　　　　藝文印書館，年月份不詳，《皇清經解》，卷691），頁3。
〔註8〕 〔漢〕董仲舒、〔清〕盧文弨校：《春秋繁露》（臺北：臺灣中華書局，1984年
　　　　5月，《四部備要》本），卷1，頁1。
〔註9〕 〔漢〕董仲舒、〔清〕盧文弨校：《春秋繁露》，卷1，頁7。
〔註10〕 〔漢〕董仲舒、〔清〕盧文弨校：《春秋繁露》，卷2，頁1。
〔註11〕 〔清〕康有為：《春秋董氏學》（臺北：臺灣商務印書館，2008年12月），卷
　　　　2，頁2。
〔註12〕 〔清〕康有為：《春秋董氏學》，卷2，頁1～12。
〔註13〕 〔漢〕董仲舒、〔清〕盧文弨校：《春秋繁露》，卷3，頁10。

> 《春秋》一書，朱子以爲不可解，此朱子之虛心也。孫明復、胡安
> 國、蕭楚之流專言貶惡、尊王攘夷，則《春秋》易知，安得謂之微
> 乎！若非董子發體微難知、得端博貫之例，則萬八千字會盟、征伐
> 寥寥大義，何能治天下哉！荊公「斷爛朝報」之疑，誠然妄議。荊
> 公者若爲尊經，實以焚經耳。〔註14〕

孫明復、胡安國、蕭楚、王安石等人無法體察董仲舒發明的《春秋》微旨，
所以康有爲特予糾正。

董仲舒闡釋《春秋》義法如下：

（一）以比貫類，以辨付贅

以屬辭比事推求經例，是董仲舒明確的主張。《春秋繁露·玉杯》云：

> 《春秋》論十二世之事，人道浹而王道備，法布二百四十二年之中，
> 相爲左右，以成文采，其居參錯，非襲古也。是故論《春秋》者，
> 合而通之，緣而求之，五其比，偶其類，覽其緒，屠其贅，是以人
> 道浹而王法立。以爲不然，今夫天子踰年即位，諸侯於封內三年稱
> 子，皆不在經也，而操之與在經無以異，非無其辨也，有所見而經
> 安受其贅也，故能以比貫類，以辨付贅者，大得之矣。〔註15〕

《春秋》是藉由文辭的記載，將義法散布於二百四十二年的事迹中，但並未
直接指出大義法所在，若要討論《春秋》大義，對於這些文辭與事迹，必須
「合而通之」（綜合貫通），「緣而求之」（依循探求），「五其比，偶其類」（交
錯聯屬），「覽其緒，屠其贅」（歸納分析）。例如《春秋》文公九年春：「毛伯
來求金。」《公羊傳》云：

> 毛伯者何？天子之大夫也。何以不稱使？當喪，未君也。踰年矣，
> 何以謂之未君？即位矣，而未稱王也。未稱王，何以知其即位？以
> 諸侯之踰年即位，亦知天子之踰年即位也；以天子三年然後稱王，
> 亦知諸侯於其封內三年稱子也。

周頃王於襄王去世一年後即位，命大夫毛伯出使魯國求金，因爲服喪未滿三
年，不能稱王，所以毛伯也不能稱使。在這一段事迹中，《春秋》並未指出「天
子踰年即位」與「諸侯於封內三年稱子」，《公羊傳》是怎麼明白的呢？因爲
依據《春秋》記載的事迹，諸侯服喪一年後即位，所以知道天子也是服喪一

〔註14〕 〔清〕康有爲：《春秋董氏學》，卷2，頁10。
〔註15〕 〔漢〕董仲舒、〔清〕盧文弨校：《春秋繁露》，卷1，頁7～8。

年後即位；天子服喪三年後稱王，所以知道各國諸侯也是服喪三年後稱子。可見只要「以比貫類」（藉由案例來貫通同類的事物），「以辨付贄」（藉由已知來推論其餘的部分），就能完全掌握《春秋》大義。

（二）《春秋》無通辭與達辭

《春秋繁露・竹林》云：

> 《春秋》無通辭，從變而移。〔註16〕

「通辭」係就例而言，「從變」則係就義而言。在比例模式中，例與義是相輔相成的兩個構成元素，但二者的關係並非固定不變，若循例求義而不可通時，就必須從變。又《春秋繁露・精華》云：

> 《詩》無達詁，《易》無達占，《春秋》無達辭。從變從義，而一以
>
> 奉天〔註17〕。〔註18〕

「《春秋》無達辭」一句，宋儒王應麟（1223～1296 年）《困學紀聞》引作「《春秋》無達例」〔註19〕。清儒蘇輿（1873～1914 年）《春秋繁露義證》云：「《春秋》即辭以見例。無達辭，猶云『無達例』也。」〔註20〕因此，無論是「無通辭」、「無達辭」或「無達例」，皆指《春秋》沒有任何一條可以貫通所有相同事義的例。誠如宋儒程頤（1033～1107 年）云：「《春秋》所書，大概事同則辭同，後之學者因以謂之例。然有事同而辭異者，其義各不同，蓋不可以例斷也。」〔註21〕事同則辭同，固可成例，但《春秋》非依例造義，而是先有義後有例，即使歸納出例，仍有無法涵蓋的例外事義，所以遇例不可通時，必須「從變」、「從義」，以義爲主，知所變通，不可拘泥於例。如《春秋》莊公三十二年冬十月乙未：「子般卒。」《公羊傳》云：「君薨稱子某，既葬

〔註16〕〔漢〕董仲舒、〔清〕盧文弨校：《春秋繁露》，卷2，頁1。

〔註17〕「奉天」，原作「奉人」。盧文弨云：「疑當作『奉天』。」從其校改。蘇輿云：「本書言『奉天』者，屢矣。〈楚莊王〉篇云：『奉天而法古。』〈竹林〉篇云：『上奉天施。』皆是。」〔漢〕董仲舒、〔清〕盧文弨校：《春秋繁露》，卷3，頁9。〔清〕蘇輿：《春秋繁露義證》（北京：中華書局，1992 年 12 月），卷3，頁95。

〔註18〕〔漢〕董仲舒、〔清〕盧文弨校：《春秋繁露》，卷3，頁9。

〔註19〕〔宋〕王應麟：《困學紀聞》（臺北：臺灣中華書局，1965 年 11 月，《四部備要》本），卷6，頁16。

〔註20〕〔清〕蘇輿：《春秋繁露義證》，卷3，頁95。

〔註21〕見《河南程氏粹言・論書篇》。〔宋〕楊時：《河南程氏粹言》（臺北：漢京文化事業，1983 年 9 月，《二程集》），卷1，頁1202。

稱子，踰年稱公。」可知《公羊傳》以「未踰年之君稱子」爲《春秋》的「正辭」〔註22〕。但《春秋》僖公九年冬：「晉里克弒其君之子奚齊。」奚齊繼位爲君未踰年，爲何不稱「子」而稱「君之子」呢？《春秋繁露》云：

> 驪姬一謀，而三君死之，天下之所共痛也，本其所爲爲之者，蔽於所欲得位，而不見其難也。《春秋》疾其所蔽，故去其正辭，徒言「君之子」而已。若謂奚齊曰：「嘻嘻！爲大國君之子，富貴足矣，何必以兄之位爲欲居之，以至此乎！」云爾。錄所痛之辭也。
> 〔註23〕

驪姬陰謀立子爲晉君，造成世子申生自殺，而奚齊、卓子繼位皆未踰年即遭弒的重大禍難；《春秋》對奚齊不稱正辭「子」，而稱「君之子」，是因爲這場禍難令天下傷痛。所以《春秋》無達例，「君之子」是屬於《春秋》「從變」、「從義」的例外。

（三）常例與變例均爲大義所在

按《公羊傳》以變例爲大義所在，《春秋繁露》則以常例、變例均爲大義所在。如《春秋》宣公十二年夏六月乙卯：「晉荀林父帥師，及楚子戰于邲，晉師敗績。」《公羊傳》云：

> 大夫不敵君，此其稱名氏以敵楚子何？不與晉而與楚子爲禮也。

《公羊傳》認爲，大夫的地位與國君不對等，應不稱名氏，《春秋》不書名氏爲常例，書名氏爲變例；所以在邲之戰中，楚莊王謹守禮法而獲勝，《春秋》因晉大夫荀林父違禮請戰而書其名氏，是以變例爲大義所在。但《春秋繁露·竹林》云：

> 「《春秋》之常辭也，不予夷狄，而予中國爲禮，至邲之戰，偏然反之，何也？」曰：「《春秋》無通辭，從變而移，今晉變而爲夷狄，楚變而爲君子，故移其辭以從其事。夫莊王之舍鄭，有可貴之美，晉人不知其善，而欲擊之，所救已解，如挑與之戰，此無善善之心，而輕救民之意也，是以賤之，而不使得與賢者爲禮。」〔註24〕

提問者認爲《春秋》「不予夷狄而予中國爲禮」爲常例，而邲之戰「不予中國而予夷狄爲禮」則是變例，常例才是大義所在，質疑變例違反大義。董仲舒

〔註22〕 〔漢〕董仲舒、〔清〕盧文弨校：《春秋繁露》，卷3，頁9。
〔註23〕 〔漢〕董仲舒、〔清〕盧文弨校：《春秋繁露》，卷3，頁9。
〔註24〕 〔漢〕董仲舒、〔清〕盧文弨校：《春秋繁露》，卷2，頁1。

提出糾正，主張「《春秋》無通辭」（亦作「《春秋》無達辭」〔註25〕），即經例是隨事件而變化的，沒有一成不變的例。如果中國守禮而夷狄無禮，則《春秋》「不予夷狄而予中國爲禮」；如果夷狄守禮而中國無禮，則《春秋》「不予中國而予夷狄爲禮」。故〈竹林〉云：

> 《春秋》之道，固有常有變，變用於變，常用於常，各止其科，非相妨也。〔註26〕

〈玉英〉亦云：

> 《春秋》有經禮，有變禮。爲如安性平心者，經禮也；至有於性雖不安，於心雖不平，於道無以易之，此變禮也。〔註27〕

「經禮」即常例，「變禮」即變例。變例固有大義，常例亦有大義，二者各不相妨，不可拘泥。

（四）假藉《公羊傳》發明經例

董仲舒解經，有與《公羊傳》各自爲說者，亦有假藉《公羊傳》之說以發明經例者。後者情形有二：

1. 因《公羊傳》之說不足，而以己意補充之

如《春秋》文公二年冬：「公子遂如齊納幣。」《公羊傳》云：「納幣不書，此何以書？譏。何譏爾？譏喪娶也。娶在三年之外，則何譏乎喪娶？三年之內不圖婚，吉禘于莊公，譏。然則曷爲不於祭焉譏？三年之恩疾矣，非虛加之也，以人心爲皆有之。」《春秋繁露・玉杯》云：

> 《春秋》譏文公以喪取。難者曰：「喪之法，不過三年，三年之喪，二十五月。今按經，文公乃四十一月方取，取時無喪，出其法也久矣，何以謂之喪取？」曰：「《春秋》之論事，莫重於志。今取必納幣，納幣之月在喪分，故謂之喪取也。且文公秋袷祭，以冬納幣，皆失於太蚤，《春秋》不譏其前，而顧譏其後，必以三年之喪，肌膚之情也，雖從俗而不能終，猶宜未平於心，今全無悼遠之志，反思念取事，是《春秋》之所甚疾也，故譏不出三年，於首而已譏以喪取也，不別先後，賤其無人心也。緣此以論禮，禮之所重者，在其志，志敬而節具，則君子予之知禮；志和而音雅，則君子予之知樂；

〔註25〕　〔漢〕董仲舒、〔清〕盧文弨校：《春秋繁露》，卷3，頁9。
〔註26〕　〔漢〕董仲舒、〔清〕盧文弨校：《春秋繁露》，卷2，頁3。
〔註27〕　〔漢〕董仲舒、〔清〕盧文弨校：《春秋繁露》，卷3，頁2。

> 志哀而居約，則君子予之知喪。故曰『非虛加之』，重志之謂也。」
> 〔註28〕

魯僖公去世，文公於喪期三年內竟開始籌備婚事，無心守喪，雖於喪期結束後才納幣，《春秋》仍譏為喪娶。難者曰「今按經云云」及「何以謂之喪取」，顯然是針對《公羊傳》解經的內容提問。董仲舒據以發明「《春秋》之論事莫重於志」的經例，並說明守喪三年的意義，「故曰『非虛加之』」一語即是補充《公羊傳》之說的證明。

2. 表面上贊同《公羊傳》之說，但實際上與《公羊傳》完全無關

如《春秋》文公九年春：「毛伯來求金。」《公羊傳》云：「毛伯者何？天子之大夫也。何以不稱使？當喪，未君也。踰年矣，何以謂之未君？即位矣，而未稱王也。未稱王，何以知其即位？以諸侯之踰年即位，亦知天子之踰年即位也；以天子三年然後稱王，亦知諸侯於其封內三年稱子也。踰年稱公矣，則曷為於其封內三年稱子？緣民臣之心，不可一日無君；緣終始之義，一年不二君，不可曠年無君；緣孝子之心，則三年不忍當也。」《春秋繁露・玉杯》云：

> 《春秋》之法：以人隨君，以君隨天。曰：緣民臣之心，不可一日
> 無君。一日不可無君，而猶三年稱子者，為君心之未當立也，此非
> 以人隨君耶！孝子之心，三年不當，而踰年即位者，與天數俱終始
> 也，此非以君隨天邪！故屈民而伸君，屈君而伸天，《春秋》之大義
> 也。〔註29〕

董仲舒未解經，所引「緣民臣之心，不可一日無君」出自《公羊傳》，表面上是贊同《公羊傳》的意見，實際上所發明「《春秋》之法以人隨君以君隨天」的經例，與《公羊傳》完全無關。

（五）百禮皆編於時月日例

《春秋繁露・觀德》云：

> 百禮之貴，皆編於月，月編於時，時編於君，君編於天。〔註30〕

董仲舒認為，《春秋》以百禮為內容，以時月日為例，而二者都是由天、君相承而來；易言之，董仲舒推尊天與君為時月日例的來源。又《春秋繁露・奉本》云：

〔註28〕 〔漢〕董仲舒、〔清〕盧文弨校：《春秋繁露》，卷1，頁6。
〔註29〕 〔漢〕董仲舒、〔清〕盧文弨校：《春秋繁露》，卷1，頁7。
〔註30〕 〔漢〕董仲舒、〔清〕盧文弨校：《春秋繁露》，卷9，頁3。

> 禮者，繼天地，體陰陽，而愼主客，序尊卑、貴賤、大小之位，而
> 差外內、遠近、新故之級者也。〔註31〕

所以禮的作用有五：一是「繼天地」，二是「體陰陽」，三是「愼主客」，四是「序尊卑、貴賤、大小之位」，五是「差外內、遠近、新故之級」。前三者，蘇輿有很好的闡釋：

> 人者，天之繼也；人非禮，無以立，故曰「繼天地」。君臣、父子、
> 夫婦之道，取之陰陽，故曰「體陰陽」。施之人我，各有其處，昧之
> 則逆於理，故曰「愼主客」。〔註32〕

天地是百禮的根源，「繼天地」的是人，而禮是人類生活必須遵守的法則。人類社會的角色有君臣、父子、夫婦，都是取法陰陽相結合，依禮而行，所以必須「體陰陽」。而「愼主客」在於將複雜的人群關係明辨主客，共同在禮的規範下各自行事。接下來的後二者，董仲舒將百禮與時月日例加以結合發明：

1.「序尊卑、貴賤、大小之位」

《春秋繁露・重政》云：

> 故春正月者，承天地之所爲也，繼天之所爲而終之也。〔註33〕

又〈二端〉云：

> 是故《春秋》之道，以元之深正天之端，以天之端正王之政，以王
> 之政正諸侯之即位，以諸侯之即位正竟內之治，五者俱正，而化大
> 行。〔註34〕

必須「元之深」、「天之端」、「王之政」、「諸侯之即位」、「竟內之治」五者俱正，使尊卑、貴賤、大小有序，教化才能大行於天下。例一，《春秋》隱公三年冬十二月癸未：「葬宋繆公。」《公羊傳》云：「當時而不日，正也；當時而日，危不得葬也。」宋宣公遺命將君位傳弟繆公而不傳子，繆公臨終卻將君位傳回宣公之子與夷，繆公之子莊公遂弑與夷奪取君位。董仲舒認爲「非其位而即之，雖受之先君，《春秋》危之，宋繆公是也。」〔註35〕宋繆公即位爲不正，但受之於先君，所以《春秋》書日。例二，《春秋》昭公二十七年夏四

〔註31〕〔漢〕董仲舒、〔清〕盧文弨校：《春秋繁露》，卷9，頁7。
〔註32〕〔清〕蘇輿：《春秋繁露義證》，卷9，頁275。
〔註33〕〔漢〕董仲舒、〔清〕盧文弨校：《春秋繁露》，卷5，頁6。
〔註34〕〔漢〕董仲舒、〔清〕盧文弨校：《春秋繁露》，卷6，頁2。
〔註35〕見《春秋繁露・玉英》。〔漢〕董仲舒、〔清〕盧文弨校：《春秋繁露》，卷3，頁1。

月：「吳弒其君僚。」吳王壽夢去世後，君位由長子謁、次子餘祭、三子夷昧兄弟相傳，到了季子札卻辭讓不受，長庶子僚趁機自立爲王，被謁之子闔廬派遣刺客暗殺。董仲舒認爲「非其位不受之先君，而自即之，《春秋》危之，吳王僚是也。」〔註36〕吳王僚即位爲不正，且不受之於先君，所以《春秋》不書日。例三，《春秋》隱公四年冬十二月：「衛人立晉。」《公羊傳》云：「晉者何？公子晉也。立者何？立者，不宜立也。其稱人何？眾立之之辭也。然則孰立之？石碏立之。石碏立之，則其稱人何？眾之所欲立也。眾雖欲立之，其立之非也。」又《春秋》桓公十三年春三月：「葬衛宣公。」衛桓公遭弒，衛人擁立其弟晉即位，是爲宣公，而非由其子繼立。董仲舒認爲「苟能行善得眾，春秋弗危，衛侯晉以立書葬是也；俱不宜立，而宋繆受之先君而危，衛宣弗受先君而不危，以此見得眾心之爲大安也」〔註37〕。其立爲不宜立，所以《春秋》不書日；其葬爲正，所以《春秋》亦不書日。

2.「差外內、遠近、新故之級」

例一，《春秋》桓公十三年春二月：「公會紀侯、鄭伯。」己巳：「及齊侯、宋公、衛侯、燕人戰，齊師、宋師、衛師、燕師敗績。」《公羊傳》云：「曷爲後日？恃外也。其恃外奈何？得紀侯、鄭伯，然後能爲日也。」董仲舒申其說，《春秋繁露·觀德》云：「魯桓即位十三年，齊、宋、衛、燕舉師而東，紀、鄭與魯戮力而報之，後其日，以魯不得徧〔註38〕，避紀侯與鄭屬公也。」〔註39〕魯桓公在獲得外援之前，沒有獨當一面而戰的能力，所以《春秋》不書日；等到獲得紀侯與鄭伯的外援之後，才打敗了諸侯，所以後書日以區別外內。例二，《春秋》隱公元年冬十二月：「公子益師卒。」《公羊傳》云：「何

〔註36〕 見《春秋繁露·玉英》。〔漢〕董仲舒、〔清〕盧文弨校：《春秋繁露》，卷3，頁1。

〔註37〕 見《春秋繁露·玉英》。〔漢〕董仲舒、〔清〕盧文弨校：《春秋繁露》，卷3，頁1。

〔註38〕 「徧」，俞樾所據版本作「遍」，應更正爲「偏」字。俞樾《諸子平議·春秋繁露》云：「『遍』，乃『偏』字之誤。『偏』誤作『徧』，因爲『遍』矣。偏者，偏戰也。《春秋》之例，詐戰月，偏戰日。桓十年《公羊傳》注：『偏，一面也。結日定地，各居一面。』然則魯不得偏者，言不得獨當一面也。是時齊、宋、衛、燕伐我，魯不能獨當，與紀、鄭戮力，然後結日定地，各居一面，與之偏戰。偏戰然後得書日，故……《傳》曰：『……得紀侯、鄭伯，然後能爲日也。』是可知魯不得紀、鄭之助，不能爲日。不能爲日者，但能詐戰，而不能偏戰之謂也。故曰魯不能偏也。」〔清〕俞樾：《諸子平議》（上海：上海古籍出版社，2002年3月，《續修四庫全書》，冊1162），卷26，頁1～2。

〔註39〕 〔漢〕董仲舒、〔清〕盧文弨校：《春秋繁露》，卷9，頁4。

以不日？遠也。所見異辭，所聞異辭，所傳聞異辭。」董仲舒申其說，《春秋繁露·奉本》云：「隱、桓，親春秋之先人也，益師卒而不日；……，以遠外也。」〔註40〕魯公子益師卒，年代久遠，《春秋》不書日以區別遠近。例三，《春秋》桓公五年春正月甲戌、己丑：「陳侯鮑卒。」《公羊傳》云：「曷爲以二日卒之？忨〔註41〕也，甲戌之日亡，己丑之日死，而得，君子疑焉，故以二日卒之也。」《公羊傳》認爲陳侯鮑得到狂病，甲戌走失，己丑尋獲時已經死亡，不確定死亡的日期，所以書二日。董仲舒的看法較爲保留，《春秋繁露·觀德》云：「『甲戌、己丑陳侯鮑卒』，書所見也，而不言其闇者。……以其先接於我者序之。」〔註42〕《春秋》書二日是書所見，以區別新故；至於陳侯鮑走失的原因不明，則略而不提。

（六）創設《春秋》決事比

「決事比」，或省稱「比」，是漢代決獄之後形成的司法判例，作爲日後判決同類案件的參考〔註43〕。《漢書·藝文志》載有《公羊董仲舒治獄》十六篇〔註44〕，又據《後漢書·楊李翟應霍爰徐列傳》云：「董仲舒老病致仕，朝廷每有政議，數遣廷尉張湯親至陋巷，問其得失。於是作《春秋決獄》二百三十二事，動以經對，言之詳矣。」〔註45〕二者書名不一，且已久佚，清儒馬國翰（1794～1857年）《玉函山房輯佚書》輯得《春秋決事》八節〔註46〕。清儒沈家本（1840～1913年）則以「《春秋決獄》」爲其本名，「乃決事比之權輿也」〔註47〕。可見董仲舒是引用《春秋》事例作爲司法判例以治獄的權威。

〔註40〕 〔漢〕董仲舒、〔清〕盧文弨校：《春秋繁露》，卷9，頁9。

〔註41〕 何休注：「忨者，狂也。齊人語。」〔唐〕徐彥：《春秋公羊傳注疏》（臺北：大化書局，1982年10月，《十三經注疏》本），卷4，頁21。

〔註42〕 〔漢〕董仲舒、〔清〕盧文弨校：《春秋繁露》，卷9，頁6。

〔註43〕 《漢書·地理志》云：「及至孝武即位，……招進張湯、趙禹之屬，條定法令，……律令凡三百五十九章，大辟四百九條，千八百八十二事，死罪決事比萬三千四百七十二事。」顏師古曰：「比，以例相比況也。」〔清〕王先謙：《漢書補注》（上海：上海古籍出版社，2002年3月，《續修四庫全書》，冊269），卷23，頁15。

〔註44〕 〔清〕王先謙：《漢書補注》，卷30，頁16。

〔註45〕 見《後漢書·楊李翟應霍爰徐列傳》。〔南朝宋〕范曄：《後漢書》（臺北：臺灣中華書局，1965年11月，《四部備要》本），卷78，頁11。

〔註46〕 〔清〕馬國翰：《玉函山房輯佚書》（京都：中文出版社，1990年3月），頁1233。

〔註47〕 〔清〕沈家本：《漢律撫遺》（臺北：新文豐出版公司，1997年3月，《叢書集成三編》，冊17），卷22，頁3～4。

《春秋》宣公二年秋九月乙丑:「晉趙盾弒其君夷獳。」又《春秋》宣公六年春:「晉趙盾、衛孫免侵陳。」《春秋繁露・玉杯》云:

> 《春秋》之好微與,其貴志也。《春秋》修本末之義,達變故之應,通生死之志,遂人道之極者也。是故君殺賊討,則善而書其誅;若莫之討,則君不書葬,而賊不復見矣。不書葬,以爲無臣子也;賊不復見,以其宜滅絕也。今趙盾弒君,四年之後,別牘復見,非《春秋》之常辭也。……「故貫比而論,是非雖難悉得,其義一也。今盾誅有傳〔註48〕,弗誅無傳,以比言之,法論也,無比而處之,誣辭也,今視其比,皆不當死,何以誅之?……今案盾事,而觀其心,愿而不刑,合而信之,非篡弒之鄰也。按盾辭號乎天,苟內不誠,安能如是,是故訓其終始,無弒之志,挂惡謀者,過在不遂去,罪在不討賊而已。……所以示天下廢臣子之節,其惡之大若此也。……。」〔註49〕

《春秋》對於弒君者不再書,但晉國趙盾弒君,四年之後趙盾的名字再度出現,是因爲真正弒君者是趙穿,不是趙盾。董仲舒進一步依法論事,以「比」言罪,推得趙盾無弒君之心,只是因爲在亂事發生時逃亡而未出境,聽到弒君的消息返朝而未討賊,所以爲法受惡,承擔弒君的罪名。

又《春秋繁露・精華》云:

> 《春秋》之聽獄也,必本其事而原其志。志邪者,不待成;首惡者,罪特重;本直者,其論輕。是故逢丑父當斮,而轅濤塗不宜執,魯季子追慶父,而吳季子釋闔廬,此四者,罪同異論,其本殊也。俱欺三軍,或死或不死;俱弒君,或誅或不誅;聽訟折獄,可無審耶!故折獄而是也,理益明,教益行;折獄而非也,闇理迷眾,與教相妨。教,政之本也,獄,政之末也,其事異域,其用一也,不可不以相順,故君子重之也。〔註50〕

成公二年秋七月「逢丑父當斮」,僖公四年夏「轅濤塗不宜執」,閔公二年秋八月「魯季子追慶父」,襄公二十九年夏「吳季子釋闔廬」,均爲《春秋》決獄的參考事例。東漢應劭「撰具《律本章句》、《尙書舊事》、《廷尉板令》、《決

〔註48〕 「有傳」,原作「無傳」。蘇輿云:「『無』,疑作『有』。」從其校改。〔清〕蘇輿:《春秋繁露義證》,卷1,頁40。
〔註49〕 〔漢〕董仲舒、〔清〕盧文弨校:《春秋繁露》,卷1,頁9~10。
〔註50〕 〔漢〕董仲舒、〔清〕盧文弨校:《春秋繁露》,卷3,頁8~9。

事比例》、《司徒都目》、《五曹詔書》及《春秋斷獄》凡二百五十篇，蠲去復重，爲之節文；又集《駁議》三十篇，以類相從，凡八十二事」〔註51〕，即是受董仲舒的影響。

二、孔廣森模式

清儒孔廣森（1752～1786 年）爲乾嘉時期學者，曾受經學與史學於皖派戴震（1724～1777 年），又受公羊學於常州學派莊存與（1719～1788 年），公羊學方面以《春秋公羊通義》十一卷爲代表作。

孔廣森重視公羊學，因爲公羊學與孟子學說相合，云：

> 公羊家學獨有合於孟子，乃若對齊宣王言小事大，則紀季之所以爲善；對滕文公言效死勿去，則萊侯之所以爲正；其論異姓之卿，則曹羈之所以爲賢；論貴戚之卿，又寔本於不言剽立以惡衍之義。且《論語》責輒以讓國，而《公羊》許石曼姑圍戚；今以曼姑擬皋陶，則與瞽瞍殺人之對，正若符契。故孟子最善言《春秋》，豈徒見「稅畝」、「伯于陽」兩傳文句之偶合哉！〔註52〕

以上所舉紀季、萊侯、曹羈、衛侯衍、石曼姑諸例，證明了公羊家闡釋的《春秋》大義是孟子學說的核心價值，所以孔廣森推崇孟子最善言《春秋》，實際也是在推崇公羊家最善言《春秋》。但部分公羊家對於孔廣森頗有異議，如清儒皮錫瑞《經學通論》云：

> 國朝稽古，漢學中興，孔廣森作《公羊通義》，阮元稱爲孤家專學；
> 然其書不守何氏義例，多采後儒之說，又不信黜周、王魯、科旨，
> 以新周比新鄭，雖有蓽路藍縷之功，不無買櫝還珠之憾。〔註53〕

這一段文字點出了問題所在，因爲清代自常州學派成立以後，公羊家以何休之學爲家法，而孔廣森不守何休義例，不信黜周、王魯、科旨諸說，所以無法獲得公羊家的普遍認同；後來梁啓超先生（1873～1929 年）亦譏孔廣森「不通公羊家法，其書違失傳旨甚多」〔註54〕，原因即在於當時公羊家所謂的家法是指何休之學。

〔註51〕 見《後漢書‧楊李翟應霍爰徐列傳》。〔南朝宋〕范曄：《後漢書》，卷78，頁11。
〔註52〕 見孔廣森〈春秋公羊經傳通義敘〉。〔清〕孔廣森：《春秋公羊通義》（《皇清經解》，卷691），頁2。
〔註53〕 〔清〕皮錫瑞：《經學通論》，頁88～89。
〔註54〕 梁啓超：《中國近三百年學術史》（臺北：里仁書局，1995年2月），頁270。

孔廣森不守公羊家法，但致力於闡發公羊新義，茲就其解經模式考述如下：

（一）以公羊先師胡毋子都與董仲舒之說裨損何休之說

清代常州學派治公羊學是以東漢何休之說爲主，何休《春秋公羊解詁》雖名爲《公羊傳》作注，實際卻與《公羊傳》大異其趣，孔廣森指摘其誤，略舉如下：

一是「三世之限，誤以所聞始文，所見始昭」〔註55〕。例一，《春秋》襄公二十三年夏：「邾婁鼻我來奔。」《公羊傳》云：「邾婁鼻我者何？邾婁大夫也。邾婁無大夫，此何以書？以近書也。」又昭公二十七年冬：「邾婁快來奔。」《公羊傳》云：「邾婁快者何？邾婁之大夫也。邾婁無大夫，此何以書？以近書也。」二者屬辭比事，書法相同，其中所謂「近」，孔廣森解爲「所見之世」〔註56〕，所以《公羊傳》以襄公二十三年爲界線，「斷自孔子生後，即爲所見之世」〔註57〕，而非何休以襄公爲所聞之世。例二，《春秋》僖公十六年春三月壬申：「公子季友卒。」《公羊傳》云：「其稱季友何？賢也。」又夏四月丙申：「鄫季姬卒。」秋七月甲子：「公孫慈卒。」據何休的說法，僖公爲所傳聞之世，大夫卒，有罪無罪皆不日；但魯公子季友、鄫季姬、魯公孫慈卒日，不得其解。於是孔廣森云：「比三喪，皆日浹，僖公爲所聞世審矣。」〔註58〕並修正何休三世說的斷限，以隱、桓、莊、閔四公爲所傳聞之世，僖、文、宣、成四公爲所聞之世，襄、昭、定、哀四公爲所見之世〔註59〕。

二是「自設例，與經詭戾」〔註60〕。如何休自設「內大夫奔例，無罪者日，有罪者月」〔註61〕；但《春秋》文公八年冬十月：「公孫敖如京師，不至

〔註55〕 見孔廣森〈春秋公羊經傳通義敘〉。〔清〕孔廣森：《春秋公羊通義》（《皇清經解》，卷691），頁9。

〔註56〕 〔清〕孔廣森：《春秋公羊通義》（《皇清經解》，卷687），頁16。

〔註57〕 〔清〕孔廣森：《春秋公羊通義》（《皇清經解》，卷679），頁7。

〔註58〕 〔清〕孔廣森：《春秋公羊通義》（《皇清經解》，卷683），頁21。

〔註59〕 孔廣森云：「所以三世異辭者，見恩有深淺，義有隆殺。所見之世，据襄爲限，成、宣、文、僖，四廟之所逮也；所聞之世，宜据僖爲限，閔、莊、桓、隱，亦四廟之所逮也。親疎之節，蓋取諸此。」〔清〕孔廣森：《春秋公羊通義》（《皇清經解》，卷679），頁7。

〔註60〕 見孔廣森〈春秋公羊經傳通義敘〉。〔清〕孔廣森：《春秋公羊通義》（《皇清經解》，卷691），頁9。

〔註61〕 〔唐〕徐彥：《春秋公羊傳注疏》，卷9，頁50。

復。」丙戌：「奔莒。」魯大夫公孫敖受文公派遣前往京師，卻拒不肯行，結果出奔莒國，有罪爲何書日呢？何休的理由是：「日者，嫌敖罪明，則起君弱，故諱使若無罪。」〔註62〕又《春秋》宣公十八年冬十月：「歸父還自晉，至檉，遂奔齊。」魯大夫歸父受宣公派遣前往晉國而還，不料途中聽到宣公死訊，自己的家被政敵逐遣，於是出奔齊國，無罪爲何不書日呢？何休的理由是：「不日者，伯討可逐，故從有罪例也。」〔註63〕孔廣森未採其說，譏爲「贅詞」〔註64〕。

三是不通三傳。不通之一，《春秋》昭公三十一年冬：「黑弓以濫來奔。」《公羊傳》藉由濫之地，敘述邾婁顏公之弟叔術爲嫂將殺死顏公之賊殺掉，繼位爲國君，並娶嫂爲妻，後來讓國給嫂之子夏父，得到賢者的美名，並在夏父的堅持下接受了濫之地；《公羊傳》「以上或說失實」〔註65〕，又引述邾婁父兄公扈子的說法予以更正，認爲叔術既是賢者，怎會有妻嫂的行爲。但何休云：「案叔術妻嫂，雖有過惡，當絕身，無死刑，當以殺殺顏者爲重。」〔註66〕所以孔廣森認爲，「叔術妻嫂，傳所不信，邵公反張大之，目爲非常異義可怪之論，……此其不通之一端也。」〔註67〕不通之二，《春秋》隱公八年秋九月辛卯：「公及莒人盟于包來。」《公羊傳》云：「公曷爲與微者盟？稱人則從，不疑也。」何休認爲，莒人不是微者，而是指莒子，但若稱莒子，易使人誤以魯公隨從之，「故使稱人，則隨從公不疑矣」〔註68〕。孔廣森反對其說，認爲應該「援《穀梁》以釋傳」〔註69〕，云：「今既稱莒人，乃是微者，與公貴賤殊隔，自當聽從約束，非敢敵亢，無所嫌疑，不假沒公。《穀梁傳》曰：『可言公及人，不可言公及大夫。』正此意也。」〔註70〕又《春秋》定公八年冬：「從祀先公。」《公羊傳》云：「從祀者何？順祀也。文公逆祀，去者

〔註62〕 〔唐〕徐彥：《春秋公羊傳注疏》，卷13，頁75。
〔註63〕 〔唐〕徐彥：《春秋公羊傳注疏》，卷17，頁94。
〔註64〕 見孔廣森〈春秋公羊經傳通義敘〉。〔清〕孔廣森：《春秋公羊通義》（《皇清經解》，卷691），頁9。
〔註65〕 〔清〕孔廣森：《春秋公羊通義》（《皇清經解》，卷688），頁28。
〔註66〕 〔唐〕徐彥：《春秋公羊傳注疏》，卷24，頁137。
〔註67〕 見孔廣森〈春秋公羊經傳通義敘〉。〔清〕孔廣森：《春秋公羊通義》（《皇清經解》，卷691），頁9。
〔註68〕 〔唐〕徐彥：《春秋公羊傳注疏》，卷3，頁15。
〔註69〕 見孔廣森〈春秋公羊經傳通義敘〉。〔清〕孔廣森：《春秋公羊通義》（《皇清經解》，卷691），頁9。
〔註70〕 〔清〕孔廣森：《春秋公羊通義》（《皇清經解》，卷679），頁23。

三人。定公順祀，叛者五人。」何休認爲，「諫不以禮而去曰叛」〔註71〕。孔廣森亦反對其說，認爲應該「取證《左傳》」〔註72〕，云：「《左傳》曰：『季寤、公鉏極、公山不狃皆不得志于季氏，叔孫輒無寵于叔孫氏，叔仲志不得志于魯，故五人因陽虎。陽虎欲去三桓，以季寤更季氏，以叔孫輒更叔孫氏，己更孟氏。多十月，順祀先公而祈焉。辛卯，禘于僖公。』此傳云『叛者五人』，虎叛已見下文，故略舉其黨，即寤也、極也、不狃也、輒也、志也。」〔註73〕所以《公羊傳》「叛者五人」確是叛國作亂，而何休「鑿造『諫不以禮』之說，又其不通之一端也」〔註74〕。

　　孔廣森《春秋公羊通義》直斥何休之說有兩個「不通」，旨在使經義「歸於大通」〔註75〕，但並未全盤否定其《春秋公羊解詁》的價值，云：

> 胡母生、董生既皆此經先師，雖義出傳表，卓然可信。董生緒言，猶存《繁露》；而《解詁》自序，以爲略依胡母生《條例》，故亦未敢輕易也。〔註76〕

孔廣森認爲，公羊學應以先師胡母子都與董仲舒爲宗，二位先師之說與《公羊傳》雖有所出入，但「卓然可信」。相對的，何休之說與《公羊傳》亦有所出入，卻未必可信，必須以二位先師之說爲依據。由於董仲舒之說猶存於《春秋繁露》（《史記》、《漢書》亦有），尚得作爲取捨何休之說的依據，如《春秋》僖公十五年秋九月己卯：「晦震夷伯之廟。」《公羊傳》云：「何以書？記異也。」《春秋公羊通義》云：

> 董仲舒說：「陪臣不當有廟。震者雷也，晦冥，雷擊其廟，明當絕去僭差之類也。」廣森以爲，季氏專魯，其弊極於陪臣執國命，故天於季友將卒，震其私人之廟以示戒。……。〔註77〕

〔註71〕〔唐〕徐彥：《春秋公羊傳注疏》，卷26，頁146。
〔註72〕見孔廣森〈春秋公羊經傳通義敘〉。〔清〕孔廣森：《春秋公羊通義》（《皇清經解》，卷691），頁9。
〔註73〕〔清〕孔廣森：《春秋公羊通義》（《皇清經解》，卷689），頁8。
〔註74〕見孔廣森〈春秋公羊經傳通義敘〉。〔清〕孔廣森：《春秋公羊通義》（《皇清經解》，卷691），頁9。
〔註75〕見孔廣森〈春秋公羊經傳通義敘〉。〔清〕孔廣森：《春秋公羊通義》（《皇清經解》，卷691），頁9。
〔註76〕見孔廣森〈春秋公羊經傳通義敘〉。〔清〕孔廣森：《春秋公羊通義》（《皇清經解》，卷691），頁9。
〔註77〕〔清〕孔廣森：《春秋公羊通義》（《皇清經解》，卷683），頁20。

所引董仲舒之說見於《漢書・五行志下之上》，雖然何休《春秋公羊解詁》於該條下亦有注〔註78〕，但孔廣森取董仲舒而捨何休，再附以己說申論之。至於胡母子都之說見於《條例》，何休《春秋公羊解詁》亦自稱「略依胡母生《條例》」，但《條例》早已亡佚，孔廣森取捨無據，不敢擅改，如《春秋》宣公十一年夏：「楚子、陳侯、鄭伯盟于辰陵。」《春秋公羊通義》云：

> 《解詁》曰：「不日月者，莊王行霸，約諸侯，明王法，討徵舒，其
> 憂中國，故爲信辭。」〔註79〕

何休《春秋公羊解詁》並未標示何者爲己說，何者爲胡母子都之說，所以以上所引究竟出自胡母子都或何休已不可考。由於《春秋公羊解詁》可能含有胡母子都《條例》的內容，反而成爲孔廣森不得不保留何休之說的原因。

（二）以屬辭比事設立「三科九旨」新例

孔廣森認爲，「《解詁》體大思精，詞義奧衍，亦時有承訛率臆，未能醇會傳義」〔註80〕。但要如何體會《公羊傳》之義呢？「夫唯有例，而又有不圍於例者，乃足以起事同辭異之端，以互發其蘊。」〔註81〕《春秋》文成數萬，記載二百四十二年之事，有同辭者，有異辭者，必須藉由屬辭比事以設例，才是正途，於是設立「三科九旨」新例，云：

> 《春秋》之爲書也，上本天道，中用王法，而下理人情。不奉天道，
> 王法不正；不合人情，王法不行。天道者，一曰時，二曰月，三曰
> 日；王法者，一曰譏，二曰貶，三曰絕；人情者，一曰尊，二曰親，
> 三曰賢。此「三科九旨」既布，而壹裁以內外之異例，遠近之異辭，
> 錯綜酌劑，相須成體。凡傳《春秋》者三家，粵唯公羊氏有是說焉。
>
> 〔註82〕

〔註78〕 何休注：「此象桓公德衰，彊楚以邪勝正，僖公蔽於季氏，季氏蔽於陪臣，陪臣見信得權，僭立大夫廟。天意若曰：『蔽公室者，是人也，當去之。』」〔唐〕徐彥：《春秋公羊傳注疏》，卷11，頁60。
〔註79〕 〔清〕孔廣森：《春秋公羊通義》（《皇清經解》，卷685），頁13。
〔註80〕 見孔廣森〈春秋公羊經傳通義敘〉。〔清〕孔廣森：《春秋公羊通義》（《皇清經解》，卷691），頁9。
〔註81〕 見孔廣森〈春秋公羊經傳通義敘〉。〔清〕孔廣森：《春秋公羊通義》（《皇清經解》，卷691），頁3。
〔註82〕 見孔廣森〈春秋公羊經傳通義敘〉。〔清〕孔廣森：《春秋公羊通義》（《皇清經解》，卷691），頁1。

由於《春秋》學者只有公羊家有「三科九旨」之說，孔廣森乃屬辭比事以設例：

1. 一科三旨：時、月、日

時月日例爲何列爲「三科九旨」之首呢？因爲「春以統王，王以統月，月以統日，《春秋》所甚重、甚謹者莫若此」〔註83〕。歷來儒者中，孔廣森最爲推崇元儒趙汸（1319～1369年）屬辭比事以求時月日例，「以日爲詳者，則以不日爲略；以月爲詳者，則以不月爲略；以日爲恆者，以不日爲變；以不日爲恆者，以日爲變，甚則以不月爲異；以月爲恆者，以不月爲變；以不月爲恆者，以月爲變，甚則以日爲異」〔註84〕，並稱讚「自唐迄今，知此者，惟汸一人」〔註85〕。如《春秋》定公十年春三月：「及齊平。」定公十一年冬：「及鄭平。」二者同辭，但意義不同，前者是魯定公未能守信，再度侵齊，雙方再度講和；後者是魯定公第一次侵鄭後，雙方第一次講和，此後守信，未再相犯。前者有罪，所以書月，後者無罪，所以不書月。又如《春秋》僖公十九年春三月：「宋人執滕子嬰齊。」諸侯相執例書時，但此例爲何書月呢？因爲是盟主執諸侯的首次惡例。

2. 二科六旨：譏、貶、絕

《春秋》爲何重視譏貶絕呢？因爲「天以成其施，刑賞不偏廢，王以成其化，非《春秋》孰能則之，撥亂之術，譏與貶絕備矣」〔註86〕。譏貶絕例的形成，亦是「辭不屬不明，事不比不章」〔註87〕。依《公羊傳》的見解，《春秋》譏貶絕例的方式有二：一是「不待貶絕而罪惡見者，不貶絕以見罪惡」〔註88〕，如《春秋》昭公八年春：「陳侯之弟招殺陳世子偃師。」《春秋公羊通義》云：

〔註83〕 見孔廣森〈春秋公羊經傳通義敘〉。〔清〕孔廣森：《春秋公羊通義》（《皇清經解》，卷691），頁6。

〔註84〕 〔元〕趙汸：《春秋屬辭》（臺北：臺灣大通書局，1969年10月，《通志堂經解》，冊26），卷14，頁1。

〔註85〕 見孔廣森〈春秋公羊經傳通義敘〉。〔清〕孔廣森：《春秋公羊通義》（《皇清經解》，卷691），頁5。

〔註86〕 見孔廣森〈春秋公羊經傳通義敘〉。〔清〕孔廣森：《春秋公羊通義》（《皇清經解》，卷691），頁8。

〔註87〕 見孔廣森〈春秋公羊經傳通義敘〉。〔清〕孔廣森：《春秋公羊通義》（《皇清經解》，卷691），頁7。

〔註88〕 見《春秋》昭公元年春《公羊傳》云。

> 變「其」曰「陳」者，世子繫君，言「其」則可；繫招，言「其」
> 則不可。言「其公子」則可，言「其世子」則不可。〔註89〕

陳公子招是陳侯之弟，陳公子偃師是陳國世子。有關《春秋》的文辭敘述順序，若世子繫於陳侯之後，則可書「其世子」；若世子繫於招之後，則不可書「其世子」，必須改書「陳世子」。又若書「陳侯之弟招殺其公子偃師」，表示可殺；若書「陳侯之弟招殺其世子偃師」，表示不可殺，殺則有罪，所以不待貶絕，陳公子招的罪惡已經顯現。二是「貶絕然後罪惡見者，貶絕以見罪惡」〔註90〕，包括「義隱」與「事隱」〔註91〕兩類，因其隱晦，所以在文辭上加以貶絕。所謂「義隱」，如《春秋》宣公十一年冬十月：「楚人殺陳夏徵舒。」《公羊傳》云：「此楚子也，其稱人何？貶。曷爲貶？不與外討也。」《春秋公羊通義》云：

> 徵舒之罪，無與於楚，楚非天子之命，方伯之位，義不得討也。〔註92〕

陳大夫夏徵舒弑其君，楚國出兵討伐，表面上是師出有名，但楚非中原諸侯之國，既未奉周天子之命，亦非方伯，根本不干楚國的事，因意義隱晦，所以《春秋》貶其爵稱楚人，以彰顯其罪惡。所謂「事隱」，如《春秋》宣公八年夏六月：「仲遂卒于垂。」《公羊傳》云：「仲遂者何？公子遂也。何以不稱公子？貶。曷爲貶？爲弑子赤貶。然則曷爲不於其弑焉貶？於文則無罪，於子則無年。」《春秋公羊通義》云：

> 《解詁》曰：「十八年編於文公，貶之，則嫌有罪於文公，無罪於子
> 赤也。〔註93〕

子赤於魯文公死後繼位爲君，未踰年即遭公子遂逆弑，此事編輯於《春秋》文公十八年冬十月，卻僅見「子卒」二字，事實完全隱晦，直至宣公八年夏六月藉由公子遂卒貶不稱公子，彰顯其罪惡，才明白原來公子遂逆弑子赤。

3. 三科九旨：尊、親、賢

孔廣森認爲，「春秋監四代之令模，建百王之通軌」，所以重視尊尊、親親、賢賢。但尊者有過不敢譏，親者有過不可譏，賢者有過不忍譏，於是「變

〔註89〕〔清〕孔廣森：《春秋公羊通義》（《皇清經解》，卷688），頁1。
〔註90〕見《春秋》昭公元年春《公羊傳》云。
〔註91〕〔清〕孔廣森：《春秋公羊通義》（《皇清經解》，卷688），頁7。
〔註92〕〔清〕孔廣森：《春秋公羊通義》（《皇清經解》，卷685），頁14。
〔註93〕見孔廣森引何休《春秋公羊解詁》。〔清〕孔廣森：《春秋公羊通義》（《皇清經解》，卷685），頁9。

其文而爲之諱，諱猶譏也」〔註94〕，所以尊親賢例的形成與譏貶絕例相同，皆是屬辭比事。如《春秋》莊公二十二年秋七月丙申：「及齊高傒盟于防。」《公羊傳》云：「齊高傒者何？貴大夫也。曷爲就吾微者而盟？公也。公則曷爲不言？公諱與大夫盟也。」文公二年春三月乙巳「及晉處父盟。」《公羊傳》云：「此晉陽處父也，何以不氏？諱與大夫盟也。」《春秋公羊通義》云：

> 等諱必沒公，言高傒。不貶言「公及齊人」者，以其貴，須見名氏也。《左傳》曰：「有天子之二守國、高在。」謂傒及國歸父之父也，言雖貴如高傒，猶不得敵諸侯，然後君臣之分益正。與處父異者，傒，大國之卿，命乎天子，本當言高仲，今言高傒，即是抑之。陽處父本當名氏，故更貶去氏，其爲降一等也同。〔註95〕

將以上二條屬辭比事，魯莊公與齊大夫高傒盟，魯文公與晉大夫陽處父盟，皆地位不對等。齊大夫高傒是周天子所命的上卿，地位尊貴，所以必須書其名氏；晉大夫陽處父非周天子的命卿，地位較低，所以書名不書氏；但無論大夫的地位有多尊貴，仍是諸侯之臣，諸侯不可與大夫盟，莊公與文公卻與大夫盟，《春秋》爲尊者諱，所以不書莊公與文公，此爲「假諱而立義」〔註96〕。

（三）旁通諸家並兼採《左傳》與《穀梁傳》之說

孔廣森認爲，「《左氏》之事詳，《公羊》之義長，《春秋》重義不重事，斯《公羊傳》猶不可廢」〔註97〕，所以其《春秋公羊通義》完全是以《公羊傳》爲底本而作，但除了不守常州學派所謂的公羊家法之外，其與其他公羊家最爲不同的是兼採《左傳》與《穀梁傳》之說，原因是「公羊、穀梁、左邱明並出於周、秦之交，源於七十子之黨，學者固不得而畸尙而偏詆也」〔註98〕。因此，如前揭孔廣森指摘何休不通三傳之例，即認爲應該「援《穀梁》以釋傳」及「取證《左傳》」。

〔註94〕 見孔廣森〈春秋公羊經傳通義敘〉。〔清〕孔廣森：《春秋公羊通義》（《皇清經解》，卷691），頁8。

〔註95〕 〔清〕孔廣森：《春秋公羊通義》（《皇清經解》，卷681），頁22。

〔註96〕 見孔廣森〈春秋公羊經傳通義敘〉。〔清〕孔廣森：《春秋公羊通義》（《皇清經解》，卷691），頁8。

〔註97〕 見孔廣森〈春秋公羊經傳通義敘〉。〔清〕孔廣森：《春秋公羊通義》（《皇清經解》，卷691），頁9。

〔註98〕 見孔廣森〈春秋公羊經傳通義敘〉。〔清〕孔廣森：《春秋公羊通義》（《皇清經解》，卷691），頁2。

據統計，孔廣森《春秋公羊通義》引《左傳》八十五次，引《穀梁傳》八十一次，又引徐彥之說十七次、范甯之說十一次、楊士勛之說一次、杜預之說十六次〔註99〕；此外，尙有旁通其他諸家部分，引賈逵三次、服虔一次、劉向三次、劉歆三次、鄭眾十四次、鄭玄二次、李固一次、衛宏二次、董仲舒四十九次（其中《春秋繁露》十次）、顏安樂一次、《白虎通》八次、《五經異義》九次、《洪範五行傳》八次、《左氏膏肓》二次、《穀梁廢疾》五次、《潛夫論》一次、《鹽鐵論》二次、《易經》六次、《京氏易傳》二次、《尙書》三次、《詩經》十四次、《孝經》一次、禮（《周禮》、《儀禮》、《禮記》、《大戴禮記》、《逸禮》）約九十次、《史記》六次、《漢書》十三次（其中〈五行志〉十次）、《國語》四次、《孟子》三次、《管子》二次、《荀子》六次、《墨子》二次、《韓非子》二次、《呂氏春秋》三次、《莊子》二次、《鶡冠子》一次、《竹書紀年》一次、《司馬法》一次〔註100〕。可見其治學態度頗能兼容並蓄。

孔廣森治公羊學，打破公羊家法，旁通諸家，兼採《左傳》與《穀梁傳》之說，對於學術發展而言，具有積極而正面的意義，但「三傳要各有得失」〔註101〕，尤其後來「《左氏》舊學湮于征南〔註102〕，《穀梁》本義汨于武子〔註103〕」〔註104〕，所以對於《左傳》、《穀梁傳》、杜預、范甯之說，皆涉及取捨或辨正的問題，四者依序各舉一例如下：

例一，《春秋》閔公元年冬：「齊仲孫來。」《公羊傳》認爲，齊仲孫實是魯公子慶父，慶父謀殺其君子般之後，出奔齊國又返魯國，稱之爲齊仲孫，是因爲「外之」，將他當作外國人，不承認他是魯國人。但《左傳》認爲，齊仲孫是齊大夫仲孫湫，因魯國發生弒君事件而來省難。《春秋公羊通義》云：

〔註99〕 成玲：〈孔廣森春秋公羊通義取義之道〉，國立臺北大學中國語文學系《第三屆中國文哲之當代詮釋學術研討會會前論文集》（2007 年 10 月），頁 85。

〔註100〕 成玲：〈孔廣森春秋公羊通義取義之道〉，國立臺北大學中國語文學系《第三屆中國文哲之當代詮釋學術研討會會前論文集》（2007 年 10 月），頁 87。

〔註101〕 見孔廣森〈春秋公羊經傳通義敘〉。〔清〕孔廣森：《春秋公羊通義》（《皇清經解》，卷 691），頁 2。

〔註102〕 杜預，卒贈征南大將軍。

〔註103〕 范甯，字武子。

〔註104〕 見孔廣森〈春秋公羊經傳通義敘〉。〔清〕孔廣森：《春秋公羊通義》（《皇清經解》，卷 691），頁 9。

左氏不達《春秋》微意，因訛爲齊仲孫湫來省難。彼未知高子來盟
不言使者，我無君也；此時我有君，令實仲孫湫，必無不言齊侯使
者也，故知左氏誣爾。〔註105〕

按《春秋》閔公二年冬：「齊高子來盟。」爲何不書「齊侯使高子來盟」？《公
羊傳》認爲，因爲當時魯閔公遭弒，「我無君也」，所以高子不稱使。但此例
「齊仲孫來」魯閔公在位，若齊仲孫是齊大夫仲孫湫，應書「齊侯使仲孫來」，
仲孫既未稱使，所以不是齊大夫仲孫湫，而是魯公子慶父，《左傳》之說有誤。

例二，《春秋》隱公元年冬十二月：「祭伯來。」《公羊傳》認爲，周大夫
祭伯是來奔，因爲「王者無外」，所以不書奔。但《穀梁傳》認爲，祭伯是來
朝，因其未有周天子之命而擅自出會諸侯，「不正其外交」，所以不書朝。《春
秋公羊通義》云：

劉向本治《穀梁》，其上封事云：「周大夫祭伯乖離不和，出奔于魯，
而《春秋》爲諱，不言來奔。」是亦取《公羊》之說爲長。〔註106〕

按《漢書‧楚元王傳》記載，穀梁學家劉向依據祭伯「乖離不和出奔于魯」
的事實，認爲《春秋》諱書來奔，所以《公羊傳》來奔之說爲長，《穀梁傳》
之說有誤。

例三，《春秋》僖公二十五年夏：「宋殺其大夫。」大夫爲何不書其名？
《左傳》無說。杜預注：「於例，爲大夫無罪，故不稱名。」〔註107〕《春秋公
羊通義》云：

杜預以殺大夫不名者爲無罪，泄冶、郤宛寧有罪乎？〔註108〕

按《春秋》宣公九年冬：「陳殺其大夫泄冶。」昭公二十七年夏：「楚殺其大
夫郤宛。」泄冶、郤宛皆是無罪被殺，《春秋》卻書其名，所以杜預之說有誤。

例四，《春秋》昭公十一年夏：「大蒐于比蒲。」《穀梁傳》無說。范甯注：
「時有小君之喪，不譏喪蒐者，重守國之衛，安不忘危。」〔註109〕《春秋公
羊通義》云：

〔註105〕〔清〕孔廣森：《春秋公羊通義》（《皇清經解》，卷682），頁2。

〔註106〕〔清〕孔廣森：《春秋公羊通義》（《皇清經解》，卷679），頁6。

〔註107〕〔唐〕孔穎達：《春秋左傳正義》（臺北：大化書局，1982年10月，《十三經
注疏》本），卷16，頁118。

〔註108〕〔清〕孔廣森：《春秋公羊通義》（《皇清經解》，卷683），頁30。

〔註109〕〔唐〕楊士勛：《春秋穀梁傳注疏》（臺北：大化書局，1982年10月，《十三
經注疏》本），卷17，頁72。

古者戰勝，以喪禮處之，蒐非同純吉。且起大役，須先期屬眾，比
時有喪，重致眾罷遣，故君子緣人情不譏也。〔註110〕

魯昭公於其母歸氏去世不久，即舉行大蒐（大閱兵），《春秋》爲何不譏呢？
范甯認爲，大蒐是爲了保衛國家安全，重要性不下於爲母守喪，所以不譏。
但孔廣森指出，古代戰爭勝利之後是舉行喪禮，大蒐亦非屬於吉禮，即使正
值爲母守喪，人情並不相違，所以不譏，范甯之說有誤。

綜上，孔廣森治公羊學的模式，與其說是修正何休之學，不如說是回歸
源頭，重探公羊學，志在成一家之言，與何休之學競馳而並立，雖不守公羊
家法，卻爲公羊學找出了另外一條大道。

第二節 五禮會要類

「會要」本是史書編輯的一種體裁。清儒俞樾（1821～1907年）云：

史之爲體，有編年，有紀傳。編年昉於《春秋》，紀傳昉於《尚書》。
觀一人之始終，莫如紀傳，而甲與乙不相聯系；考一時之治亂，莫
如編年，而前與後不相貫穿。於是後人又有會要之作。〔註111〕

由這一段文字可知，編年體的缺點是持續進行的事件不相貫穿，紀傳體的缺
點是同一時期的人物不相聯繫；而會要體是將某一朝代或特定時期的禮儀制
度分門別類地記載，正好彌補了編年體與紀傳體的缺點。後世經學家便藉助
史學的會要體裁，將周代的禮儀制度與《春秋》相爲表裡，以史法治《春秋》。

周代的禮儀制度，主要有吉、凶、賓、軍、嘉五種。《周禮·春官宗伯》
記載，大宗伯「以吉禮事邦國之鬼神示」〔註112〕，「以凶禮哀邦國之憂」〔註113〕，
「以賓禮親邦國」〔註114〕，「以軍禮同邦國」〔註115〕，「以嘉禮親萬民」
〔註116〕；又小宗伯「掌五禮之禁令與其用等」〔註117〕，鄭玄注引鄭眾云：

〔註110〕 〔清〕孔廣森：《春秋公羊通義》（《皇清經解》，卷688），頁9。
〔註111〕 見俞樾〈春秋會要序〉。〔清〕姚彥渠：《春秋會要》（北京：中華書局，1998
年11月），序，頁1。
〔註112〕 〔唐〕賈公彥：《周禮注疏》（臺北：大化書局，1982年10月，《十三經注疏》
本），卷18，頁119。
〔註113〕 〔唐〕賈公彥：《周禮注疏》，卷18，頁121。
〔註114〕 〔唐〕賈公彥：《周禮注疏》，卷18，頁121。
〔註115〕 〔唐〕賈公彥：《周禮注疏》，卷18，頁122。
〔註116〕 〔唐〕賈公彥：《周禮注疏》，卷18，頁122。
〔註117〕 〔唐〕賈公彥：《周禮注疏》，卷19，頁128。

「五禮：吉、凶、軍、賓、嘉。」〔註118〕所以《春秋》會要是以五禮爲主要內容。

會要始自唐代蘇冕（734～805年）《九朝會要》四十卷，是記錄唐高祖至德宗期間禮儀制度的史籍。而最早以會要治《春秋》的經學著作，則是北宋張大亨《春秋五禮例宗》十卷，其次是南宋廖德明《春秋會要》卷數不詳，其後有元儒吳澄《春秋纂言》十二卷，明儒石光霽《春秋書法鈎玄》四卷，清儒錢馪《春秋志禮》八卷、姚彥渠《春秋會要》四卷。以上廖德明《春秋會要》已佚，錢馪《春秋志禮》未見；至於姚彥渠《春秋會要》以史學爲經學，不但以《左傳》無經之傳作例，甚至以《國語》作例，超出經學範圍；又目前大陸學者王貴民、楊志清編著《春秋會要》三十六卷，採編姚彥渠《春秋會要》，亦近於史學著作，非專供治《春秋》經傳的參考。謹就張大亨、吳澄、石光霽三人解經模式依序考述。

一、張大亨模式

宋儒張大亨（生卒年不詳）曾以《春秋》之義問蘇軾（1037～1101年），蘇軾答：

> 《春秋》，儒者本務。然此書有妙用，學者罕能領會，多求之繩約中，
> 乃近法家者流，苛細繳繞，竟亦何用！惟丘明識其用，終不肎盡談，
> 微見端兆，欲使學者自求之。〔註119〕

所謂「繩約」，應該就是宋儒譏評的三傳義例解經模式。張大亨受蘇軾影響，治《春秋》以《左傳》爲主，但對於杜預《春秋釋例》發明義例模式並不滿意，認爲「其閒雜以傳例，與經踳駁，而又止數端，不能該盡，學者病之」〔註120〕；而啖助學派《春秋啖趙集傳纂例》雖無杜預「雜以傳例」的毛病，卻「拘於微文，捨事從例，故事有相濟以成，而反裂爲數門者，非特差失其始終，抑亦汩昏其義趣，聖經大旨，支離失真，迷眩後生，莫此爲甚」〔註121〕。因此，杜預與啖助學派的共同問題，都出在「顓拘於繩約」，忽略了聖人「定其

〔註118〕〔唐〕賈公彥：《周禮注疏》，卷19，頁128。

〔註119〕見蘇籀《雙溪集・遺言》。〔宋〕蘇籀：《雙溪集》（臺北：藝文印書館，年月份不詳，《百部叢書集成》本），附錄，頁3。

〔註120〕〔宋〕張大亨：《春秋五禮例宗》（臺北：新文豐出版公司，1985年1月，《叢書集成新編》，冊108），序，頁1。

〔註121〕〔宋〕張大亨：《春秋五禮例宗》，序，頁1。

筆削以示後世,則固有典要存焉」,學者只要「因其人美惡,而以推聖人之心,而究觀其典要之所在,則其旨不辨而自白矣」〔註122〕。其所謂「典要」,指的就是五禮,「凡欲求經之軌範,非五禮何以質其從違」〔註123〕,於是作《春秋五禮例宗》十卷;但該書今本僅存七卷,第一卷爲吉禮,第二、三卷爲凶禮,第四至七卷爲軍禮(其中第四至六卷久佚),第八、九卷爲賓禮,第十卷爲嘉禮。茲考述如下:

(一)取《春秋》事迹分屬五禮並各為總論

張大亨取《春秋》事迹爲比例,歸納爲五綱四十一目:

1. 吉禮:王正、即位(附立)、郊望、宗廟(附視朔)、雩,凡五例。

2. 凶禮:王喪葬、內喪葬、弒殺葬、災變,凡四例。

3. 軍禮:伐(附救、以)、侵、圍、次、戰敗、克獲、取、滅亡遷、潰、追、反、乞師、平成、軍賦(附雜事)、執以歸(附逃)、放、奔入歸納叛、盜、蒐狩、城(附墮)、興築(附毀),凡二十一例。

4. 賓禮:朝、聘、來、會、盟(附胥命)、遇、如至,凡七例。

5. 嘉禮:昏、歸脤、享、肆眚,凡四例。

以軍禮蒐狩例而言,首先爲屬辭比事,張大亨列舉僖公二十八年冬「天王狩于河陽」、桓公四年春正月「公狩于郎」、桓公七年春二月己亥「焚咸丘」、莊公四年冬「公及齊人狩于禚」、昭公八年秋「蒐于紅」、昭公十一年夏「大蒐于比蒲」、昭公二十二年春「大蒐于昌間」、定公十三年夏「大蒐于比蒲」、定公十四年秋「大蒐于比蒲」、哀公十四年春「西狩獲麟」,凡十條;但其中第三條「焚咸丘」與蒐狩無關,諒係誤植,實爲九條。其次爲總論,張大亨云:

> 春曰蒐,夏曰苗,秋曰獮,冬曰狩。經書蒐、狩,而不及苗、獮,
> 則以苗、獮皆如蒐田之法故耳。且四時之田,莫先於蒐,莫備於狩,
> 於是焉有失則書之,其餘雖失,未足道也。猶之四時之祭,獨舉烝、
> 嘗,則以春、夏物不備,雖有失焉,未害於禮之成也。凡禮,以其
> 常舉之,則無小大之異;其曰「大」者,皆越其常者也。〔註124〕

以上係藉由屬辭比事總論蒐狩例,發現九條經文中只有蒐、狩,而無苗、獮,於是推論「四時之田,莫先於蒐,莫備於狩」,所以蒐、狩重於苗、獮,如果

〔註122〕 〔宋〕張大亨:《春秋五禮例宗》,序,頁1。
〔註123〕 〔宋〕張大亨:《春秋五禮例宗》,序,頁1。
〔註124〕 〔宋〕張大亨:《春秋五禮例宗》,卷7,頁1～2。

蒐、狩有缺失則書，苗、獮有缺失則不足道；又發現九條經文中有四條書「大」字，於是推論該四條屬於異常。此種解經途徑雖有例而不拘於例，異於三傳義例模式。

（二）引駁三傳之文及鄭玄、杜預之說

張大亨屬辭比事，以禮解經，對於三傳之文及鄭玄、杜預之說，或引或駁，論述有據，立場尚稱持平，分別舉例如下：

1. 引三傳為說

如凶禮弒殺葬例云：

> 《公羊》曰：「稱國以殺者，君殺大夫之辭也。」《穀梁》曰：「稱國以殺，殺無罪也。」又曰：「罪累上也。」「稱人以殺，殺有罪也。」
> 《左氏》曰：「殺大夫不稱名，眾也，且言非其罪也。」夫大夫之罪不登於死，而君殺之，徒以有國之威耳，故謂之「君殺大夫」；葵邱之盟，無專殺大夫，意謂此也。其曰「罪累上」者，以繫之君也；大夫有罪，國人皆曰可殺，於是殺之，則稱人，此與眾棄之之義也。大夫生死皆名，雖曰無罪而死，亦必名之，所以正君臣之分，其是非不在此也。〔註125〕

此引《公羊傳》僖公七年夏、《穀梁傳》僖公七年夏、宣公九年冬、僖公十年夏、僖公三十年秋、文公六年冬、襄公二十三年夏、襄公二十七年夏、隱公四年秋九月、莊公九年春、文公七年夏、文公九年春三月、《左傳》文公七年夏四月之文為說。

2. 以己見駁三傳之說

如凶禮弒殺葬例云：

> 《左傳》曰：「凡弒君，稱君，君無道也；稱臣，臣之罪也。」《公羊》曰：「大夫弒君稱名氏，微者窮諸人，賤者窮諸盜。」其稱國者，眾辭也。《穀梁》曰：「稱國以弒其君，君惡甚矣。」夫弒君，天地之大惡，人倫之所棄也，君雖無道，臣必蒙首惡之誅，所以定名分、遏禍亂也。今以君無道，而署弒賊之名，則是君可得而戮矣，豈聖人意哉！

〔註125〕〔宋〕張大亨：《春秋五禮例宗》，卷3，頁8〜9。

三傳皆認爲國君因無道而遭弒，略弒君者之名。張大亨持反對意見，認爲非聖人之意，一概反駁之。張大亨雖治《左傳》，但對於《左傳》不合理之說並不偏袒飾非。

3. 以《左傳》之說駁《公羊傳》與《穀梁傳》

如吉禮宗廟例云：

> 《穀梁》謂周公稱大廟，魯公稱大室，羣公稱宮。《公羊》亦然，而又以大室爲世室，曰「世世不毀也」。以《左氏》參之，當爲大室。夫宮、廟之別，總羣公言之則曰廟，指一公言之則曰宮，而大室則宮、廟之中所以藏主者也。舉廟則可以包宮、室，指宮、室則不可以兼廟。故凡稱廟者，皆不主乎一宮也；凡稱宮、稱室者，不徧及也。蓋《禮》稱七廟、五廟，則宮亦謂之廟；《詩》稱閟宮，則廟亦謂之宮；《書》稱「王入大室祼」，則周亦謂大室。然則二傳誤矣。〔註126〕

張大亨依據《左傳》之說，認爲大室是「宮、廟之中所以藏主者也」，駁斥《公羊傳》與《穀梁傳》以大室爲魯公所屬專稱。

4. 以《禮記》與《周禮》駁《穀梁傳》之說

如賓禮聘例云：

> 〈曲禮〉曰：「諸侯使人問於諸侯曰聘。」而大行人稱：「時聘以結諸侯之好。」典瑞稱：「圭璋以覜聘。」則天子使人問諸侯亦謂之聘。
> 〈王制〉稱：「諸侯之於天子，比年一小聘，三年一大聘。」則諸侯使人問天子亦謂之聘。《穀梁》曰：「聘諸侯，非正。」誤矣。〔註127〕

上引分別出自《禮記・曲禮》、《周禮・秋官司寇》、《周禮・春官宗伯》，以駁斥《穀梁傳》之說。

5. 以《穀梁傳》范甯注駁《禮記》鄭玄注

如凶禮喪葬例云：

> 《穀梁》曰：「謚所以成德也，葬而後舉謚，於卒事乎加之矣。」范氏謂：「天子崩，稱天命以謚之；諸侯薨，天子謚之；卿大夫卒，受謚於其君。」蓋禮，大喪，大師帥瞽作謚；小喪，太史賜謚；卿大

〔註126〕〔宋〕張大亨：《春秋五禮例宗》，卷1，頁9～10。
〔註127〕〔宋〕張大亨：《春秋五禮例宗》，卷8，頁7。

夫之喪，小史賜諡。瞽史知天道者，則諡所以明鬼神，皆以天道正
之也。太史既曰小喪，而小史又云卿大夫之喪，則小喪宜爲諸侯矣。

鄭氏謂：「小史亦以太史賜諡爲節，事相成。」失之。〔註128〕

上引分別出自《穀梁傳》桓公十八年冬十二月己丑、《周禮·春官宗伯》，以
范甯注駁斥鄭玄注。

6. 以《禮記》駁《左傳》杜預注

如吉禮宗廟例云：

〈大傳〉曰：「禮，不王不禘。」又曰：「大夫士干祫及其高祖。」
然則祫自天子達，而禘惟王者可行。……晉人曰：「以寡君之未禘祀。」
晉之僭禮，蓋不特一祀，而杜氏遂以禘爲天子、諸侯除喪之通祭，
亦已誤矣。〔註129〕

「晉人曰」出自《左傳》襄公十六年冬，杜預不知晉君禘祀爲僭禮，誤以禘
祀爲「三年喪畢之吉祭」〔註130〕，張大亨引《禮記·大傳》以駁之。

張大亨解經模式，《四庫全書總目》稱其「賅貫而無諸家拘例之失」〔註131〕，
非溢美之詞。

二、吳澄模式

元儒吳澄（1249～1333年）作《春秋纂言》十二卷，采摭三傳與諸家之
言，麗附於各條經文之下；又作《春秋纂言總例》七卷，仿啖助學派《春秋
啖趙集傳纂例》，分所異，合所同，其體例分爲天道、人紀、嘉禮、賓禮、軍
禮、凶禮、吉禮七綱，其中天道與人紀是吳澄所創，而五禮則疑似蹈襲自張
大亨《春秋五禮例宗》。但《四庫全書總目》認爲不是蹈襲，因爲「澄之學派
兼出於金谿、新安之間，而大亨之學派則出於蘇氏，澄殆以門戶不同，未觀
其書，故與之闇合而不自知」〔註132〕。茲就吳澄部分考述如下：

（一）取《春秋》事迹分屬天道、人紀及五禮並各為總論

吳澄取《春秋》事迹爲比例，歸納爲七綱八十八目：

〔註128〕〔宋〕張大亨：《春秋五禮例宗》，卷2，頁7。
〔註129〕〔宋〕張大亨：《春秋五禮例宗》，卷1，頁11。
〔註130〕〔唐〕孔穎達：《春秋左傳正義》，卷33，頁261。
〔註131〕《四庫全書總目》（臺北：臺灣商務印書館，1986年7月，《景印文淵閣四庫
全書》），卷27，頁5。
〔註132〕《四庫全書總目》，卷28，頁2。

1. 天道：年、時、月、日、變異，凡五例。

2. 人紀：王、公、侯、伯、子、男、微國、外裔、國地、爵、字、氏、名、人、盜、兄弟、世子、命數、即位、立、歸、入、納、居、在、孫、奔、去、逃、弒（附戕）、殺（附刺）、執、放，凡三十三例。

3. 嘉禮：王后、王女、魯夫人、魯女，凡四例。

4. 賓禮：如、朝、聘、來、盟、會、遇、至，凡八例。

5. 軍禮：伐、侵、戰、敗、追、救、次、戍、圍、取、入、滅、降、干、潰（附亡）、獲（附滅）、以歸（附以來）、師、軍制、軍賦、軍事、力役，凡二十二例。

6. 凶禮：崩、薨、卒、葬、含襚賵賻、奔喪會葬，凡六例。

7. 吉禮：郊、雩、社、望、禘、祫、時享、廟、主、告朔，凡十例。

其中人紀與軍禮皆有入例，但前者為「難辭」〔註133〕，後者為「滅國猶不絕其祀」〔註134〕。

以天道月例而言，首先為屬辭比事，吳澄列舉王正月一百零三條（含闕王十條）、王二月四十一條（含闕王三條、不首時十七條）、王三月五十三條（含不首時三十四條）、四月五十九條、五月五十三條、六月五十七條、七月七十二條、八月五十九條、九月五十一條、十月五十九條、十有一月三十二條、十有二月五十九條、閏月二條。其次為總論，吳澄云：

> 月者，王所改之月也。故歲首正月，或二月，或三月，月數之上皆加「王」字，以見此月乃周王所頒之歷。按周改月數，而《詩》之小雅四篇所稱六月、十月、四月、二月，雖是周時之詩，而用夏正之月。蓋夏正得天時之正，行於民間者久，故作詩者從舊俗稱之爾。豳風〈七月〉，公劉之詩也，乃夏之時所作。若《書》之周書，《禮》之周官，《戴記》所載，《左氏》、《公》、《穀》三傳所述，及《孟子》所言，則皆周所改之月也。〔註135〕

以上係藉由屬辭比事總論月例，發現《春秋》有「王正月」、「王二月」、「王三月」，表示周王所頒歷法以當月為歲首；進而辨別各經內容何者使用夏正，何者使用周正。如此解經途徑與編輯體例，幾乎與張大亨完全相同。

〔註133〕〔元〕吳澄：《春秋纂言總例》（臺北：臺灣商務印書館，1986年7月，《景印文淵閣四庫全書》，冊159），卷2，頁39。

〔註134〕〔元〕吳澄：《春秋纂言總例》，卷5，頁19。

〔註135〕〔元〕吳澄：《春秋纂言總例》，卷1，頁7。

再以凶禮卒例而言，首先爲屬辭比事，吳澄列舉《春秋》諸國國君書卒、書葬情形，發現書卒且書葬者爲常例，只有楚、吳、莒、宿四國國君書卒不書葬。其中楚子卒凡六條，不書葬的原因，吳澄認爲「葬必舉號，楚僭王號，以避僭，故削而不書」〔註136〕；吳子卒凡四條，不書葬的原因，吳澄認爲「吳亦僭稱王，又未能用夏禮變蠻俗，其死無諡，故不可書葬」〔註137〕；莒子卒凡二條，不書葬的原因，吳澄認爲「舉棄周禮，死無諡，故不書葬」〔註138〕；至於宿男卒僅一條，不書葬的原因，吳澄認爲宿是宋的從國，《春秋》莊公十年春三月「宋人遷宿」之後，「自是爲宋私屬，不復列於諸侯」〔註139〕，宿不再有國君，所以不書葬。誠如《四庫全書總目》云：「其縷析條分，則較大亨爲密矣。」〔註140〕

（二）多引啖助學派之說

吳澄屬辭比事以禮解經，多引啖助學派之說。如天道日例云：

按啖氏曰：「《公》、《穀》多以日月爲例，或以書日爲美，或以爲惡。夫美惡在於事迹，見其文足以知日月之例，皆穿鑿妄說也。」〔註141〕

杜氏曰：「凡朝聘、會遇、侵伐、用兵、執殺、土功之屬，例不書日；盟戰敗入滅、崩薨卒葬、弒君、日食之屬，例多書日。盟自文公以前書日者凡二百四十九，宣公以下書日者四百三十一，年數畧同，而日數加倍，故知久遠遺落，不與近同。」陸氏曰：「《公羊》謂：『不日，遠也。所見異辭，所聞異辭。』亦久遠多遺落也。」〔註142〕

以上先後以啖助、杜預、陸淳之說駁斥《公羊傳》與《穀梁傳》時月日例，但實際皆引自《春秋啖趙集傳纂例・日月爲例義》。餘如人紀國地例、即位例、賓禮如例、聘禮、盟例、至例、軍禮伐例、侵例、戰例、敗例、追例、救例、次例、戍例、圍例、取例、入例、滅例、降例、遷例、獲（附滅）例、凶禮薨例、卒例、吉禮郊例、雩例、時享例、告朔例中，引啖助、趙匡、陸淳之說多達四十餘條。至於引《公羊傳》、《左傳》、杜預之說者，僅若干見。又其

〔註136〕〔元〕吳澄：《春秋纂言總例》，卷6，頁14。
〔註137〕〔元〕吳澄：《春秋纂言總例》，卷6，頁15。
〔註138〕〔元〕吳澄：《春秋纂言總例》，卷6，頁17。
〔註139〕〔元〕吳澄：《春秋纂言總例》，卷6，頁17。
〔註140〕《四庫全書總目》，卷28，頁2。
〔註141〕〔元〕吳澄：《春秋纂言總例》，卷1，頁12。
〔註142〕〔元〕吳澄：《春秋纂言總例》，卷1，頁12～13。

中凶禮卒例引《穀梁傳》一條，賓禮聘例、至例駁《穀梁傳》各一條，皆爲
啖助學派之說。

但吳澄對於啖助學派之說並非全盤接受，毫無異議，如賓禮至例云：

> 啖氏曰：「凡公行，總一百七十有六，書至者八十有二，不書至者
> 九十有四，因時君告廟不告廟也。」澄按：啖說取《左氏》義。
> 然天子、諸侯之行，其反必皆告廟，蓋人子出告反面之禮，不死
> 其親故也。歸而告廟亦常事爾，《春秋》何爲而書之乎？竊詳《穀
> 梁》傳義爲得經意。糾合諸侯，自齊桓始，幽、檉、首止、甯母
> 至葵丘八大會，魯君皆與，並不書至，《穀梁傳》曰：「桓會不至，
> 安之也。」得經意矣。淮之會，魯君爲齊所止，聲姜出會齊桓，
> 始得釋，以此知書至之爲危之也。……《穀梁》於襄公朝楚之傳
> 曰：「至自楚，喜之也。殆其往，而喜其反也。」澄故以爲得經意
> 也。〔註143〕

啖助依據《左傳》之說，以魯君返國書至爲告廟，不書至爲不告廟；吳澄表
示反對，而從《穀梁傳》之說，以書至爲經歷危險，不書至爲未經歷危險，
並認爲《穀梁傳》「得經意」。除此之外，賓禮如例、凶禮崩例、卒例尚有駁
啖助學派之說各一條，可見吳澄的立場仍不失客觀。

（三）主張「《春秋》之例，禮失者書」

吳澄云：

> 凡《春秋》之例，禮失者書。出于禮則入于法，故曰刑書也。〔註144〕

《春秋》所書之例爲禮失者，可見吳澄是將《春秋》當作匡正失禮的刑書來
看。如《春秋》襄公十五年春：「劉夏逆王后于齊。」嘉禮王后例云：

> 靈王之逆后，於禮蓋無失；然不使八命之公，乃使三命之士，是不
> 重嘉事也，《春秋》特書劉夏以譏焉。王之逆后雖非其人，而齊之歸
> 女無礙於禮，故不書歸。得禮者不書，失禮然後書，《春秋》凡事皆
> 然，非但昏禮一事爲然也。〔註145〕

既然認爲《春秋》所書皆爲失禮，所以《春秋纂言總例》天道、人紀及五禮
所列諸例，皆是以譏評非禮爲出發點。

〔註143〕〔元〕吳澄：《春秋纂言總例》，卷4，頁28。
〔註144〕〔元〕吳澄：《春秋纂言總例》，序，頁1。
〔註145〕〔元〕吳澄：《春秋纂言總例》，卷3，頁1。

吳澄譏評非禮，亦有糾正《左傳》者，如《春秋》僖公元年多十有二月丁巳：「夫人氏之喪至自齊。」《左傳》云：「夫人氏之喪至自齊，君子以齊人殺哀姜也，爲已甚矣，女子從人者也。」嘉禮魯夫人例云：

> 魯莊之父爲齊所殺，而又娶其女，則忍父昏嬲之罪奚啻數十倍於楚頃襄也哉！而方且飾桓宮、用覞幣，以夸富盛於齊女，魯莊之庸愚一至此。夫異日淫縱、弒逆之禍，殆勢之有所必至，齊桓殺之當矣，而《左氏》以爲「已甚」。甚哉！《左氏》之無識也。〔註146〕

吳澄認爲魯莊公夫人哀姜淫縱、弒逆，完全是莊公種下的禍因，而齊桓公大義滅親殺死哀姜，正是爲莊公與魯國主持公道，《左傳》反而責備齊國越權干涉太過分。吳澄譏諷《左傳》「無識」，可謂中的。

三、石光霽模式

明儒石光霽（？～1368年）爲張以寧（1301～1370年）的弟子。張以寧專治《春秋》，多所自得，所撰《春秋胡傳辨疑》三卷最爲辨博，已佚，「賴光霽能傳其說」〔註147〕；又撰《春秋春王正月考》一卷，「是書剖析精當，于開章之大義井如」〔註148〕。張以寧認爲，治《春秋》「必以書法爲首，而謂唐陸淳氏合啖、趙二子之說，去取三傳以爲《纂例》，不爲無見」〔註149〕。石光霽受到啓發，於是模擬《春秋啖趙集傳纂例》編撰《五禮類要》六卷，以二百四十二年之書法，彙而分之，萃而會之，俾原始要終，易於探討，但已佚；又因《五禮類要》文辭浩瀚，爲利初學，於是復掇要言大書以爲綱，采精義細書以爲目，作《春秋書法鈎玄》四卷，頗能傳承其師張以寧之學，書中所稱張氏即是張以寧。茲考述如下：

（一）取《春秋》事迹分屬五禮並別爲雜書法

石光霽取《春秋》事迹爲比例，歸納爲五綱一百六十四目：

1. 吉禮

書郊，書卜郊（附卜牛）、不郊，書免牲、免牛，書鼷鼠食郊牛角、鼷鼠

〔註146〕〔元〕吳澄：《春秋纂言總例》，卷3，頁5。
〔註147〕《四庫全書總目》，卷28，頁21。
〔註148〕見納蘭成德〈張翠屏春秋春王正月考序〉。〔明〕張以寧：《春秋春王正月考》（臺北：臺灣大通書局，1969年10月，《通志堂經解》，冊27），卷首，頁1。
〔註149〕見石光霽〈春秋鈎玄序〉。〔明〕石光霽：《春秋書法鈎元》（臺北：藝文印書館，1976年10月），卷首，頁3。

食郊牛，書牛傷、牛死，書猶三望，書大雩，書鼓用牲于社、歸脤（見嘉禮），書禘，書吉禘，書大事、有事，書嘗、烝，書繹，書公四不視朔、不告月、朝廟，書太廟、世室、宮，書考宮，書立宮，書新宮，書丹桓宮楹、刻桓宮桷，書宣榭，書從祀先公，書作主，書公即位、不書即位，書公至；凡二十四例。

2. 賓禮

書公朝于王所，書公如京師，書內臣如京師，書天王使王臣來聘，書來錫命、來賜命，書諸侯來朝、來聘，書公如齊、公如晉、內臣如齊、如晉，書公如齊至河乃復、公如晉至河有疾乃復，並使公子遂叔孫得臣如齊（附並會）、季孫斯仲孫何忌如晉，書會，書會戎、會狄，書盟、離盟、參盟、主盟，書同盟，書諸侯之大夫盟、大夫盟，書來盟，書涖盟，書及戎盟、及狄盟，書遇，書平，書胥命；凡二十例。

3. 軍禮

書從王伐，書王師敗績，書王人救，書伐，書伐我鄙（附侵我鄙），書伐我，書伐戰，書侵，書戰，書及某師戰，書來戰、往戰，書師敗績，敗而書以歸、滅、入（附并王臣書以歸），敗而書獲（附君滅），書敗某師，書取師（附取邑），書取田（附書疆田），書圍，書同圍，書入，書潰，書獻捷，書遷，書滅，書亡，書襲，書追，書戍，書納，書救，書次，書師，書師還，書棄師，書以師，書乞師，書會晉師，書初稅畝，書用田賦，書作丘甲，書作三軍、舍中軍，書治兵，書大閱，書蒐、狩，書焚，書城，書城中城，書築，書新，書新作，書墮、毀，書浚，書叛；凡五十三例。

4. 嘉禮

書逆王后，書王后歸，書逆王姬，書王姬歸，書納幣，書逆女，書內女歸，書送女，書覿用幣，書致女，書來媵，書夫人如，書夫人歸，書內女來歸、來歸內女，書子生，書饗，書歸脤；凡十七例。

5. 凶禮

書天王崩、葬某諡王，書王子卒，書王朝大夫卒、葬，書公薨於路寢、小寢、臺下、楚宮、高寢，葬我君，書雨不克葬，書子某卒、子卒，書內嫡夫人薨，葬我小君，妾母書夫人薨，葬我小君（妾母），書奔喪，書會葬，書外諸侯卒、葬，書舍、襚、賵、賻，書弒，書世子弒其君，書弒君及其大夫，

書執諸侯，書執用之，書執大夫，書刺，書殺其大夫，書戕，書誘殺，書殲，書放其大夫，書無麥苗，書大無麥禾，書有年、大有年，書譏、大譏，書大水，書大旱，書日有食之，書不雨，書大雨雹，書大雨雪、雨雪，書無冰，書震電、震，書恆星不見、星隕如雨，書隕霜，書隕石（附鷁退飛），書地震，書山崩，書火、災，書螟、蜚、蝝、雨蜮，書多麋、有蜚、有蜮、有鸛鵒來巢，書唁，書歸粟，書告糴；凡五十例。

此外，五禮括未盡者尚有「雜書法」六十一例、「雜書法拾遺」九例，從略。

石光霽所歸納的綱目甚為繁瑣，倍增於以往；且五禮例並未各為總論，異於張大亨與吳澄。以軍禮書遷例而言，石光霽以被遷者「宋人遷宿」之類三例、自遷者「邢遷于夷儀」之類七例屬辭比事，首先總言遷例：

> 胡氏：「徙其朝市曰遷。」愚按：「被人強遷曰遷之者，自願遷以避難曰遷者。」〔註150〕

所引為胡安國之說，並以「愚按」下以己意。其次釋被遷者例：

> 《公羊》：「遷之者何？非其意也。」《穀梁》：「遷者，亡詞也。其不地，不復見也。」啖子：「移其國於國中而為附庸。」趙子：「從而臣之，而曰『遷某』。」胡氏：「凡書遷，不再貶而罪自見矣。其曰『遷宿』者，宿非欲遷，為宋人之所遷也。……。」〔註151〕

所引為《公羊傳》、《穀梁傳》與啖助、趙匡、胡安國之說。其末釋自遷例：

> 《公羊》：「遷者何？其意也。」《穀梁》：「遷者，猶未失其國家以往者也。其地，復見也。」啖子：「或自請遷，或見強遷，皆為劉國，故不言『某人遷』之言。所遷之地，但言其移國都而已，非為附庸也。」趙子：「能以國遷，曰『某遷』。」愚按：凡以自遷為文，雖見強遷，亦己之所願也。〔註152〕

所引為《公羊傳》、《穀梁傳》與啖助、趙匡之說，亦以「愚按」下以己意。可見石光霽編輯體例相當支離，統整不足。

（二）釋例以三傳與胡安國、張以寧之說為主

石光霽屬辭比事以禮解經，凡例云：「所採之詞，以《左傳》、《公》、《穀》、

〔註150〕 〔明〕石光霽：《春秋書法鈎元》，卷3，頁64。

〔註151〕 〔明〕石光霽：《春秋書法鈎元》，卷3，頁64。

〔註152〕 〔明〕石光霽：《春秋書法鈎元》，卷3，頁64。

胡氏、張氏爲主；義或未備者，則採啖、趙諸儒確論以足之。」〔註153〕其中
所謂胡氏爲胡安國，由於明代科舉宗法程、朱，胡安國之學出於二程，爲時
儒所重，石光霽自亦多取以釋例；而張氏爲其師張以寧，引以釋例的分量最
多。其餘諸儒多僅稱其氏，大部分不知其何許人。又云：「諸儒之論與五傳不
合，而二說皆通者，具載以備參考；其間優劣則妄加折衷，而或先或後，各
隨其宜，難以例拘也。」〔註154〕其所謂「五傳」未見說明，疑指《左傳》、《公
羊傳》、《穀梁傳》、胡安國《春秋傳》、張以寧《春秋胡傳辨疑》。其實際論例
及折衷情形有十：

1. 諸儒之論與諸傳不合，而二說皆通者，具載以備參考

如嘉禮書內女歸例云：

> 內女之歸，胡氏謂合禮則常事不書，張氏謂尊同則書外逆女。胡氏
> 從《穀梁》謂逆者非卿則不書，張氏從啖子謂自逆得禮則不書，其
> 說皆通。〔註155〕

有關《春秋》逆女歸不書逆者的原因，《穀梁傳》與胡安國《春秋傳》認爲是
逆者非卿，啖助與張以寧認爲是諸侯自逆，二者的說法不合。但石光霽認爲
二說皆通，所以並列以備參考。

2. 諸儒之論與諸傳不合，雖二說皆通，但以諸儒爲長

如軍禮書乞師例云：

> 《公》、《穀》、胡氏謂「乞」乃聖人重師之筆，張氏謂「乞」乃諸侯
> 謙卑之詞，二說皆通，而後說切實。〔註156〕

對於《春秋》諸侯乞師書「乞」，《公羊傳》、《穀梁傳》與胡安國《春秋傳》
相同，而張以寧之說不同，石光霽認爲二說皆通，但張以寧之說爲長。

3. 諸儒之論與諸傳不合，雖亦可通，但以諸傳爲長

如賓禮書會例云：

> 殊會之義，胡氏謂《春秋》尊之、外之之辭，陳氏謂伯者尊世子、
> 尊吳之禮，二說皆通，而胡氏爲長。〔註157〕

〔註153〕〔明〕石光霽：《春秋書法鈎元》，卷首，頁5。
〔註154〕〔明〕石光霽：《春秋書法鈎元》，卷首，頁5。
〔註155〕〔明〕石光霽：《春秋書法鈎元》，卷4，頁92。
〔註156〕〔明〕石光霽：《春秋書法鈎元》，卷3，頁74。
〔註157〕〔明〕石光霽：《春秋書法鈎元》，卷2，頁40。

按《春秋》僖公五年夏：「公及齊侯、宋公、陳侯、衛侯、鄭伯、許男、曹伯會王世子于首止。」成公十五年冬十一月：「叔孫僑如會晉士燮、齊高無咎、宋華元、衛孫林父、鄭公子鰌、邾人，會吳于鍾離。」其中第一條將王世子列於最末，第二條會諸侯又會吳，稱為「殊會」。陳氏之說與胡安國《春秋傳》不同，石光霽認為二說皆通，但胡安國之說為長。

4. 諸儒之論與諸傳不合，以諸儒為是

如軍禮書城中城例云：

> 《公》、《穀》、胡氏謂不與〔註158〕專封，諸儒非之，是矣。〔註159〕

《春秋》僖公二年春正月：「城楚丘。」《公羊傳》、《穀梁傳》與胡安國《春秋傳》皆認為《春秋》書此事是因為不贊成諸侯專權封邑，但諸儒持反對意見，石光霽認為諸儒的意見是正確的。

5. 諸儒之論與諸傳皆不相合，姑載以備一說

如軍禮書以師例云：

> 胡氏：「以弱假強而能左右之，曰『以』。」又曰：「師而曰『以』者，能左右之以行己意也。」……《穀梁》：「『以』者，不以者也。」……
> 附辨：不用己師而用彼師，曰「以」。趙子：「宋但用齊、蔡等兵，而不自交鋒；柏舉之戰，吳、楚自戰，而蔡不交鋒。」愚按：此與諸傳皆異，姑載以備一說。〔註160〕

按《春秋》僖公二十六年冬：「公以楚師伐齊。」桓公十四年冬十二月：「宋人以齊人、衛人、蔡人、陳人伐鄭。」定公三年冬十一月庚午：「蔡侯以吳子及楚人戰于柏舉。」《穀梁傳》、胡安國《春秋傳》與趙匡三者對於經文「以」字的釋義皆不同，石光霽姑載以備一說。

6. 諸傳不相合，而二說皆通

如賓禮書從祀先公例云：

> 《公羊》：「從祀，順祀也。」……《左氏》：「五人，因陽貨欲去三桓，順祀先公而祈焉，禘於僖公。」……胡氏：「昭公始得從祀於太廟，其事雖順，其情則逆。」……愚按：胡氏與三傳異，然二說皆通。〔註161〕

〔註158〕「不與」，原作「不予」。按《公羊傳》、《穀梁傳》皆作「不與」，據正。
〔註159〕〔明〕石光霽：《春秋書法鈎元》，卷3，頁82。
〔註160〕〔明〕石光霽：《春秋書法鈎元》，卷3，頁73。
〔註161〕〔明〕石光霽：《春秋書法鈎元》，卷2，頁32。

按《春秋》定公八年冬：「從祀先公。」有關「從祀」二字的意義，《公羊傳》、《穀梁傳》與《左傳》皆認為「從祀」是順祀，將魯文公的「逆祀」恢復正常；胡安國《春秋傳》則認為「從祀」是順應情勢，而將魯昭公入祀太廟。石光霽認為二說皆通。

7. 諸傳不相合，雖二說皆通，但以其一為長

如軍禮書敗某師例云：

> 內敗某師，《左氏》則曰未陳，胡氏則曰詐戰，是內外一例也。《穀梁》則曰：「內不言戰，舉其大者。」謂言敗則戰可知，是內外異文也。二說皆通。然考經文內之勝外，無有戰、敗並書，異於外之書敗者，則《穀梁》之說似稍密矣。〔註162〕

《春秋》有書戰者，有書敗者。《左傳》與胡安國《春秋傳》認為書戰、書敗並無內外之分；《穀梁傳》則認為對內言敗，對外言戰。石光霽認為二說皆通，但《穀梁傳》之說為長。

8. 諸傳不相合，而辨正其是非

如吉禮書猶三望例云：

> 三傳皆不以三望為非禮，李氏非之，是矣。惟胡氏得之，故曰：「猶者，可以已之辭。」言當已而不已也。〔註163〕

按《春秋》僖公三十一年夏四月：「四卜郊不從，乃免牲，猶三望。」三傳以四卜郊為非禮，至於三望是否非禮則略而不論；唯有胡安國《春秋傳》以三望為非禮。石光霽辨正胡安國之說為是，三傳為非。

9. 諸傳皆可疑，而辨正之

如軍禮書師敗績例云：

> 不書敗，諸傳皆以為內諱敗，言戰乃敗矣。竊〔註164〕嘗疑之，若然，則乾時何獨書「我師敗績」乎？……妄意書戰不書敗有二義焉：一則勝負微，不足紀也；一則勝負敵，難並見也。〔註165〕

《公羊傳》、《穀梁傳》與胡安國《春秋傳》皆認為《春秋》為魯君諱，所以內戰不書敗；但《春秋》莊公九年秋八月庚申「及齊師戰于乾時，我師敗績」，與例不合，石光霽認為可疑，於是提出二義而辨正之。

〔註162〕 〔明〕石光霽：《春秋書法鈎元》，卷3，頁58。
〔註163〕 〔明〕石光霽：《春秋書法鈎元》，卷2，頁27。
〔註164〕 「竊」，原作「切」，疑誤。
〔註165〕 〔明〕石光霽：《春秋書法鈎元》，卷3，頁56。

10. 諸傳無說，而下以己意

如嘉禮書放其大夫例云：

> 楚放陳招，五傳無說。妄意招殺世子，戮之可也，而止放焉，失刑
> 矣。〔註166〕

按《春秋》昭公八年春：「陳侯之弟招殺陳世子偃師。」同年冬十月壬午：「楚
師滅陳，執陳公子招，放之于越。」陳公子招因殺世子而遭楚國放逐，五傳
均無說；石光霽認為刑罰太輕（失刑），於是下以己意。

（三）主張《春秋》「因失禮而書」

石光霽云：

> 《春秋》一經，往往因失禮而書，以示譏貶，出乎禮則入乎《春秋》
> 也。〔註167〕

此說與吳澄雷同。但吳澄所謂「出于禮則入于法」的「禮」，是指禮儀制度而
言，並將《春秋》當作匡正失禮的刑書；而石光霽所謂「出乎禮則入乎《春
秋》」的「禮」，則偏向指《周禮》一書而言，因此在編撰《春秋書法鈎玄》
時，「猶慮初學未聞五禮條目，復載《周禮》經注，使知其槩云」〔註168〕。
至於石光霽將《春秋》的作用定位於道德上的譏貶，意義上等同於刑書，如
賓禮書諸侯來朝、來聘例云：

> 胡氏：「凡大國來聘，小國來朝，一切書而不削，皆所以示譏。」《周
> 禮》行人：「凡諸侯之邦交，間相問，殷相聘，世相朝也。」然謂之
> 殷，則得中而不過；謂之世，則終諸侯之世而一相朝，其為禮亦節
> 矣。周衰，典制大壞，無禮義之交，惟強弱之視，或來朝而不報其
> 禮，或屢往而不納以歸，無合於中聘世朝之制矣。且列國於天子述
> 所職者，蓋闕如也，而自相朝聘可乎？〔註169〕

依據《周禮》，諸侯每年相問一次，十二年相聘一次，一生相朝一次。但周衰
之後，諸侯邦交禮儀制度大壞，甚至不向天子述職，諸侯來朝、來聘皆與禮
儀制度不合，所以胡安國認為《春秋》書而不削，目的在示譏。又如賓禮書
會例云：

〔註166〕〔明〕石光霽：《春秋書法鈎元》，卷4，頁112。
〔註167〕〔明〕石光霽：《春秋書法鈎元》，卷首，頁5。
〔註168〕〔明〕石光霽：《春秋書法鈎元》，卷首，頁5。
〔註169〕〔明〕石光霽：《春秋書法鈎元》，卷2，頁37。

> 胡氏:「凡書會,皆譏也,謂非王事而相會聚耳。」《周禮》行人:「時
> 會以發四方之禁。」此謂非時而會諸侯,以禁止天下之不義也,列
> 國何爲而有此名？〔註170〕

依據《周禮》,諸侯相會屬於王事,必須以時而會,並由大行人掌管。但《春
秋》諸侯相會爲自作主張,皆非王事,與禮儀制度不合,所以所書皆譏。

第三節　即經類事類

宋儒葉夢得（1077～1148 年）〈春秋傳序〉云:

> 《左氏》傳事不傳義,是以詳於史,而事未必實,以不知經故也;《公
> 羊》、《穀梁》傳義不傳事,是以詳於經,而義未必當,以不知史故
> 也。〔註171〕

此說藉由傳事或傳義的不同,將《左傳》與《公羊傳》、《穀梁傳》再度分流。
雖然葉夢得認爲,《左傳》所傳的事未必實,《公羊傳》與《穀梁傳》所傳的
義未必當,具有另外一番見解,但對於三傳的定位,影響至鉅;尤其對於《左
傳》而言,強調其傳事不傳義,無異於將其定位爲史學著作,在經學領域內
只能扮演輔助解經的角色。

《春秋》即經類事類成立的條件有二:一是屬辭的部分,捨傳即經,不
依賴傳文;二是比事的部分,則是將《春秋》事迹結合三傳所傳的事,排比
歸納成例。所以即經類事是以經文爲主,兼顧經文的事與義;而對於三傳的
事與義則是分別處理的,只比其事以成例,未必採其義,且取材範圍不限於
《左傳》,亦包括《公羊傳》與《穀梁傳》在內。此類著作主要有宋儒張大亨
《春秋通訓》十六卷與沈棐《春秋總論》二十卷,爰依序考述如下。

一、張大亨模式

宋儒張大亨（生卒年不詳）的春秋學著作,除了前揭五禮會要類的《春
秋五禮例宗》十卷之外,尚有即經類事類的《春秋通訓》十六卷。《永樂大典》
所載《春秋通訓》十六卷,以魯十二公各自爲卷,其中隱公、莊公、襄公、
昭公又自分上、下卷;《四庫全書》收錄時,以「每卷篇頁無多,病其繁碎」,

〔註170〕 〔明〕石光霽:《春秋書法鈎元》,卷 2,頁 39。
〔註171〕 〔宋〕葉夢得:〈春秋傳序〉,《春秋傳》（臺北:臺灣大通書局,1969 年 10
　　　　月,《通志堂經解》,冊 21）,卷首,頁 2。

於是併爲六卷，以便省覽〔註172〕。《春秋五禮例宗》與《春秋通訓》皆以比例模式解經，但分類不同，爰分別討論。

張大亨作《春秋通訓》的動機，主要因爲不滿啖助學派「以例爲主」、「拘於繩約」，遇有與例不合者，則「依仿遷就以通之，或一事析爲數科，或眾科束爲一例，致經之大旨蕪沒不彰，聖所垂訓乖離失當」；再加上啖助學派的著作篇帙過於龐大，造成「後學病其多，老師畏其難，此道幾於熄矣」。張大亨受到蘇軾的啓發，提出的解決對策是「去例以求經，略微文而視大體」。所謂「略微文而視大體」，是不死抱著經文，須效法《左傳》「因事發凡，不專爲經」；而所謂「去例以求經」，不是廢除經例，而是效法《左傳》「依經以比事，即事以顯義，不專爲例」。如此，《春秋通訓》便成爲一部「不專爲經」、「不專爲例」，且「以義視事」、「以事求經」的著作〔註173〕。

張大亨云：「是故《通訓》之作，事與經同則引事以釋經，例與義合則假例以明義；經雖不同而事同則相從，例雖不合而義合則相比。庶幾經非空言，例非執一。」〔註174〕至其例目則須參照《春秋五禮例宗》。茲就其義法考述如下：

（一）事與經同則引事以釋經

按《春秋》隱公元年春三月：「公及邾儀父盟于蔑。」桓公十五年夏：「許叔入于許。」桓公十七年秋八月：「蔡季自陳歸于蔡。」莊公三年秋：「紀季以酅入于齊。」莊公二十三年春：「祭叔來聘。」莊公二十三年夏：「蕭叔朝公。」凡六條，前四條《左傳》所傳的事皆與經同，後二條《左傳》有經無傳，張大亨引事以釋經，云：

> 《禮》：列國及寰內之君未賜爵，視天子之元士，以君其國。列國之未賜者，許、蔡是也；附庸之未賜者，邾、酅、蕭是也；寰內之未賜者，祭是也。是皆天子命之國而未命之爵者也，以視諸侯則未爵，以視卿大夫則有國者也，於是以字通于《春秋》。蓋諸侯子、男而上以爵爲尊，其卿大夫以名爲正，故未命之君以字通也。〔註175〕

〔註172〕《四庫全書總目》，卷27，頁6。
〔註173〕見張大亨〈春秋通訓後敘〉。〔宋〕張大亨：《春秋通訓》（臺北：臺灣商務印書館，1986年7月，《景印文淵閣四庫全書》，冊148），卷6，頁36～37。
〔註174〕見張大亨〈春秋通訓後敘〉。〔宋〕張大亨：《春秋通訓》，卷6，頁37。
〔註175〕〔宋〕張大亨：《春秋通訓》，卷1，頁4～5。

依據《禮記·王制》的規定，列國及寰內的國君既經天子賜國而未賜爵，視同天子的元士。擴而言之，若經天子賜爵，則應視同諸侯書其爵；若未經天子賜國，則應視同卿大夫書其名；若經天子賜國而未賜爵，既不可視同卿大夫書其名，亦不可視同諸侯書其爵，只可書其字，視同天子的元士。所以以上經文所列郳、許、蔡、紀、祭、蕭六國國君皆書其字，表示經天子賜國而未賜爵。

（二）例與義合則假例以明義

按《春秋》莊公元年冬：「王使榮叔來錫桓公命。」文公元年夏：「天王使毛伯來錫公命。」成公八年秋七月：「天子使召伯來賜公命。」凡三條，爲來錫例，張大亨假例以明義，云：

> 諸侯有天子之命，然後爲君，雖以世子繼立，王必命之，然後定位，此治世之法也。王道衰，諸侯篡竊自立，不皆命于天子，天子亦皆就命之，魯閔、宣之類是也。間有立得其正，王亦從而命之，如魯之文、成者，雖非治世，《春秋》錄焉，所以明正始之道，定天下國家之本也。獨桓公弒君而得位，王不能討，既死又追命之，此何法邪？夫君以出命爲重者也，出之不當，則自輕其命；臣以受命爲榮者也，受之非正，則自貽其辱。以此見莊王不明，而桓公之罪爲不沒也。〔註176〕

周天子賜命諸侯，代表承認諸侯繼位爲國君的合法性。如上列第二、三條，魯文公、成公即位時，周襄王、定王分別派遣毛伯、召伯來賜命，皆無疑義。但第一條魯桓公是弒君而自立，當時未得到周桓王賜命；桓公去世後，卻得到周莊王追加賜命。所以張大亨假藉來錫例，闡明天子賜命諸侯必須慎重才不會自貽其辱的義理。

（三）經雖不同而事同則相從

按《春秋》莊公元年冬：「齊師遷紀郱、鄑、郚。」莊公三年秋：「紀季以酅入于齊。」莊公四年春三月：「紀伯姬卒。」夏：「紀侯大去其國。」六月乙丑：「齊侯葬紀伯姬。」莊公十二年春三月：「紀叔姬歸于酅。」莊公二十九年冬十二月：「紀叔姬卒。」莊公三十年秋八月癸亥：「葬紀叔姬。」凡八條，經雖不同，但皆爲紀亡之事，張大亨云：

〔註176〕 〔宋〕張大亨：《春秋通訓》，卷3，頁2～3。

> 齊遷三邑，鄣又入齊，則紀亡矣。不曰紀亡者，其都未泯，其君未
> 去也。紀侯大去其國，然後紀亡；紀亡，而二姬猶繫之紀者，其祀
> 不亡也。紀祀不亡，則季之國何以名鄣？曰：季析侯國而爲附庸，
> 以鄣君而奉紀祀者也。是故侯雖失紀，而不謂之亡；紀雖無國，而
> 不謂之滅；鄣雖入齊，而不謂之遷；齊雖得紀，而不謂之取；紀雖
> 屬齊，而不謂之降也。〔註177〕

這一段文字在說明紀雖亡於齊，但紀侯大去其國之前，其都未泯，其君未去；
紀侯大去其國之後，其弟紀季猶奉紀祀，其祀不亡，所以《春秋》不書紀亡。
上列經文八條即因事同而相從。

（四）例雖不合而義合則相比

按《春秋》桓公五年冬：「州公如曹。」桓公六年春正月：「寔來。」莊
公四年夏：「紀侯大去其國。」凡三條。但前二條實同一條，爲如至例；後一
條則爲滅亡遷例。張大亨云：

> 紀侯迫于齊，使其季事齊，而己去之，民之從者四年而後畢，紀於
> 是復見，合乎太王之所謂去也。州公迫于杞，委其國于杞，而己託
> 於諸侯，民無從之者，州是以不復見，異乎孟子之所謂守也。此《春
> 秋》所以賢紀而下州也。〔註178〕

紀侯去國，而使其弟紀季事齊，以奉紀祀。周公去國，而委國於杞，棄民不
顧。二例雖不合，但皆闡釋國君有守宗廟社稷的責任，所以義合而相比。

張大亨之學出於蘇軾，治《春秋》以《左傳》爲主，故其議論宗旨亦近蘇軾。

二、沈棐模式

另一部即經類事的著作是《春秋總論》二十卷，作者佚名，南宋陳亮（字
同父）（1143～1194年）更改書名爲《春秋比事》，並序：「或曰是沈文伯之所
爲。」〔註179〕（沈棐字文伯，生卒年不詳）但宋儒陳振孫（約 1183～1262
年）《直齋書錄解題》質疑非沈棐所作〔註180〕。一說《春秋比事》作者爲南宋

〔註177〕〔宋〕張大亨：《春秋通訓》，卷3，頁3～4。
〔註178〕〔宋〕張大亨：《春秋通訓》，卷2，頁8。
〔註179〕見陳亮〈春秋比事序〉。〔宋〕沈棐：《春秋比事》（臺北：臺灣商務印書館，
1986年7月，《景印文淵閣四庫全書》，冊153），卷首，頁1。
〔註180〕陳振孫《直齋書錄解題》云：「按湖有沈文伯，名長卿，號審齋居士，爲常州
倅，忤秦檜，貶化州，不名棐也，不知同父何以云然，豈別有名棐而字文伯
者乎？然則非湖人也。」〔宋〕陳振孫：《直齋書錄解題》，卷3，頁63。

劉朔〔註 181〕（1127～1170 年），但《四庫全書》「以陳亮去棐世近，姑從所序，仍著棐名」〔註 182〕。二說之《春秋比事》是否爲同一部著作，作者究竟爲誰，有待進一步辨證；而臺灣現有《春秋比事》僅存《四庫全書》鈔本，無其他版本可稽，姑從《四庫全書》之說，以作者爲沈棐。茲考述如下：

（一）以例見事迹始末

沈棐《春秋比事》二十卷，「其書前以諸國類次；後以朝聘、征伐、會盟，事迹相近者，各比例而爲之說」〔註 183〕。但其編輯體製稍欠嚴整，概分爲二部分：

1. 諸國事例部分

首論周天子，以下依序爲、魯、晉、齊、宋、鄭，論其世家、諸公與大夫。如魯隱公事例有「攝位非正」、「及宋鄭仇好」、「事齊伐邾」、「與戎盟會」、「受聘不朝」、「始失禮」，其中「受聘不朝」云：

> 《周官》：「時聘以結諸侯之好。」則天子故有聘問之禮。然諸侯
> 四時述職，莫敢怠遑，故天子行聘於諸侯，所以答其誠意，而通
> 上下之情耳。隱公在位十一年，未聞一至京師，以脩朝覲之禮；
> 而天王來聘者二，七年凡伯，九年南季，以魯爲周之宗親，世秉
> 周禮。賢如隱公，且不能率先諸侯，盡尊王之義，吁！周室其衰
> 矣乎！〔註 184〕

春秋時代周室衰微人人皆知，但沈棐藉由即經類事，首次指出周天子曾兩度來聘而魯隱公受聘不朝，賢如隱公卻不能作諸侯尊王的表率，此一事例別具意義，堪稱重大的發現。

〔註 181〕據清儒陸心源（1834～1894 年）考證，《春秋比事》作者爲劉朔，而非沈棐，云：「都穆《聽雨記談》據譚卿月〈序〉，以爲劉朔撰。《四庫》所據本無譚〈序〉，故提要著錄仍題沈棐名。此本譚〈序〉祗存末三行，但以『頃得劉氏家本，特表而出之』二語証之，必以爲劉朔作。攷劉朔爲後村之祖，《後村集》有二大父遺文，跋云：『麟臺公殁于信安傳舍中，故遺稿尤少，有《春秋比事》二十卷，別爲書。』與譚卿月之言合，則此書信爲劉朔作矣。……同甫所見之本，並無撰人姓名，〈序〉稱『或曰沈文伯之所爲』，亦未定爲文伯作也，直齋乃始誤會，當改題劉朔名爲是。」〔清〕陸心源：〈春秋比事跋二〉，《儀顧堂續跋》（臺北：廣文書局，1968 年 3 月），卷 3，頁 2～3。
〔註 182〕《四庫全書總目》，卷 27，頁 20。
〔註 183〕《四庫全書總目》，卷 27，頁 20。
〔註 184〕〔宋〕沈棐：《春秋比事》，卷 3，頁 3。

2. 總事例部分

大致歸納爲蒐狩、築城、獻捷、田邑、郊、雩、禘、烝嘗、逆祀從祀、宗廟、宮室、正朔、書即位不書即位、盟、會、朝聘、侵伐、戰、救平、遂次、外裔諸例，如會例列舉公會一國、稱會公、內大夫會一國、霸主會、諸侯大會、諸侯散會、外大夫會、會楚、會吳、如會、夫人及內女會，其中「稱會公」云：

> 言會公者，皆公會在外，初無會期而要會之也。文十三年「衛侯會公于沓」、「鄭伯會公于棐」，是時公朝于晉，於始往也，衛侯要會于沓；及其歸也，鄭伯要會于棐。夫諸侯私會亦已非禮，況初無會期，因其往來於晉而要之於道，以脩交際之禮乎！《左》謂衛、鄭二公請平于晉，公皆成之。杜謂鄭貳楚，有畏於晉，故因公請平會以求之。理或然也。〔註185〕

沈棐藉由經文「衛侯會公于沓」、「鄭伯會公于棐」屬其辭，結合《左氏》比其事，指出衛、鄭二國國君私會魯文公，已屬非禮，尤其是在魯文公朝晉途中邀會，所以是不合禮的事例。

（二）以傳考經之事迹，以經別傳之真僞

程頤看《春秋》是「以傳考經之事迹，以經別傳之眞僞」〔註186〕，沈棐看《春秋》亦是如此：

1. 以傳考經之事迹

如侵例「大夫侵」云：

> 成六年：「仲孫蔑、叔孫僑如帥師侵宋。」按《左氏》：「同盟蟲牢，諸侯復謀會，宋人辭以子靈之難。」是年：「衛孫林父侵宋，以其辭會也。」「子叔聲伯如晉，命伐宋。」秋：「孟獻子、叔孫宣伯侵宋，晉命也。」攷之經，無宋叛晉之文；而魯、宋、衛方同盟蟲牢，亦無嫌隙。則魯、衛連兵侵宋，似爲晉故，《左》說疑然也。〔註187〕

《春秋》成公五年各國諸侯同盟於蟲牢，翌年衛、魯卻接連派兵侵宋，原因不明。沈棐以《左傳》考之，原來諸侯同盟於蟲牢之後，欲再召開諸侯大會，

〔註185〕〔宋〕沈棐：《春秋比事》，卷13，頁5～6。
〔註186〕見《河南程氏遺書‧伊川雜錄》。〔宋〕朱熹：《河南程氏遺書》（臺北：漢京文化事業，1983年9月，《二程集》），卷22上，頁279。
〔註187〕〔宋〕沈棐：《春秋比事》，卷15，頁3～4。

但宋國以發生公子圍龜（子靈）之亂爲由，表示無法參加，晉國認爲宋國背叛了蟲牢之盟；翌年衛、魯受到晉國的壓力，即接連派兵侵宋。《左傳》之說彌補了經文的空白，沈棐判斷應該是可信的。

2. 以經別傳之真偽

如會例「公會一國」云：

> 隱九年：「公會齊侯于防。」《左》謂：「請伐宋也。」蓋經自六年公
> 與齊侯結艾之盟，七年齊侯使其弟年來聘，故九年會防，是時魯、
> 鄭交好已久，則公爲是會，蓋爲鄭謀伐宋也。十年中邱之會，伐宋
> 之役，齊、鄭皆與，則《左氏》之說信矣。〔註188〕

《春秋》隱公九年魯君與齊君相會於防邑，《左傳》稱會中魯君請求齊君伐宋。《左傳》之說真僞如何呢？沈棐藉由經文比其事，發現魯、齊兩君相會之時，魯、鄭交好已久，魯、齊兩君相會之後，每次伐宋之役鄭國皆參與，魯君邀會齊君的目的，是爲鄭謀伐宋，所以判斷《左傳》之說是真實的。

但「以經別傳之真僞」不限於《左傳》，三傳皆然。如魯隱公「攝位非正」云：

> 三傳皆稱公遜桓之志。今攷之經，人君繼立，當書即位，以正其始，
> 而公之元年不書即位；入國必告廟，行飲至之禮，而入不書至；凡
> 國之大夫鮮有不稱族者，說者謂：「隱不爵命大夫，故經稱無駭、翬、
> 俠三大夫皆不稱族。」此皆隱公志在遜桓，而不以人君之禮自居也。
> 五年書「考仲子之宮」，說者謂：「仲子，桓公母也。」隱既有授桓
> 之志，故爲桓立母之別廟，成其爲夫人。以此考之，則三傳遜桓之
> 說信矣。〔註189〕

三傳皆稱魯隱公有讓位予桓公的心志，真僞如何呢？沈棐藉由經文比其事，發現四項證據：一是隱公元年不書即位，二是隱公返國不書至，三是隱公任用的大夫不稱族，四是隱公爲桓公之母立夫人廟，所以判斷三傳之說是真實的。

按陳亮（1143～1194年）獲讀《春秋總論》（《春秋比事》原名）時，「灑然有當於心」，認爲「雖其論未能一一中的，而即經類事以見其始末，使聖人

〔註188〕 〔宋〕沈棐：《春秋比事》，卷13，頁2。
〔註189〕 〔宋〕沈棐：《春秋比事》，卷3，頁1。

之志可以捨傳而獨攷，此其爲志亦大矣」〔註 190〕。《四庫全書總目》亦稱其「持論頗爲平允」〔註 191〕，大致不差。

第四節　筆削示義類

　　《史記‧孔子世家》云：孔子「爲《春秋》，筆則筆，削則削，子夏之徒不能贊一辭。」〔註 192〕孔子筆削《春秋》，當是西漢以前普遍流傳的說法，而爲司馬遷記錄下來。三傳義例模式對於經文隻字片言的差異都非常重視，認爲其中寓含筆削大義，並以義例昭示褒貶；但比例模式對此說有所修正，反對三傳標舉褒貶義例。

　　以比例模式闡釋《春秋》筆削大義者，主要有元儒趙汸與清儒方苞二人，依序考述如下。

一、趙汸模式

　　元儒趙汸（1319～1369 年）專攻《春秋》、《易》象之學，現存《春秋》學方面的著作，有《春秋集傳》十五卷、《春秋師說》三卷、《春秋左氏傳補注》十卷、《春秋金鎖匙》一卷、《春秋屬辭》十五卷，多遵其師黃澤（1260～1346 年）之說。

　　趙汸說過一段非常重要的話：

　　　　《春秋》隨事筆削，決無凡例，前輩言此亦多。至丹陽洪氏之説
　　　　出，則此件公案不容再舉矣，其言曰：「《春秋》本無例，學者因
　　　　行事之迹以爲例；猶天本無度，歷家即周天之數以爲度。」此論
　　　　甚當。〔註 193〕

所引宋儒洪興祖《春秋》本無例之說，爲趙汸治《春秋》的基本態度；而所謂《春秋》「決無凡例」，即凡例屬史例，目的在糾正杜預誤以史例爲經例。茲考述其解經模式如下：

〔註 190〕見陳亮〈春秋比事序〉。〔宋〕沈棐：《春秋比事》，卷首，頁 1。
〔註 191〕《四庫全書總目》，卷 27，頁 20。
〔註 192〕〔漢〕司馬遷、〔宋〕裴駰集解：《史記》（臺北：藝文印書館，2005 年 2 月），卷 47，頁 26。
〔註 193〕〔元〕趙汸：〈與朱楓林先生允升學正書〉，《東山存稿》（臺北：臺灣商務印書館，1986 年 7 月，《景印文淵閣四庫全書》，冊 1221），卷 3，頁 41～42。

（一）以經文與史家記載之法，考先王經世之志

趙汸認為，聖人制作《春秋》的本意在經世，如〈春秋集傳序〉云：

《春秋》，聖人經世之書也。〔註194〕

此說出自《莊子·齊物論》：「《春秋》經世先王之志，聖人議而不辯。」〔註195〕聖人制作《春秋》的目的，是藉以表達經世之志，而不在辯正是非。但孔子去世、微言既絕之後，《春秋》大義往兩個方向發展：第一個方向是「自議而為譏刺，自譏刺而為褒貶，自褒貶而為賞罰」〔註196〕；因學者有「厭其深刻者」，於是出現第二個方向，「為實錄之說以矯之」〔註197〕。《春秋》雖有譏刺、褒貶、賞罰，亦是一部實錄，但往這兩個方向發展都是不正確的，因為輕忽了《春秋》有經世之志，以致「先王經世之志荒矣，此君子所謂虛辭者也」〔註198〕。

然而輕忽《春秋》有先王經世之志，三傳學者都有責任。《左傳》學者探討的是魯史《春秋》，「常主史以釋經」，而「不知筆削之有義」；《公羊傳》與《穀梁傳》學者雖是「據經以生義」，卻「不知其文則史」。後世的學者無所師承，所以出現三種類型：第一種類型是固守一家而批評別家，所以「主《左氏》則非《公》、《穀》，主《公》、《穀》則非《左氏》，二者莫能相一」；第二種類型是兼取三傳，但其弊病是「臆決無據，流遁失中」；第三種類型是盡舍三傳，直探經文，但其弊病是「分異乖離，莫知統紀」。以上三種類型的學者，「使聖人經世之道闇而不明，鬱而不發」〔註199〕。補救之道，「必須兼考史家記載之法，不可專據經文」〔註200〕。於是趙汸著《春秋集傳》以明聖人經世之志，又著《春秋屬辭》以詳筆削之權，自謂「二書相表裏，而後《春秋》之旨方完」〔註201〕，使學者「必知策書之例，然後筆削之義可求，筆削之義既明，則凡以虛辭說經者，其刻深辯急之說皆不攻而自破。」〔註202〕

〔註194〕〔元〕趙汸：〈春秋集傳序〉，《春秋集傳》（臺北：臺灣大通書局，1969 年 10月，《通志堂經解》，冊 25），卷首，頁 1。

〔註195〕〔清〕郭慶藩：《莊子集釋》（臺北：華正書局，1987 年 8 月），卷 1 下，頁 83。

〔註196〕〔元〕趙汸：《春秋屬辭》，卷首，頁 2。

〔註197〕〔元〕趙汸：《春秋屬辭》，卷首，頁 2。

〔註198〕〔元〕趙汸：《春秋屬辭》，卷首，頁 2。

〔註199〕〔元〕趙汸：〈春秋集傳序〉，《春秋集傳》，卷首，頁 3。

〔註200〕〔元〕趙汸：《春秋師說》（臺北：臺灣大通書局，1969 年 10 月，《通志堂經解》，冊 26），卷上，頁 8。

〔註201〕見倪尚誼〈春秋集傳後序〉。〔元〕趙汸：《春秋集傳》，卷末，頁 2。

〔註202〕〔元〕趙汸：〈春秋集傳序〉，《春秋集傳》，卷首，頁 7。

（二）以《左傳》不書之例，考《春秋》所存策書之大體

按《孟子·滕文公下》引孔子曰：「知我者，其惟《春秋》乎！罪我者，其惟《春秋》乎！」〔註203〕趙汸據此認爲，聖人「襃貶以千萬世人心之公而已，聖人何容心哉！……故知《春秋》存策書之大體」〔註204〕，乃於《春秋屬辭》歸納「策書之大體」計一百三十一類，如第十類「大雩不時」，其中列舉《春秋》「大雩」二十條、「又雩」一條，云：

> 《傳》曰：「凡祀，啓蟄而郊，龍見而雩，始殺而嘗，閉蟄而烝，過則書。」實魯史舊法。《公羊傳》於桓八年正月「烝」，發「常事不書」之例，義與此同，而誤以爲筆削之旨。今考「獲麟」後一書「秋八月大雩」，而郊廟常祀皆不書，不待聖人然後削之也。〔註205〕

孔子去世於魯哀公十四年之後，但《春秋》「秋八月大雩」見於《左傳》所引哀公十五年經文，且哀公十五年之後仍未見記載郊廟常祀之事，可知《春秋》不書郊廟常祀非孔子所削，書「大雩」亦非孔子所筆，與《公羊傳》所謂《春秋》「常事不書」無關，而是屬於「策書之大體」。

趙汸確定「《春秋》存策書之大體」之後，即進一步認爲「《左氏》書首所載不書之例皆史法」〔註206〕，於是歸納策書之例有十五：1.「君舉必書，非君命不書。」2.「公即位不行其禮不書。」3.「納幣、逆夫人、夫人至、夫人歸，皆書之。」4.「君夫人薨，不成喪不書葬，不用夫人禮則書卒。君見弑則諱而書薨。」5.「適子生則書之，公子大夫在位書卒。」6.「公女嫁爲諸侯夫人、納幣、來逆、女歸、娣歸、來媵、致女、卒葬、來歸，皆書。爲大夫妻，書來逆而已。」7.「時祀、時田，苟過時、越禮則書之。軍賦、改作、踰制，亦書於策。」8.「諸侯有命，告則書。崩卒不赴則不書，禍福不告亦不書。雖及滅國，滅不告敗，勝不告克，不書於策。」9.「雖伯主之役令，不及魯亦不書。」10.「凡諸侯之女行，惟王后書；適諸侯，雖告不書。」11.「諸侯之大夫奔，有玉帛之使則告，告則書。」12.「凡天子之命，無不書。王臣有事爲諸侯，則以內辭書之。」13.「大夫已命，書名氏；未命，書名。微者，名氏不書，書其事而已。外微者書人。」14.「將尊師少稱將，將卑師眾稱師，

〔註203〕〔宋〕孫奭：《孟子注疏》（臺北：大化書局，1982年10月，《十三經注疏》本），卷6下，頁50。

〔註204〕〔元〕趙汸：〈春秋集傳序〉，《春秋集傳》，卷首，頁7。

〔註205〕〔元〕趙汸：《春秋屬辭》，卷2，頁8。

〔註206〕〔元〕趙汸：〈春秋集傳序〉，《春秋集傳》，卷首，頁3。

將尊師眾稱某帥師，君將不言帥師。」15.「凡天災、物異，無不書。外災，告則書之。」

以上十五者爲策書之例〔註207〕，1 至 7 是「史氏之錄乎內者也」，8 至 11 是「史氏之錄乎外者也」，12 至 15 是「史氏之通錄乎內外者也」〔註208〕。

（三）以屬辭比事，考孔子筆削之義

既然掌握了策書之例，但孔子筆削之義何在呢？趙汸認爲在「屬辭比事」，「此屬辭比事所以爲《春秋》之教，不得與五經同也」〔註209〕。於是以屬辭比事考孔子筆削之義：

1.「存策書之大體」〔註210〕

趙汸《春秋屬辭》將「策書之大體」歸納爲一百三十一類，若按其性質則大致包括十九種：「曰天道」、「曰王事」、「曰土功」、「曰公即位」、「曰逆夫人夫人至世子生」、「曰公夫人外如」、「曰薨葬」、「曰孫」、「曰夫人歸」、「曰內女卒葬」、「曰來歸」、「曰大夫公子卒」、「曰公大夫出疆」、「曰盟會」、「曰出師」、「曰國受兵」、「曰祭祀蒐狩越禮軍賦改作踰制外諸侯卒葬」、「曰兩君之好」、「曰玉帛之使」〔註211〕。這些都是屬於「策書之大體」，爲孔子所保存，「皆有筆而無削，使不失魯國正史之常」〔註212〕。

〔註207〕 按趙汸《東山存稿・春秋集傳序》云「策書之例十有四」，說法略有出入，其內容爲：1.「君舉必書，非君命不書。」2.「公即位不行其禮不書。」3.「納幣、逆夫人、夫人至、夫人歸，皆書之。」4.「君夫人薨，不成葬不書葬，不用夫人禮則書。」5.「適子生則書之，公子夫人在位書卒。」6.「公子嫁爲諸侯夫人、納幣、來逆、女歸、姊歸、來媵、致女、卒葬、來歸，皆書。爲夫人妻，書來逆而已。」7.「諸侯有命，告則書。崩薨不赴則不書，禍福不告亦不書。雖及滅國，滅不告敗，勝不告克，不書於策。」8.「雖伯主之役令，不及魯亦不書。」9.「凡諸侯之女行，唯王后書；適諸侯之女行，唯王后書；適諸侯，雖告不書。」10.「諸侯之大夫奔，則玉帛之使則告，告則書。」11.「凡天下之命，無不書。王臣有事於諸侯，則以內辭書之。」12.「大夫已命，書名氏；未命，書名。微者，名氏不書，書其事而已。外微者書人。」13.「將尊師少稱將，將卑師眾稱師，將尊師眾稱某帥師，君將不言師帥。」14.「凡物，不爲災不書。外災，告則書之。」〔元〕趙汸：《東山存稿》，卷3，頁 10～11。

〔註208〕 〔元〕趙汸：〈春秋集傳序〉，《春秋集傳》，卷首，頁 4。

〔註209〕 〔元〕趙汸：《春秋屬辭》，卷首，頁 1。

〔註210〕 〔元〕趙汸：《春秋屬辭》，卷1，頁 1。

〔註211〕 〔元〕趙汸：〈春秋集傳序〉，《春秋集傳》，卷首，頁 4～5。

〔註212〕 〔元〕趙汸：《春秋屬辭》，卷1，頁 1。

2.「假筆削以行權」〔註213〕

《春秋》本爲魯史，有一定的體例，孔子欲假藉《春秋》寄託經世之志，必須加以筆削，應書者筆之，不書者削之，以達撥正亂世的目的。上述「存策書之大體」，即是所謂筆；而此「假筆削以行權」，應是偏重於削，指「不書」而言。《春秋》不書之義有五：一是「略同以顯異」，如公行不書至之類；二是「略常以明變」，如釋不朝正、內女歸寧之類；三是「略彼以見此」，如以來歸爲義則不書歸，以出奔爲義則殺之不書之類；四是「略是以著非」，如諸殺有罪不書，勤王復辟不書之類；五是「略輕以明重」，如非有關於天下之大故不悉書之類。〔註214〕趙汸《春秋屬辭》歸納《春秋》「假筆削以行權」計七十四類，如第五十五類「外乞師不書必伯主而後書」〔註215〕，列舉《春秋》成公十三年春「晉侯使郤錡來乞師」、十六年夏「晉侯使欒黶來乞師」、十七年秋「晉侯使荀罃來乞師」，十八年冬「晉侯使士魴來乞師」四條，因爲晉侯爲霸主，所以《春秋》書其來乞師；否則隱公四年秋「宋公使來乞師」，《左傳》錄其事，但因爲宋公不是霸主，所以《春秋》不書其來乞師。

3.「變文以示義」〔註216〕

魯史《春秋》有文同而事異者，有事同而文異者，造成「與奪無章」、「是非不著」，於是孔子有變文之法，使學者經由比較文句的異同、詳略，即可決嫌疑、明是非〔註217〕。趙汸《春秋屬辭》歸納《春秋》「變文以示義」計三十八類，但其中涉及「名實之際」六類與「華夷之辯」十四類的部分，另行獨立於後，餘爲十八類，如第十二類「大夫奔非君出之不名」，列舉《春秋》文公八年冬「宋司城來奔」、十四年秋「宋子哀來奔」二條，司城與子哀二人皆忠於宋昭公，卻因遭到敵對勢力的排擠而出奔魯國，司城是其官，子哀是其字，因爲二人不是被國君驅逐出境的，所以《春秋》「變文以示義」，皆不書其名，「以別他臣之見逐於君者」〔註218〕。

〔註213〕 〔元〕趙汸：《春秋屬辭》，卷8，頁1。
〔註214〕 〔元〕趙汸：《春秋屬辭》，卷8，頁1。
〔註215〕 〔元〕趙汸：《春秋屬辭》，卷9，頁12。
〔註216〕 〔元〕趙汸：《春秋屬辭》，卷10，頁1。
〔註217〕 〔元〕趙汸：《春秋屬辭》，卷10，頁1。
〔註218〕 〔元〕趙汸：《春秋屬辭》，卷10，頁12。

4.「辯名實之際」〔註219〕

「辯名實」也是屬於變文。春秋時期周天子地位式微,諸侯僭越,大夫專權,名實分際大亂,於是孔子主張正名,方法有二:一是「去名以全實」,如征伐在諸侯則大夫將不稱名氏,中國有伯則楚君侵伐不稱君;二是「去名以責實」,如諸侯無王則正不書王,中國無伯則諸侯不序君,大夫將略其恆辭則稱人〔註220〕。趙汸《春秋屬辭》歸納《春秋》「辯名實之際」計六類,如第一類「天下無王則桓公《春秋》闕不書王」〔註221〕,列舉《春秋》桓公三年春正月、四年春正月、五年春正月、六年春正月、七年春二月、八年春正月、十一年春正月、十二年春正月、十三年春二月、十四年春正月、十五年春二月、十六年春正月、十七年春正月,凡十三條,皆不書王,表示魯桓公不臣於周天子,若是書王,「則是經爲虛文,而名實亂矣」,所以《春秋》「辯名實之際」,「於桓公之策略不書王,以深絕不臣之諸侯」〔註222〕。

5.「謹華夷之辯」〔註223〕

「謹華夷」也是屬於變文。春秋時期夷狄強者如楚、吳、越、徐橫行中國,孔子對於夷狄之事,筆削特別嚴謹而一致,「所以信大義於天下也」〔註224〕。趙汸《春秋屬辭》歸納《春秋》「謹華夷之辯」計十四類,如第一類「荊始伐中國以號舉」〔註225〕,列舉《春秋》莊公十年秋九月「荊敗蔡師于莘・以蔡乘獻舞歸」、十四年秋七月「荊入蔡」、十六年秋「荊伐鄭」、二十八年秋「荊伐鄭」四條,其中前二者爲楚君親自率師,後二者則否,因爲楚爲夷狄之邦而侵略中國,所以《春秋》「謹華夷之辯」,不論是否楚君率師皆稱號爲荊,「不比中國大夫將稱人,此中國、夷狄之常分,而策書之舊章也」〔註226〕。

〔註219〕〔元〕趙汸:《春秋屬辭》,卷11,頁1。
〔註220〕〔元〕趙汸:《春秋屬辭》,卷11,頁1。
〔註221〕〔元〕趙汸:《春秋屬辭》,卷11,頁1。
〔註222〕〔元〕趙汸:《春秋屬辭》,卷11,頁2。
〔註223〕〔元〕趙汸:《春秋屬辭》,卷12,頁1。
〔註224〕〔元〕趙汸:《春秋屬辭》,卷12,頁1。
〔註225〕〔元〕趙汸:《春秋屬辭》,卷12,頁1。
〔註226〕〔元〕趙汸:《春秋屬辭》,卷12,頁2。

6.「特筆以正名」〔註227〕

特筆是補變文之不足，也是用以正名，「筆削不足以盡義，然後有變文」〔註228〕。特筆與變文不同之處，變文是依據魯史，經孔子筆削而成；特筆則非依據魯史，而是完全出自孔子的意旨。趙汸《春秋屬辭》歸納《春秋》「特筆以正名」計十八類，如第十五類「紀侯出奔書去國」〔註229〕，列舉《春秋》莊公四年夏「紀侯大去其國」一條，紀國遭齊國出兵滅亡，紀侯出奔，若按照孔子筆削之法，諸侯「被兵而出」不書，必「國滅不死社稷」而後書，但紀侯曾請援於鄰國、歸女於京師，仍無法避免禍患，與一般「被兵而出」者不同；又爲保全人民與五廟，於是派遣弟弟紀季事奉齊國，而後離去，與一般「國滅不死社稷」亦不同，所以《春秋》「特筆以正名」，不書紀侯出奔，「而特異其文，書『去其國』」〔註230〕。

7.「因日月以明類」〔註231〕

孔子主張正名，是認爲天道與人事本應有上下、內外、輕重、淺深的不同，若經由前述六種方法仍不能明白者，則運用日月之法加以區別。孔子藉由日、不日、月、不月之法，以表達事類的詳略與常變，情形有六：一是「以日爲詳者，則以不日爲略」；二是「以月爲詳者，則以不月爲略」；三是「以日爲恆者，以不日爲變」；四是「以不日爲恆者，以日爲變，甚則以不月爲異」；五是「以月爲恆者，以不月爲變」；六是「以不月爲恆者，以月爲變，甚則以日爲異」。如此則筆削、變文、特筆「各以類明，而日月之法又相爲經緯，以顯其文，成其義」〔註232〕。趙汸《春秋屬辭》歸納《春秋》「因日月以明類」計十六類，如第十五類「興作類」，列舉四條：一是「凡築城不月，雖會城不月，雖城成周不月，必伯者存亡國而後月，苟無成功則又不月」；二是「凡新不月，新作不月，必有僭制而後月」；三是「凡墮邑、毀臺皆不月」；四是「凡浚川時」〔註233〕。

〔註227〕〔元〕趙汸：《春秋屬辭》，卷13，頁1。
〔註228〕〔元〕趙汸：《春秋屬辭》，卷13，頁1。
〔註229〕〔元〕趙汸：《春秋屬辭》，卷13，頁13。
〔註230〕〔元〕趙汸：《春秋屬辭》，卷13，頁14。
〔註231〕〔元〕趙汸：《春秋屬辭》，卷14，頁1。
〔註232〕〔元〕趙汸：《春秋屬辭》，卷14，頁1～2。
〔註233〕〔元〕趙汸：《春秋屬辭》，卷14，頁19～20。

8.「辭從主人」〔註234〕

所謂主人是指魯君。《春秋》本是魯史，孔子以筆削見義，除了少數特筆以辯正是非之外，皆從魯史舊文〔註235〕。趙汸《春秋屬辭》歸納《春秋》「辭從主人」計十八類，如第十一類「師田類」，列舉三條：一是「凡時田，春曰蒐，冬曰狩，過常曰大蒐，火田曰焚」；二是「凡譏在狩書地，譏不在狩不書地，譏在公書公，譏不在公不書公」；三是「凡蒐軍曰大閱，習武曰治兵」〔註236〕。

以上八者是趙汸求得的孔子筆削之義〔註237〕，亦爲《春秋屬辭》的篇目，「其前六篇篇目即是義例，其終二篇義例自見」〔註238〕，且「第一篇有筆無削，與第二篇有筆有削者相對，第三篇至第六篇皆變文，與第八篇從史文者相對，而與前二篇相爲經緯，其第七篇則又一經之權衡也，大抵史法相承而定」〔註239〕，可見《春秋屬辭》是一部兼顧史官書法與孔子書法的著作，「使學者由《春秋》之教以求制作之原，制作之原既得，而後聖人經世之義可言矣」〔註240〕。但「存策書之大體」與「考筆削之義」應是前後並立關係，趙汸既考《春秋》所存策書之大體，則不應將「存策書之大體」置爲筆削第一義，如此恐生混淆。

清儒皮錫瑞雖稱，「元、明人之說經，惟元趙汸《春秋屬詞》義例頗明」〔註241〕，但對於孔子筆削之義，何者爲策書大體，何者爲《春秋》特筆，部分意見與趙汸不同。如趙汸認爲，魯隱公元年不書即位，桓公元年書即位，魯公遭弒諱而不地，魯公夫人初奔言孫，皆屬策書大體〔註242〕；皮錫瑞則認爲「皆《春秋》特筆，未必魯史有此書法」，並認爲趙汸《春秋屬辭》「學非專門，仍有未盡是者」〔註243〕。本文認爲，何者屬策書大體，何者屬《春秋》

〔註234〕〔元〕趙汸：《春秋屬辭》，卷15，頁1。

〔註235〕〔元〕趙汸：《春秋屬辭》，卷15，頁1。

〔註236〕〔元〕趙汸：《春秋屬辭》，卷15，頁18。

〔註237〕按趙汸《東山存稿》云「筆削之義有十」，說法略有出入，其內容爲：1.「存策書之大體」，2.「常事不書」，3.「舉重」，4.「謹名分之辨」，5.「辨名實之際」，6.「謹夷夏之辨」，7.「詳盛衰之變」，8.「辭從主人」，9.「無達例」，10.「議而不辭」。〔元〕趙汸：《東山存稿》，卷3，頁11～14。

〔註238〕〔元〕趙汸：《春秋屬辭》，目錄，頁21。

〔註239〕〔元〕趙汸：《春秋屬辭》，目錄，頁21。

〔註240〕〔元〕趙汸：《春秋屬辭》，卷首，頁3。

〔註241〕〔清〕皮錫瑞：《經學歷史》（臺北：漢京文化事業，2004年3月），頁284。

〔註242〕〔元〕趙汸：《春秋屬辭》，卷1，頁3；卷3，頁1；卷4，頁17。

〔註243〕〔清〕皮錫瑞：《經學通論》，頁86。

特筆，各家認定難免有所出入，趙汸近杜預之說，皮錫瑞則採《公羊傳》之
說，見仁見智，各抒己見，並無大礙。

二、方苞模式

　　清儒方苞（1668～1749 年）爲乾嘉時期桐城派散文的創始人，論學一以
宋儒爲宗，尤其推崇程、朱二人，「其說經之書，大抵推衍宋儒之學，而名物、
訓詁皆所略」〔註244〕，與清代考據學及乾嘉漢學的治學途徑大異其趣。其治
經最重視《春秋》，因爲「他書猶孔子所刪述，而是經則手定也」〔註245〕；但
「自程、朱二子不敢以《春秋》自任，而是經爲絕學矣」〔註246〕，因不忍使
《春秋》之義蔽晦不彰，於是揭比事屬辭之義，分疏條理，作《春秋通論》
四卷，凡四十篇、九十七章；又恐學者未熟於三傳，驟讀《春秋通論》時不
能得其端緒，於是取其事同而書法互異者，分類彙錄，作《春秋比事目錄》
四卷，凡八十五類；又爲使初學者易於入門，於是將《春秋》節解句釋，作《春
秋直解》十二卷，「凡《通論》所載，悉散見於是編，而不復易其辭」〔註247〕。
可知以上《春秋通論》、《春秋比事目錄》、《春秋直解》三書內容大致相同，
只是方苞爲了肆應程度不同的學者，而採用不同的編輯方式。茲考述其解經
模式如下：

（一）脫去傳者與諸儒之說

　　方苞《春秋直解》以「直解」爲名，是因爲對於三傳與諸儒解經皆不滿
意，認爲傳者之蔽在於「執舊史之文爲《春秋》之法」〔註248〕，而諸儒之蔽
在於「屈摺經義以附傳事」〔註249〕；又認爲：

　　　聖人作經，豈預知後之必有傳哉？使去傳而經之義遂不可求，則作

　　　經之志荒矣。〔註250〕

《春秋》既是孔子所作，自是希望後人讀《春秋》即知其義，不待三傳，亦怎

〔註244〕〔清〕姚鼐：《重刊江寧府志》（臺北：成文出版社，1974 年 6 月），卷 34，
　　　　頁 5。
〔註245〕見方苞〈春秋直解自序〉。〔清〕方苞：《春秋直解》（清康熙嘉慶間桐城方氏
　　　　抗希堂刊本），卷首，頁 10。
〔註246〕見方苞〈春秋直解自序〉。〔清〕方苞：《春秋直解》，卷首，頁 10。
〔註247〕見方苞〈春秋直解後序〉。〔清〕方苞：《春秋直解》，卷首，頁 1。
〔註248〕見方苞〈春秋直解自序〉。〔清〕方苞：《春秋直解》，卷首，頁 10。
〔註249〕見方苞〈春秋直解自序〉。〔清〕方苞：《春秋直解》，卷首，頁 10。
〔註250〕見方苞〈春秋直解自序〉。〔清〕方苞：《春秋直解》，卷首，頁 10。

知後人將爲《春秋》作傳；如果《春秋》少了三傳就不可解，則孔子作《春秋》的一片苦心就白費了。所以魯史記載的事迹若是過於煩細，或是文辭不當難解之處，孔子必定加以刪削；但其中有關月日、爵次、名氏的部分，若前後互異，詳略不一，魯史既已寫定，孔子亦無從修改，三傳不明此理，標舉褒貶義例，諸儒從而附和，是完全不通的。於是方苞主張「脫去傳者、諸儒之說」〔註251〕，如《春秋》隱公三年秋八月庚辰：「宋公和卒。」《春秋直解》云：

> 其書名，非吾君也；或不書名，不知其名也。《傳》稱同盟則訃以名，非也；在禮，死而後諱，未有君死而稱名以訃者。晉獻公、惠公未嘗與魯同會盟、通聘問，而卒書名；宿男同盟，滕子、杞子來朝，而卒不書名，則趙氏匡之說亦非也。〔註252〕

魯國以外的諸侯去世，《春秋》或書名，或不書名，其標準何在？《左傳》認爲，《春秋》是以同盟與否爲標準，凡諸侯與魯國同盟則書其名，未與魯國同盟則不書其名〔註253〕。唐儒趙匡認爲，《春秋》是以去世地點何在爲標準，「諸侯卒於他國，及卒于會，卒于師，則書之；雖在國，不卒於其都，亦書之」〔註254〕。方苞則脫去《左傳》與趙匡之說，並舉例反駁之，認爲《春秋》是以知不知其名爲標準。

　　但傳者、諸儒之說未必皆不可取，「必義具於經文始用焉」〔註255〕，如《春秋》莊公二十五年秋：「人水，鼓用牲于社、于門。」《春秋直解》云：

> 《左傳》：「亦非常也。凡天災，有幣無牲；非日月之眚，不鼓。」《公羊傳》：「于社，禮也。于門，非禮也。」《穀梁傳》：「救日以鼓兵，救水以鼓眾。」劉氏敞曰：「若于社爲得禮，則《春秋》亦當不書。」〔註256〕

〔註251〕見方苞〈春秋直解自序〉。〔清〕方苞：《春秋直解》，卷首，頁10。
〔註252〕〔清〕方苞：《春秋直解》，卷1，頁12。
〔註253〕《左傳》隱公七年春：「滕侯卒，不書名，未同盟也。凡諸侯同盟，於是稱名，故薨則赴以名，告終稱嗣也，以繼好息民，謂之禮經。」
〔註254〕陸淳《春秋啖趙集傳纂例‧崩薨卒葬例》引趙匡曰：「《春秋》中，唯有九人卒不書名，檢尋事迹，並無朝會聘告處，所以不知其名耳，是其明證也；餘則悉書名，檢尋皆有往來事迹。則知不必同盟，諸侯卒於他國，及卒于會，卒于師，則書之；雖在國，不卒於其都，亦書之，晉侯卒于扈，宋公卒于曲棘，是也。」〔唐〕陸淳：《春秋啖趙集傳纂例》（臺北：新文豐出版公司，1985年1月，《叢書集成新編》，冊108），卷3，頁51。
〔註255〕見方苞〈春秋直解自序〉。〔清〕方苞：《春秋直解》，卷首，頁10。
〔註256〕〔清〕方苞：《春秋直解》，卷3，頁36。

三傳就魯國發生大水時的應變措施，分別從不同的面向說明是否合於禮制，劉敞之說雖然異於《公羊傳》，但四者義理皆具備於經文，所以採用。如此將傳者、諸儒之說經過一番取捨之後，「可通者十四五矣」〔註257〕。

（二）辨別舊史之文與筆削之迹

方苞分享治《春秋》多年的經驗，「知經文參互及眾說殽亂而不安者，筆削之精義每出於其閒」〔註258〕。但《春秋》有舊史之文，有孔子筆削之迹，二者混為一編，如何分辨？所以方苞類事為例，以資檢尋，凡八十五類：王室伐救、王室會盟、王使至魯魯君臣如京師、王室禍亂、天王崩葬、王后王姬、王臣奔、王臣卒葬、魯君會盟、魯臣會盟、外會盟、諸侯遇、魯君侵伐、魯臣侵伐、魯被侵伐、外侵伐、魯君如列國、魯臣如列國、諸侯來、外臣來、諸侯如、外諸侯卒葬、魯滅國取邑田、外滅國、外取內邑田、遷國邑、外伐國取邑、伐國圍邑、內外救、內外次、城戌、乞師、國遷、內外平、賊臣子、殺世子殺弟、內叛、外大夫叛、諸侯奔入、魯臣奔、外臣奔入、鄰國相戕、諸侯相執、內大夫執、外大夫執、外君臣逃、諸侯專殺、眾殺、盜殺、殺鄰國大夫、外放大夫、立君、納君大夫世子公子、公子爭國、諸侯兄弟以行次書、亡國復、魯君即位薨葬、魯夫人、內女、內大夫卒、魯變禮忒禮、魯亂政、魯郊、魯嘗禘、魯雩、魯城築浚川、魯毀作、魯築臺囿、魯田狩、魯軍制、魯君遊觀、魯臣返國、歸田、魯災、魯水旱蟲、魯有年、魯異、世室屋壞、天地變異、外災異、日食、首時、異文、史臣獨書魯事、闕文。

茲以其中「王后王姬」為例，檢尋如下：

祭公來，遂逆王后于紀。（桓公八年冬十月）

季姜歸于京師。（桓公九年）

夏，單伯逆王姬。秋，築王姬之館于外。（莊公元年）

王姬歸于齊。（莊公元年冬十月）

秋七月，齊王姬卒。（莊公二年）

冬，王姬歸于齊。（莊公十有一年）

劉夏逆王后于齊。（襄公十有五年春）〔註259〕

〔註257〕見方苞〈春秋直解自序〉。〔清〕方苞：《春秋直解》，卷首，頁10。

〔註258〕見方苞〈春秋直解自序〉。〔清〕方苞：《春秋直解》，卷首，頁10。

〔註259〕〔清〕方苞：《春秋比事目錄》（清康熙嘉慶間桐城方氏抗希堂刊本），卷1，頁8。

以上計七條，何者爲舊史之文，何者經過孔子筆削呢？《春秋通論》「逆后歸王姬」提出一個辨別的原則：

> 逆后，王姬歸，魯爲主則書者，舊史之法也；失禮然後書者，《春秋》之法也。夫人之娶，內女之歸，有變、失禮然後書；則逆后，王姬歸，非失禮不書可知矣。〔註260〕

方苞認爲，舊史以魯國是否爲主作爲書不書的標準，魯國爲主則書，非爲主則不書；而《春秋》則以是否有變故或失禮作爲書不書的標準，有變故或失禮則書，非失禮則不書。據以檢視以上七條，王后、王姬出嫁周天子時，皆以魯君爲主婚人，所以舊史書之，但其中何者經過孔子筆削呢？第一條，「王命祭公過魯問期，因往逆后，書『遂』者，未嘗復命於王，而遂往也」〔註261〕，「遂」字是因失禮而書，所以經過孔子筆削；第二條，「逆稱王后，歸稱季姜，文當然也，……無他義也」〔註262〕，既無失禮，所以是舊史之文；第三條前段，周天子迎娶齊襄公之女爲王后，指定魯莊公爲主婚人，但齊襄公爲魯莊公的殺父仇人，「義不可受於京師」，而逆王姬爲常事，孔子本應削之，「其不削，則志變以發疑」〔註263〕；第三條後段，魯、齊爲仇讎，「魯人知接於廟之不可也，故築館于外，以仇讎接婚姻，以衰麻接弁冕」，因屬變故，且爲失禮，所以孔子筆之；第四條，王姬之歸本屬常事不書，但「莊之篇再書之，志變以發疑也」〔註264〕，亦是孔子筆之；第五條，爲了凸顯魯莊公「偏厚於仇讎」〔註265〕，所以孔子筆之；第六條，「莊之篇兩書王姬歸于齊，著忘親之罪也」〔註266〕，亦是孔子筆之；第七條，因爲「劉夏稱名，非卿也，……逆后不使卿，亦以非禮書也」〔註267〕，亦是孔子筆之。綜此，「王后王姬」例只有第二條是舊史之文，其餘六條皆經過孔子筆削。如此將舊史與筆削之文經過一番辨別之後，「可通者十六七矣」〔註268〕。

〔註260〕 〔清〕方苞：《春秋通論》(清康熙嘉慶間桐城方氏抗希堂刊本)，卷1，頁16。
〔註261〕 〔清〕方苞：《春秋直解》，卷2，頁15。
〔註262〕 〔清〕方苞：《春秋直解》，卷2，頁15。
〔註263〕 〔清〕方苞：《春秋直解》，卷3，頁3。
〔註264〕 〔清〕方苞：《春秋直解》，卷3，頁4。
〔註265〕 〔清〕方苞：《春秋直解》，卷3，頁5。
〔註266〕 〔清〕方苞：《春秋直解》，卷3，頁18。
〔註267〕 〔清〕方苞：《春秋直解》，卷9，頁23。
〔註268〕 見方苞〈春秋直解自序〉。〔清〕方苞：《春秋直解》，卷首，頁10。

（三）屬辭比事推求書法

方苞認為，「王朝卿大夫、外諸侯、附庸之君、諸侯之兄弟、列國之命卿，或稱爵，或稱行次，或稱名，或稱人，皆舊史之文也，以為褒貶所寓，非也」〔註269〕。為破除三傳及諸儒曲說，於是以屬辭比事推求《春秋》書法，直解微辭隱義。據其所見，《春秋》書法大致只有兩項簡單的原則：

1. 以其實書

如《春秋》僖公元年夏六月：「邢遷于夷儀，齊師、宋師、曹師城邢。」二年春正月：「城楚丘。」十四年春：「諸侯城緣陵。」各國城邢、城楚丘、城緣陵，皆是齊桓公下令所為，但《春秋》或統稱諸侯，或列序諸侯，或不書諸侯，為何書法不同呢？方苞《春秋直解》云：「齊桓城三國，屬辭各異，皆以其實書也。城邢者，獨三國之師也；緣陵，則命諸侯城之，而齊不與也；楚邱，則命魯獨城之，而諸侯不與也。」〔註270〕因為三次城築中，諸侯參與的情況不同，所以書法不同，《春秋》是「以其實書」。

2. 發疑著變

如《春秋》文公七年秋八月：「公會諸侯、晉大夫，盟于扈。」十五年冬十一月：「諸侯盟于扈。」十七年夏六月：「諸侯會于扈。」各國三度盟會於扈，皆由晉國主持，但《春秋》或書晉，或不書晉，為何書法不同呢？按各國盟會本應列序諸侯，並將主持盟會者序於諸侯之前；但第一次盟於扈是由晉國大夫主持，「大夫而主諸侯之盟，自此始，故變文以見義焉」〔註271〕，於是不列序諸侯，並將晉國大夫序於諸侯之後；至於第二次盟於扈及會于扈亦是由晉國大夫主持，「蓋以晉大夫實序諸侯之上，故總言諸侯，而沒晉大夫，以發疑而著變焉」〔註272〕。

《四庫全書總目》對於方苞的解經模式頗不認同，云：

> 考筆削之迹，自古無徵。……故黃澤曰：「《春秋》所以難看，乃是失却不修《春秋》。若有不修《春秋》互相比證，則史官記載，仲尼所以筆削者，正自顯然易見。」是自昔通儒，已以不見魯史無從辨

〔註269〕〔清〕方苞：《春秋通論》，卷4，頁13。
〔註270〕〔清〕方苞：《春秋直解》，卷5，頁4。
〔註271〕〔清〕方苞：《春秋直解》，卷6，頁13。
〔註272〕〔清〕方苞：《春秋直解》，卷6，頁29～30。

別爲憾。苞乃於二千餘載之後，據文臆斷，知其孰爲原書，孰爲聖

筆，如親見尼山之操觚，此其說未足爲信。〔註273〕

由於不修《春秋》早已失傳，無法與今本《春秋》互相比證，後儒無從辨別
何者爲舊史之文，何者經過筆削，所以《四庫全書總目》批評方苞爲「據文
臆斷」。但本文認爲，將不修《春秋》與今本《春秋》互相比證以求比削之迹
是考據，而將今本《春秋》屬辭比事以求比削之迹是推理，若考據可行，則
筆削公案早在兩千年前即可底定，何須後儒至今仍爭辯不已？所以方苞因考
據不可行而採用推理是正確的作法，我們可以就其推理是否合理提出客觀的
評論，而非因其說不可考據而認定「未足爲信」。但《四庫全書總目》又云，
其說「掃《公》、《穀》穿鑿之談，滌孫、胡鍥薄之見，息心靜氣，以經求經，
多有協於情理之平，則實非俗儒所可及，譬諸前修，其吳澄之流亞歟」〔註274〕，
雖給予很高的評價，經前後對照，卻嫌自相矛盾。

第五節　以史爲法類

清儒毛奇齡（1623～1716年）云：

《春秋》義例不一，無一是處，……。遇有事同而文不合者，則曰

『見聞不妨各致』；有事不同而文同者，則又曰『美刺不嫌同辭』。

于是周章蔑略，了無定準，而《春秋》亡矣。〔註275〕

義例模式雖是解經途徑之一，但其「周章蔑略」、「了無定準」的問題，則是
極大的缺陷。於是儒者提出以史爲法，屬辭比事，以避免義例模式的缺陷。

趙汸反對杜預以史例爲經例，以史爲法則反是。歷來比例模式以史爲法
闡釋經義者，有元儒陳則通、明儒邵弁、清儒毛奇齡三人，以下依序考述。

一、陳則通模式

元儒陳則通（生卒年不詳）作《春秋提綱》十卷，不著爵里，亦不著時
代，因朱彝尊《經義考》列之於劉莊孫後、王申子前，《四庫全書》據以定爲
元人〔註276〕。其解經模式如下：

〔註273〕《四庫全書總目》，卷29，頁24。
〔註274〕《四庫全書總目》，卷29，頁24。
〔註275〕〔清〕毛奇齡：《春秋毛氏傳》（臺北：藝文印書館，年月份不詳，《皇清經解》，卷120），頁1。
〔註276〕《四庫全書總目》，卷28，頁3。

（一）區分門例，參校事之始終

陳則通《春秋提綱》將《春秋》內容分為四門，每門比事為例：

1. 侵伐門

王臣會伐例、齊晉楚伐鄭例、晉楚爭陳例、晉鄭楚伐許例、齊伐楚例、晉楚兵爭例、晉伐齊例、秦晉兵爭例、吳楚越兵爭例、齊伐魯例、晉伐邾例、魯莒兵爭例、宋伐曹例、齊晉伐戎狄例、內大夫帥師例，凡十五例。

2. 朝聘門

公如京師例、公如齊例、公如晉例、公如楚例、小國來朝例、王臣聘魯例、魯大夫如周例、齊魯交聘例、晉魯交聘例、衛魯交聘例、鄭魯交聘例、宋魯交聘例、陳魯交聘例、楚來聘、秦來聘、吳來聘，凡十六例。

3. 盟會門

王臣會盟例、齊伯時王臣會盟例、伯主列國諸侯會盟始末例、內大夫及外大夫盟會例、列國世子朝聘會盟侵伐例、公及外大夫盟會例、內大夫及諸侯盟會例，凡七例。

4. 雜例門

《春秋》王室、《春秋》書公、魯婚姻例、魯蒐狩例、魯祭祀例、魯禘例、魯雩例、魯土田例、魯城築例、魯宮室僭侈例、魯宮室災變例、災異總例、鄭莊公之後五世兵爭、晉昭公之後五世大亂、夏五闕文、元年春王正月、夏正得天、獲麟解、論《左氏》，凡十九例。

以上門例，簡潔扼要，茲以其中侵伐門魯莒兵爭例，瞭解其比事如下：

> 僖元年：「公子友帥師敗莒師于酈，獲莒挐。」
>
> 宣四年：「公伐莒，取向。」十一年：「公孫歸父會齊人伐莒。」
>
> 襄八年：「莒人伐我東鄙。」十年：「莒人伐我東鄙。」十二年：「莒人伐我東鄙，圍台。季孫宿帥師救台，遂入鄆。」十四年：「莒人侵我東鄙。」
>
> 昭五年：「叔弓帥師敗莒師于蚡泉。」十年：「季孫意如、叔弓、仲孫貜帥師伐莒。」〔註277〕

〔註277〕〔元〕陳則通：《春秋提綱》（臺北：臺灣大通書局，1969 年 10 月，《通志堂經解》，冊 22），卷 4，頁 1。

魯、莒兵爭計九次，但每次爭端不同。如第一次兵爭的起因，是魯公子慶父連續謀殺其君子般與閔公之後，逃亡莒國，魯公子季友擁立僖公即位，並贈送財物給莒國，將慶父引渡回魯國，不料莒國貪求無厭再度索取財物，於是季友帥師打敗莒師，發生了第一次兵爭。陳則通對於兩國爭端，不舉其「端」，只舉其「爭」，不舉其過程，只舉其結果，以結果為提綱，所以書名「提綱」；再參校兩國歷次兵爭，自始至終，排比其事，據以區分門例而成書。

（二）綜論大旨，考究成敗得失之由

陳則通《春秋提綱》諸例中，或標示「例」字，或未標示「例」字，未標示者除了朝聘門楚來聘、秦來聘、吳來聘應是疏漏之外，其餘均屬雜例門。考其不同，標示「例」字者比事於前而論事於後，未標示「例」字者有論事而無比事，可見此書的重點在論事。如侵伐門魯莒兵爭例比事於前，已見上揭，論事於後，略以：

> ……余嘗論：唯貪功之君，以服小國為美名；唯專權之臣，以取小國為實利。名未必可取，利未必可得，其自辱多矣。莒子之謚號，與其臣之名氏，不登於《春秋》之版，微之也。《春秋》之初，未有書諸侯之入人國者，而入國自莒始；未有書諸侯之伐國取邑者，而取邑自莒始。天王不問，方伯不討，循致其強。浮來、曲池之盟，魯人甘心焉。雖然，以其盟，猶愈於爭無傷也。莒以慶父之故，求賂乎魯，魯若修文告以卻之，何患無辭！季友帥師敗之酈，獲莒挐而俘之，此皆非王者之師，仁義之舉，徒以舉二國之兵釁而已。……迨僖公二十有五年，衛人始平莒於我。洮之盟，魯人以為莒卿也而不足。明年，向之盟，必得莒君而後已，魯人之汲汲於莒，亦非樂為此者。……宣公不繼前好，以親仁善鄰，莒、郯有釁，當敬行其禮，道以文辭，釋二國之憾，而鳩其民。君苟有信於齊平，何賴《春秋》書公及齊侯，亦有挾大凌小之意。不書莒及郯平，而書平莒及郯，又見要盟無禮之辜。公之初心，以二小國為公耳，平而不得則怒，怒而不已則兵，於是伐國取邑之事隨之，是魯本欲釋郯、莒之憾，反不能釋魯之憾，無他，貪功好名之志有餘，而大公無私之道不足也。……愚按：魯、莒之爭，不過向、鄆二邑。當隱公之二年莒入向，桓公之十有六年我城向，向猶有爭也；宣公乘郯、莒之怒也而取之，向於是偏屬於魯。當文公十有二年城諸及鄆，襄公十有

> 二年救台遂入鄆，鄆猶有爭也；至昭公之元年乘密州之禍也而取之，
> 鄆於是偏屬於魯。取向、取鄆外，復何求？昭公十年，季孫又伐莒
> 而取之鄆，小人之腹其有屬厭乎！……。〔註 278〕

以上設「唯貪功之君，以服小國爲美名；唯專權之臣，以取小國爲實利」爲
題，歷述魯、莒一百餘年間的兵爭始末，批評魯國不修仁德，反而挾大凌小，
「貪功好名之志有餘，而大公無私之道不足」；最後以「愚按」爲總結，認爲
二國兵爭主要在爭向、鄆二邑，魯取得二邑，正凸顯國君貪功，而臣子專權，
如同無禮的小人不知滿足。陳則通綜論魯、莒兵爭事迹，考究其成敗得失之
由，雖以例爲名，其實主要發揮的不是《春秋》書法，誠如《四庫全書總目》
所評：「其言閎肆縱橫，純爲史論之體，蓋說經家之別成一格者也。」〔註 279〕

二、邵弁模式

明儒邵弁（生卒年不詳）作《春秋通議略》二卷，主張「《春秋》一句一
事，事皆實錄，游、夏之文學不能加贊一詞於實錄之外」〔註 280〕，一字增減
皆是後人所爲；

並主張「今以凡例說經，不加一辭，而經義自見」〔註 281〕，反對三傳的
褒貶義例。其自序：

> 《春秋》有是非，而無褒貶。褒貶，一人之私也；是非，天下之公
> 也。因天下之公是公非，而無所毀譽，此《春秋》之志也。何則？
> 《春秋》之教，屬詞比事，不越二端而已。故或同詞而同事，或異
> 詞而同事。同詞同事者，正例也；同事異詞者，變例也。例以通其
> 凡，詞以體其變，而經教立矣，奚取於褒貶哉！故正例之是非統於
> 事〔註 282〕，比事而天下之大勢可明也；變例之是非顯於辭，循辭而
> 每事之得失可考也。不通乎例者，不可以語常；不達乎辭者，不可
> 以盡變。〔註 283〕

〔註 278〕〔元〕陳則通：《春秋提綱》，卷 4，頁 1～3。
〔註 279〕《四庫全書總目》，卷 28，頁 3。
〔註 280〕〔明〕邵弁：《春秋通議略》（明婁江邵氏經學二書鈔本），卷上，頁 1。
〔註 281〕〔明〕邵弁：《春秋通議略》，卷上，頁 6。
〔註 282〕「統於事」，原作「統於例」，朱彝尊《經義考》引作「統於事」，對照下文以
　　　　「統於事」於義較妥，據改。〔清〕朱彝尊：《經義考》（臺北：臺灣中華書局，
　　　　1965 年 11 月，《四部備要》本），卷 204，頁 2。
〔註 283〕〔明〕邵弁：《春秋通議略》，卷首，頁 1。

《春秋》非以義例爲褒貶，而是以屬辭、比事二端爲教化。藉由屬辭比事，同事同辭者爲正例，同事異辭者爲變例，正例、變例確立之後，是非自明。然而是非與褒貶有何不同呢？所謂是非，是「物之所自有，我無與焉」；而所謂褒貶，則是「吾有意而加之也」〔註284〕。聖人據魯史修《春秋》，「舊史之是非已有定議」〔註285〕，不再加以好惡之心，所以「《春秋》有是非，而無褒貶」，「三傳眞可束之高閣也」〔註286〕。關於其解經義法考述如下：

（一）《春秋》比事而爲凡，通凡而成例

邵弁認爲，「《春秋》比事而爲凡，通凡而成例」〔註287〕，其爲例之體有二：「謂大事必書之體，謂常事特書之體」〔註288〕。而體與例之間的關係如何？「大事必書，或書而變常者，變例也；常事不書，以非常故書者，正例也」〔註289〕。

邵弁將《春秋》「大事必書之體」分爲：君即位、朝聘會盟、崩薨卒葬、征伐圍救、執殺奔放、歸入納至、災祥、師田力役、制度沿革、王爵、日月、屬辭、諱、王室婚姻、遊觀、闕文，凡十六例。如其中王室婚姻之例，《春秋》桓公八年冬：「祭公來，遂逆王后于紀。」桓公九年春：「紀季姜歸于京師。」莊公元年夏：「單伯逆王姬。」秋：「築王姬之館于外。」冬：「王姬歸于齊。」莊公十一年冬：「王姬歸于齊。」襄公十五年春：「劉夏逆王后于齊。」其《春秋通議略》云：

> 王者至尊無上，无敵體之義，故天子娶於諸侯，與王姬下嫁，皆使同姓諸侯主婚，故逆者、送者皆自我而行也。既有王命，即典禮之所在，不當論其合禮不合禮而後書也。〔註290〕

諸儒論以上天子娶於諸侯與王姬下嫁諸例，多認爲因不合禮而書之。但邵弁認爲，天子娶於諸侯與王姬下嫁皆出於王命，王命本身就是一種禮制，亦是大事，《春秋》大事必書，不應再去討論其合禮不合禮的問題。

又將《春秋》「常事特書之體」分爲：郊社、宗廟、婚姻、造作，凡四例。其《春秋通議略》云：

〔註284〕〔明〕邵弁：《春秋通議略》，卷上，頁2。
〔註285〕〔明〕邵弁：《春秋通議略》，卷上，頁1。
〔註286〕〔明〕邵弁：《春秋通議略》，卷上，頁3。
〔註287〕〔明〕邵弁：《春秋通議略》，卷下，頁1。
〔註288〕〔明〕邵弁：《春秋通議略》，卷首，頁2。
〔註289〕〔明〕邵弁：《春秋通議略》，卷首，頁2。
〔註290〕〔明〕邵弁：《春秋通議略》，卷下，頁14～15。

郊祀、禘嘗之祭，婚姻之禮，宮室造作，皆常事，不可勝書，故合
禮者不書，不合禮則書之。〔註291〕

邵弁未比照「大事必書之體」排比事例，因爲郊社、宗廟、婚姻、造作皆屬
常事，不可勝書，所以《春秋》只書不合禮者，不書合禮者。

（二）《春秋》名分以周爲主，政事以魯爲主

孔子修作《春秋》的宗旨，在明大義、立體統，以定天下之邪正。但孔
子修作《春秋》的立場，究竟是以周爲主，或是以魯爲主？如果立場游移不
定，不僅無法正己，豈能奢談正人。邵弁對此作了明確的界定：

1.「分之通于天下者，周爲主」

其《春秋通議略》自序：

> 《春秋》書王，所以通其分于天下也，故列五等、序王爵也。不列
> 于五等，夷狄之君，非王爵也。凡登名于策書，有王命者也；不登
> 名于策書，無王命者也。禮樂、征伐，以達王事于天下。故曰「分
> 之通于天下者，周爲主」。〔註292〕

《春秋》書「王」一字專稱周王，表示以周的名分制度通行於天下。周的名
分制度將天下諸侯的爵位分爲五等，王的爵位在五等之上，禮樂、征伐皆出
於王命。凡奉王命者，登名於策書，《春秋》據而書之；不奉王命者，不登名
於策書，《春秋》亦不書之。夷狄之君不奉周王之命，所以不在周的名分制度
之內，既不列於諸侯五等爵位，更非王爵。可見《春秋》的名分制度是以周
爲主。

2.「事之通于列國者，魯爲主」

其《春秋通議略》自序：

> 《春秋》書公，所以統其事于國內也，故本國之君、大夫出入必書，
> 本國之政事廢舉必書，他國之政事接我則書，他國之事來告則書，
> 詳內事、畧外事也。故曰「事之通于列國者，魯爲主」。〔註293〕

《春秋》書「公」一字專稱魯公，表示以魯的政事制度統治於國內，並通行
於列國之間，前者爲國內的政治活動，後者爲國際的外交活動。所以《春秋》
所書的政事有三：一是魯君與大夫的出入境動態，二是魯國政事的廢舉情行，

〔註291〕〔明〕邵弁：《春秋通議略》，卷下，頁15。
〔註292〕〔明〕邵弁：《春秋通議略》，卷首，頁1～2。
〔註293〕〔明〕邵弁：《春秋通議略》，卷首，頁2。

三是他國與魯國的外交往來，四是他國來告的該國政事。可見《春秋》的政事制度是以魯為主。

　　所以孔子修作《春秋》，兼顧周的名分制度與魯的政事制度，「策書所載，有其事不敢隱也，無其事不敢加也，事與詞皆從實錄而已」〔註294〕，以史為法的解經立場是非常明確的。

三、毛奇齡模式

　　清儒毛奇齡（1623～1716年）博貫群籍，《四庫全書》所收書目多達四十餘部；門人蔣樞編輯遺集，分經集、文集二部，經集自《仲氏易》以下凡五十種，文集合詩、賦、序、記及其他雜著凡二百三十四卷。其中《春秋》學方面著作有四：一是《春秋毛氏傳》三十六卷，將《春秋》經傳內容分為二十二門，總該為四例。二是《春秋簡書刊誤》二卷，大旨是以《左傳》所載經文為主，刊正《公羊傳》與《穀梁傳》的異文；書名「簡書」二字，是因為毛奇齡主張「《左氏》之傳即是策書，《左氏》之經即是簡書」〔註295〕，《四庫全書》總目及提要皆有辯證。三是《春秋屬辭比事記》四卷，將《春秋》經傳內容分門隸事，但二十二門只完成前六門，第七門尚未及半，是一部未竟之書。四是《春秋條貫篇》十一卷，主張「經有條貫，傳無條貫」〔註296〕，取經文就一事之始末而條貫之，以駁斥《春秋》為斷爛朝報之說。茲考述如下：

（一）以舊史官記事法式，分《春秋》為二十二門

　　毛奇齡認為，《春秋》「但志其名而不記其事」〔註297〕，云：

　　《春秋》記事原有門部，而作「志」者，則因門為題，就事立誌，
　　謂之籤題，不謂之綱領。蓋綱領必繫括其事，而取其要領以為文；
　　籤題則但誌其門名，而必藉按策，以見其事不相侔也。〔註298〕

這一段文字在說明「志」與「記」不同，「記」是記事，而「志」是依據所記的事賦予標題。又云：

<hr>

〔註294〕〔明〕邵弁：《春秋通議略》，卷首，頁2。
〔註295〕〔清〕毛奇齡：《春秋屬辭比事記》（臺北：藝文印書館，年月份不詳，《皇清經解》，卷156），頁1。
〔註296〕〔清〕毛奇齡：《春秋條貫篇》（上海：上海古籍出版社，2002年3月，《續修四庫全書》，冊139），卷1，頁2。
〔註297〕〔清〕毛奇齡：《春秋毛氏傳》（《皇清經解》，卷120），頁2。
〔註298〕〔清〕毛奇齡：《春秋毛氏傳》（《皇清經解》，卷120），頁4。

> 特「志」簡而「記」煩。簡則書之于簡，謂之簡書。……煩則書之
> 于策，謂之策書。〔註299〕

若就書之於簡的「志」來看，只是一些簡要的標題而已，看不出其事的內容，必須配合書之於策的「記」，才能瞭解詳情。而史官「所爲『記』，即《春秋》之傳也；所爲『志』，即《春秋》經也」〔註300〕。「夫子修《春秋》，第修簡書；而左丘明作傳，則取策書而修之」〔註301〕。所以毛奇齡認爲，史官的「志」（簡書）是孔子修《春秋》的底本，而史官的「記」則是左丘明作傳的底本；並依據《左傳》，將「《春秋》門部見于舊史官記事法式」者分爲二十二門：

1. 改元（十二年），2. 即位（十二公即位），3. 生子，4. 立君，5. 朝聘（朝、來朝、聘、來聘、歸脤、錫命），6. 盟會（會、盟、來盟、涖盟、不盟、逃盟、遇、胥命、平、成），7. 侵伐（侵、伐、克、入、圍、襲、取、戍、救、帥師、乞師、取師、棄師、戰、次、追、降、敗、敗績、潰、獲、師還、歸俘、獻捷），8. 遷滅（遷、滅、殲、墮、亡），9. 昏覯（納幣、逆女、逆婦、求婦、歸、送、致女、來媵、婦至、覯），10. 享唁（享、唁），11. 喪葬（崩、薨、卒、葬、會葬、歸喪、奔喪、賵、賻、含、襚、求金、錫命），12. 祭祀（烝、嘗、禘、郊、社、望、雩、作主、有事、大事、朝廟、告朔、視朔、繹、從祀），13. 蒐狩（蒐、狩、觀、焚、觀社、大閱），14. 興作（立宮、築臺、作門觀、丹楹、刻桷、屋壞、毀臺、新廏、築城、城郛、浚渠、築囿），15. 甲兵（治甲兵、作丘甲、作三軍、舍中軍），16. 田賦（稅畝、用田賦、求車、假田、取田、歸田），17. 豐凶（有年、饑、告糴、無麥苗、無麥禾），18. 災祥（日食、螟、螽蝝、雨雪、雷電、震、雹、星隕、大水、無冰、災、火、蜮、蜚、多麋、眚、不雨、沙鹿崩、山崩、旱、地震、星孛、六鷁退飛、隕霜殺菽、隕霜不殺草、鸜鵒來巢、獲麟），19. 出國（如、孫、出奔、出、大去），20. 入國（至、入、納、歸、來歸、復歸、來、來奔、逃歸），21. 盜殺（盜殺、盜、弒、殺），22. 刑戮（殺、刺、戕、放、執、歸、用、釋、畀、肆眚）〔註302〕。

毛奇齡列舉以上二十二門之後，補充說明：

〔註299〕〔清〕毛奇齡：《春秋毛氏傳》（《皇清經解》，卷120），頁3。
〔註300〕〔清〕毛奇齡：《春秋毛氏傳》（《皇清經解》，卷120），頁3。
〔註301〕〔清〕毛奇齡：《春秋毛氏傳》（《皇清經解》，卷120），頁3。
〔註302〕〔清〕毛奇齡：《春秋毛氏傳》（《皇清經解》，卷120），頁4～5。

　　　向使無策書,則此《春秋》者不過一門部名目,曰朝耳、會盟耳、

　　　侵伐而遷滅之耳,何曾有一事可究竟言之?而謂此名目中有微詞,

　　　凡書國、書爵、書名、書氏皆有義例,豈非夢夢然!〔註303〕

這一段文字是針對捨傳就經、盡棄三傳者提出批判。《春秋》屬辭比事,必須
以經文爲主,以傳所傳的事爲輔,如《春秋》成公十八年春:「公如晉。」《左
傳》云:「朝嗣君也。」又《春秋》襄公三年春:「公如晉。」《左傳》云:「始
朝也。」以上二條經文的名目完全相同,但藉由《左傳》的記事可知,前者
是晉君新立而往朝,後者是魯君新立而往朝;如果有經而無傳,對於事件的
始末、詳略即一無所知,則《春秋》只是記載二十二門的名目而已,無從探
求其中的微詞、義例。

(二)以禮事文義四例統《春秋》二十二門

　　孟子曰:「《春秋》……其事則齊桓、晉文,其文則史。孔子曰:『其義則
丘竊取之矣。』」〔註304〕毛奇齡引申之,云:

　　　昔者孟子解《春秋》,曰「其事」,則事當比也;曰「其文」,則其辭
　　　當屬合也。……魯史記事,全以周禮爲表志,而策書相傳,謂之禮
　　　經,凡其事、其文,一準乎禮,而從而比之、屬之,雖前後所書偶
　　　有同異,而義無不同,並無書人、書爵、書名、書日之瀆亂乎其間。

　　〔註305〕

《春秋》所記齊桓公、晉文公的重大事件,其依據乃是魯史;而魯史記事,
又是以周代的禮儀制度爲標準。因此,治《春秋》亦必須以周代的禮儀制度爲
標準,從而比其事、屬其辭。於是毛奇齡將《春秋》二十二門統以四例概之:

1. 禮例

　　首以禮例,謂《春秋》二十二門皆與周代禮儀制度有關。「凡所褒貶,皆
據禮以斷,並不在字句之間,故曰禮例」〔註306〕。毛奇齡於《春秋屬辭比事
記》所列七門,皆標舉周禮,如改元門云:「周禮:天子、諸侯分國,各紀其
年,以行于國中,每遇國君新立,則必改年以始之,謂之改元。」〔註307〕即

〔註303〕〔清〕毛奇齡:《春秋毛氏傳》(《皇清經解》,卷120),頁5。
〔註304〕見《孟子・離婁下》。〔宋〕孫奭:《孟子注疏》,卷8上,頁63～64。
〔註305〕〔清〕毛奇齡:《春秋屬辭比事記》(《皇清經解》,卷158),頁1。
〔註306〕〔清〕毛奇齡:《春秋毛氏傳》(《皇清經解》,卷120),頁9。
〔註307〕〔清〕毛奇齡:《春秋屬辭比事記》(《皇清經解》,卷158),頁2。

位門云：「莊、閔、僖三君皆無即位文者，以先君皆被弒故也，此周禮也。」
〔註308〕生子門云：「以太牢接夫人，行饗后之禮，然後書策，此周禮也。」
〔註309〕立君門云：「周有立儲禮，傳每言之。」〔註310〕朝聘門云：「朝聘會
盟在三禮並無明文，惟傳有『歲聘間朝』與『再朝而會』、『再會而盟』語。……
則《春秋》禮也，惟『歲聘』諸語是周禮。」〔註311〕會盟門云：「諱盟禮見
朝聘門。」〔註312〕侵伐門云：「軍禮爲五禮之一，而侵與伐又祇得軍禮之二。」
〔註313〕

2. 事例

毛奇齡認爲，《春秋》「二十二門一千八百餘條無非事也」〔註314〕，所以
「孟子論《春秋》，特開一例，曰『其事則齊桓晉文』，謂就事而計其寡多，
較其大小、輕重，而是非可驗。今齊、晉之事，皆重大事也，莊、僖之間，
其所記，亦惟齊、晉之事爲較多也。」〔註315〕其實《春秋》重大事例豈止齊
桓公與晉文公，齊、晉之事又豈爲較多，如毛其齡《春秋條貫篇》條貫事例
凡一百九十一目，其中與齊、晉有關者七十一目，而齊桓公在位期間的重大
事例僅十四目〔註316〕，晉文公在位期間的重大事例更僅二目〔註317〕，孟子提
及齊桓公與晉文公，應該只是舉例而已，並非特指。又毛奇齡以經文爲事例，
不以傳文爲條貫，如《春秋條貫篇》「齊滅紀始末」二十三條，毛奇齡云：「《春
秋》開卷，特詳此一事，至歷三公，閱五十八年，合二十三條，而咨嗟不已，
必至紀叔姬卒，葬叔姬而後已，誰謂《春秋》斷爛也！」〔註318〕並於「葬紀
叔姬」條下云：「八月而後葬，何其緩也！然策書不詳其事矣。予故曰：經詳

〔註308〕〔清〕毛奇齡：《春秋屬辭比事記》（《皇清經解》，卷158），頁3。

〔註309〕〔清〕毛奇齡：《春秋屬辭比事記》（《皇清經解》，卷158），頁5。

〔註310〕〔清〕毛奇齡：《春秋屬辭比事記》（《皇清經解》，卷158），頁6。

〔註311〕〔清〕毛奇齡：《春秋屬辭比事記》（《皇清經解》，卷158），頁6。

〔註312〕〔清〕毛奇齡：《春秋屬辭比事記》（《皇清經解》，卷159），頁1。

〔註313〕〔清〕毛奇齡：《春秋屬辭比事記》（《皇清經解》，卷160），頁7。

〔註314〕〔清〕毛奇齡：《春秋毛氏傳》（《皇清經解》，卷120），頁9。

〔註315〕〔清〕毛奇齡：《春秋毛氏傳》（《皇清經解》，卷120），頁9。

〔註316〕如：魯莊與齊桓交惡始末、齊滅譚、齊桓借平宋以興霸、齊桓以服鄭報
魯、魯莊齊桓交好始末、齊桓會盟、天王責齊桓伐衛、齊伐山戎、仲叔
姜氏弒逆始末、齊桓救鄭以伐楚、齊桓定王位、齊滅弦、齊桓伐戎、齊
桓卹杞。

〔註317〕如：晉文借尊王以抱私怨、秦晉數世搆兵始末。

〔註318〕〔清〕毛奇齡：《春秋條貫篇》，卷1，頁12。

而傳略，簡書備而策書闕，傳斷爛，經不斷爛，非無謂也。」〔註319〕所以毛奇齡以經文條貫事例，乃是爲了證明傳斷爛而經不斷爛。

3. 文例

毛奇齡所謂文例，是指史官記事之法，又稱爲文法或書法〔註320〕，也是孟子論《春秋》「其文則史」所開的另一例。文例有三：一是「以無例爲一例」〔註321〕，如三傳（尤其《公羊傳》與《穀梁傳》）主張《春秋》書國、書爵、書人、書氏、書時、書日皆是例，而毛奇齡認爲這些都是史官之例，史官可書可不書，所以無例。二是「以有例爲一例」〔註322〕，如《春秋》隱公二年冬：「鄭人伐衛。」《左傳》云：「討公孫滑之亂也。」按鄭國發生共叔段之亂，其子公孫滑出奔衛，衛人爲之伐鄭；一年之後鄭人伐衛，但經不書討亂，是否因爲「鄭無王命，興師脩怨，爲王法所禁」呢？毛奇齡認爲，「誅叛討逆，王有成命，倉卒制勝，皆不爲過」，而眞正原因是鄭莊公「不可使共叔無後于鄭」，雖然「段、滑父子相繼稱亂，而公並卹之，使其逆子逆孫仍得爲公族大夫于本國，故雖遇罪奔，而猶得返其國復其爵也」〔註323〕。鄭莊公出師，目的只在伐衛，不在誅討公孫滑，所以經書伐衛而不書討亂，此爲有例。三是「以無例爲有例」〔註324〕，如《春秋》宣公九年夏：「仲孫蔑如京師。」《左傳》云：「春，王使來徵聘。夏，孟獻子聘於周，王以爲有禮，厚賄之。」經不書「王使來徵聘」，原因何在呢？毛奇齡認爲「諱之也」〔註325〕，因爲王室式微，諸侯皆不聘於周，所以爲周天子諱，「從文起例，而予奪自明」〔註326〕，此爲以無例爲有例。

4. 義例

毛奇齡認爲，禮、事、文三者莫不有義，「義者，……予奪、進退、褒譏、美刺之微旨也，是以禮有違合，事有善惡，文有隱顯，而褒譏美刺皆得以直行其間。」〔註327〕此爲孟子論《春秋》「其義則丘竊取之矣」所取之例。因此，

〔註319〕〔清〕毛奇齡：《春秋條貫篇》，卷1，頁13。
〔註320〕〔清〕毛奇齡：《春秋毛氏傳》（《皇清經解》，卷120），頁10。
〔註321〕〔清〕毛奇齡：《春秋毛氏傳》（《皇清經解》，卷120），頁10。
〔註322〕〔清〕毛奇齡：《春秋毛氏傳》（《皇清經解》，卷120），頁10。
〔註323〕〔清〕毛奇齡：《春秋毛氏傳》（《皇清經解》，卷122），頁12～13。
〔註324〕〔清〕毛奇齡：《春秋毛氏傳》（《皇清經解》，卷120），頁10。
〔註325〕〔清〕毛奇齡：《春秋毛氏傳》（《皇清經解》，卷140），頁1。
〔註326〕〔清〕毛奇齡：《春秋毛氏傳》（《皇清經解》，卷120），頁10。
〔註327〕〔清〕毛奇齡：《春秋毛氏傳》（《皇清經解》，卷120），頁11。

毛奇齡所謂義例，並非另立一例，而是在形式上將前述禮例、事例、文例之義全部涵蓋，意在證實《春秋》無例可拘，亦「無一非例」〔註 328〕。

按毛奇齡《春秋毛氏傳》雖將《春秋》經傳內容分爲二十二門，並總該爲四例，但各卷先後以經爲次，無割裂分隸之嫌，較他家體例爲善，《四庫全書總目》評爲「一反胡傳之深文，而衡以事理，多不失平允之意，其義例皆有徵據，而典禮尤所該洽，自吳澄《纂言》以後，說《春秋》者罕有倫比」〔註 329〕，給予很高的評價。又《春秋簡書刊誤》「特以偏主一家，曲加排斥，均爲未得其平，……然其可取者，多瑕究不掩其瑜」〔註 330〕。《春秋屬辭比事記》「條理頗爲明晰，考據亦多精核」〔註 331〕。至於《春秋條貫篇》以《春秋》爲事例，不以《左傳》爲條貫，毛奇齡仿史書紀事本末體，將前後數年相關的經文排列組合成爲題類型態，無法按照經文順序逐條編輯，《四庫全書總目》卻評其「移後綴前，使相凌亂」，「殆無取焉」〔註 332〕，於是僅存其目，而未收於《四庫全書》中，其理由頗欠缺基本常識，造成毛奇齡治學成果未能完整保存，甚爲可惜。

第六節　采輯傳說類

采輯傳說類即是以不拘於三傳義例爲前提，而采輯三傳及諸儒之說，主要的學者有二：一是明儒王樵，二是清儒張應昌。茲依序考述之。

一、王樵模式

明儒王樵（生卒年不詳）專治《尚書》與《春秋》。在《春秋》方面，王樵反對將三傳束諸高閣，於是采輯三傳及諸儒之說，作《春秋輯傳》十三卷，前有〈宗旨〉三篇、〈附論〉一篇，是依據胡安國《春秋傳·綱領》所列孟子、莊周、董仲舒、王通、邵雍、張載、程頤七家之說而作。又作《春秋凡例》二卷，則是依據諸家之說而修編。其解經模式考述如下：

〔註 328〕〔清〕毛奇齡：《春秋屬辭比事記》（《皇清經解》，卷 158），頁 1。
〔註 329〕《四庫全書總目》，卷 29，頁 14。
〔註 330〕《四庫全書總目》，卷 29，頁 16～17。
〔註 331〕《四庫全書總目》，卷 29，頁 17。
〔註 332〕《四庫全書總目》，卷 31，頁 17。

（一）博采諸家，附以論斷

王樵對於啖助學派、程頤、胡安國、朱熹諸儒相當推崇，其《春秋輯傳》及《春秋凡例》皆博采三傳及諸儒之說；又據其《春秋輯傳》自序，《春秋》非一家之學，任何一家皆不能自稱已得聖人之意，各家意見若有未合，「不敢臆決，大概皆本朱子之意，朱子之意固即程子之意」〔註333〕。《四庫全書總目》亦云：「其《輯傳》以朱子爲宗，博采諸家，附以論斷，未免或失之冗，然大旨猶爲醇正。」〔註334〕但本文發現以上說法須作部分修正，姑舉二例如下：

例一，《春秋》僖公五年冬：「晉人執虞公。」《春秋輯傳》云：

《左傳》：「晉人復假道于虞以伐虢。宮之奇諫曰：……。」「八月甲午，晉侯圍上陽。」「冬十二月丙子朔，滅虢，虢公醜奔京師。師還，館于虞，遂襲虞，滅之，執虞公，及其大夫井伯，以媵秦穆姬，而脩虞祀，且歸其職貢于王。故書曰：『晉人執虞公。』罪虞，且言易也。」

《公羊傳》：「虞公抱寶牽馬而至。荀息見，曰：『臣之謀，何如？』獻公曰：『子之謀則已行矣，寶則吾寶也。雖然，吾馬之齒亦已長矣。』蓋戲之也。」「虞已滅矣，其言執之何？不與滅也。滅者，亡國之善辭也，上下之同力者也。」

杜氏曰：「稱人以執，同于無道于其民之例，所以罪虞公，且言易也。晉侯脩虞之祀，而歸其職貢于王，故不以滅同姓爲譏。」

啖氏曰：「春秋時，以強暴弱，故執諸侯皆稱人，亂辭也。」

按：《公羊》謂虞不言滅，不與虞以亡國之善辭，可也。杜氏謂晉侯脩虞祀，歸職貢于王，故不以滅同姓爲譏，非也。啖說得之。〔註335〕

虞公貪圖財賄終於自食惡果導致亡國一事，《春秋》書執不書滅，《左傳》未提出見解；《公羊傳》站在虞公的立場，認爲書滅是「亡國之善辭」，而虞公是咎由自取，乏善可陳，所以不書滅；杜預站在晉侯的立場，認爲晉滅虞雖是滅同姓之國，但晉侯從此代替虞公祭祀山川，並代替虞公將職貢奉獻周天子，善惡相抵，所以不書滅；啖助則就經文直解，認爲書執是亂辭，晉侯執

〔註333〕 見朱彝尊《經義考》引王樵《春秋輯傳》自序。〔清〕朱彝尊：《經義考》，卷202，頁6。

〔註334〕 《四庫全書總目》，卷28，頁30。

〔註335〕 〔明〕王樵：《春秋輯傳》（臺北：臺灣商務印書館，1986年7月，《景印文淵閣四庫全書》，冊168），卷5，頁38～39。

諸侯所以稱人。以上四說未合，而經查朱熹對此事則無說，但王樵仍以己意逕下按語，論斷《公羊傳》之說爲可，杜預之說爲非，啖助之說爲得，與其自序所謂「不敢臆決，大概皆本朱子之意」完全不同。

例二，《春秋》隱公二年冬十二月乙卯：「夫人子氏薨。」《春秋輯傳》云：

《公羊傳》：「夫人子氏者何？隱公之母也。……。」

《穀梁傳》：「……夫人者，隱之妻也。」

范氏曰：「……。」

程子曰：「隱公夫人也。……。」

今按：夫人子氏，《左氏》以爲即仲子，故以前歸賵爲豫凶事。程子曰：「豈有此理！夫人子氏自是隱公之妻，不干仲子事。」《公羊》以爲即聲子。但《左氏》明言，惠公元妃孟子卒後，繼室以聲子，而生隱公，繼室若在，恐無緣再娶，必是聲子卒後，始又娶仲子，而生桓公，聲子、仲子皆妾也，故《春秋》書仲子但曰「仲子」，則書聲子必不曰「夫人」，蓋子將不終爲君，母亦不終爲夫人，而夫子肯書曰「夫人」以損其實乎？……聲子、仲子皆薨于春秋之前，此年薨者自是隱公夫人，……。《左氏》誤認爲仲子，故以天王歸賵爲豫凶事，……。〔註336〕

關於夫人子氏的身分，《公羊傳》認爲是魯隱公之母，《穀梁傳》與程頤認爲是魯隱公之妻，《左傳》認爲是魯桓公之母仲子。王樵論斷《左傳》之說爲誤，《穀梁傳》與程頤之說爲正，卻獨未采輯朱熹之說。按朱熹云：

夫人子氏薨，只是仲子，《左氏》豫凶事之說，亦有此理，考仲子之宮，是別立廟。〔註337〕

朱熹支持《左傳》之說，並特別針對程頤之說予以反駁，正好與王樵的論斷完全相反，可見王樵自序所謂「大概皆本朱子之意，朱子之意固即程子之意」，與事實不盡相符。至於《四庫全書總目》稱王樵的論斷「未免或失之冗，然大旨猶爲醇正」，尚屬正確。

（二）比類推求其例

王樵《春秋凡例》凡二十例：1. 即位，2. 告月視朔，3. 郊廟雩社，4. 婚

〔註336〕〔明〕王樵：《春秋輯傳》，卷1，頁28〜30。

〔註337〕〔宋〕黎靖德：《朱子語類》（臺北：漢京文化事業，1980年7月），卷83，頁15。

姻（納幣、逆王后、內逆女、外逆女、王后歸、王女歸、內女歸、夫人至、夫人如及會饗、夫人歸本國、內女來、內女出、婚姻雜事、媵、太子生），5. 崩薨卒葬（王崩、公薨、夫人薨、未踰年君卒、諸侯卒、天子大夫卒、內大夫卒、內女卒、外夫人卒、王葬、公葬、夫人葬、諸侯葬、外大夫葬、內女葬、雜喪事、喪禮總論），6. 朝聘如（諸侯來朝、諸侯非朝事來者、王臣來聘、外大夫聘、諸書來不言君使者、公如、卿如、外相如），7. 會盟（公會、外相會、公會外大夫、大夫會諸侯、大夫會、遇、兩盟、參盟、同盟、公與大夫盟、大夫特盟外諸侯、大夫盟、外人盟、來盟、莅盟、平）8. 兵事（內伐、伐我、外伐、會伐、內侵、王師敗績、內戰及敗、外戰及敗、圍、入、滅、滅同姓、取田邑），9. 盟會伐侵通例，10. 公行書至（公至自會、公至自某國某地、公至自侵伐圍救、致前事、致後事），11. 蒐狩，12. 稅賦，13. 興作，14. 改革，15. 災異，16. 弒殺奔執叛逃（稱國以弒、稱人以弒、稱盜以弒、未踰年君見殺、篡弒賊見殺、諸殺大夫公子、內殺、外殺、稱人以殺者、稱國以殺者、兩下相殺者、稱盜以殺者、出奔復入見殺、諸殺大夫不書名、君弒而及其大夫者、殺他國軍卿大夫、諸奔、諸侯出奔以名書者、王子王臣奔者、內大夫出奔、外大夫出奔、諸執、執行人、執大夫、放、諸叛、以地來者不言叛、逃），17. 歸復歸入納（書歸者、書自某歸于某者、書復歸來歸者、書入者、書復入者、書納者、還復），18. 姓氏名字爵命等，19. 日月，20. 闕文闕疑。

《四庫全書總目》稱其《春秋凡例》「比類推求，不涉穿鑿，較他家特為明簡」〔註338〕，如其中「4. 婚姻」所列，諸儒治義例者多分繫於逆、歸等例之下，唯獨王樵以婚姻的視角相推求，比類總繫為一，體例要而不繁，是為一大優點。

王樵釋例的方式，係取捨三傳及諸儒之說，須將其《春秋凡例》對照《春秋輯傳》加以觀察。如前揭《春秋》僖公五年冬：「晉人執虞公。」《春秋輯傳》采輯《左傳》、《公羊傳》、杜預、啖助四家之說。但《春秋凡例》「諸執」例只引啖助曰：「春秋時，以強陵弱，故執諸侯皆稱人，亂辭也。」〔註339〕其餘三家之說則未抄錄，原因何在？因為王樵認為「啖說得之」〔註340〕。

〔註338〕 《四庫全書總目》，卷28，頁30。
〔註339〕 〔明〕王樵：《春秋凡例》（臺北：臺灣商務印書館，1986年7月，《景印文淵閣四庫全書》，冊168），卷下，頁31。
〔註340〕 〔明〕王樵：《春秋輯傳》，卷5，頁39。

然而王樵亦有嚴重失誤者，如前揭《春秋》隱公二年冬十二月乙卯：「夫
人子氏薨。」《春秋輯傳》采輯《左傳》、《公羊傳》、《穀梁傳》、程頤四家之
說，並據《穀梁傳》與程頤之說，論斷夫人子氏是魯隱公之妻。但《春秋凡
例》「夫人薨」例「夫人子氏薨」之下，王樵自注：「桓公母仲子也。」〔註341〕
並引啖助曰：「……其君之妾母仲子則本以夫人禮娶，又隱公以桓公爲先君之
嗣，故行夫人喪禮，書薨。……。」〔註342〕啖助之說與《左傳》相同。王樵
不僅見解自相矛盾，釋例取捨亦令人滿頭霧水，似嫌未妥。

二、張應昌模式

清儒張應昌（1790～1869年）專治《春秋》，反對三傳義例模式，認爲「史
固有例，但所謂史例者，乃策書之大體，簡牘之恒辭，於聖經筆削無涉」〔註343〕，
如以日月紀事、據來告而書、據魯事而書，皆是史例，唯有「屬其辭，比其
事，破其褒貶穿鑿之例，而孔子所云竊取其義者自見焉」〔註344〕，見解與元
儒趙汸一致，於是作《春秋屬辭辨例編》六十卷〔註345〕。其解經模式考述如
下：

（一）博采諸家，附以辨例

張應昌《春秋屬辭辨例編》事據《左傳》，義則徧取三傳，並采輯先儒舊
說多達四百餘家，逐事分門合類爲例，而各類多有駁辨例說，卷首附有〈春
秋總義〉、〈三傳諸家得失〉分爲上下，全編規模宏大，前所未有。如以「來
聘總論」門「王臣但書來」類爲例，《春秋》隱公元年冬十二月：「祭伯來。」
《春秋屬辭辨例編》附以「不書朝不與其朝辨」〔註346〕，云：

> 《左》：「祭伯來，非王命也。」
>
> 來，未有無辭者，無辭爲稱，則但書來。祭伯無天子之命而私交，
> 與介、狄同文。（陳傅良《後傳》）

〔註341〕〔明〕王樵：《春秋凡例》，卷上，頁34。
〔註342〕〔明〕王樵：《春秋凡例》，卷上，頁35。
〔註343〕〔清〕張應昌：《春秋屬辭辨例編》（上海：上海古籍出版社，2002年3月，
《續修四庫全書》，冊145），凡例，頁1。
〔註344〕〔清〕張應昌：《春秋屬辭辨例編》，凡例，頁2。
〔註345〕張應昌〈春秋屬辭辨例編凡例〉云：「原編六十卷刊成，於咸豐乙卯遭亂板燼，
書亦僅有存者，京曹諸公別繕進呈，釐爲八十卷，卷較勻稱。今繕本未見，故
仍就原編覆板，且省寫工也。」〔清〕張應昌：《春秋屬辭辨例編》，凡例，頁7。
〔註346〕〔清〕張應昌：《春秋屬辭辨例編》，卷7，頁33。

大夫非君命不越境，所以杜朋黨之原。周室衰微，典禮浸廢，畿內
諸侯得以訐上，行私交於鄰國，而況外諸侯！直書曰來，以正其失。
（王元杰《讞義》）

其曰來，則不奉王使，而自來於魯，初不知其來為何事，但著其私
交而已。《公》曰「來奔」，《穀》曰「來朝」，夫《春秋》書事，必
以其實，「來奔」、「來朝」未有舍其實，而但書一「來」字可成史者，
如所云「來聘」、「來賵」、「來錫命」、「來會葬」、「來求車、求金」，
無不據事直書，並不敢有隱諱於其間也。（毛奇齡《傳》）

非朝，非聘，故直書曰來。先儒謂不與其朝，非也。王朝卿士，豈
肯降列而朝於魯！觀祭叔之來，以聘為名，則祭伯、祭公之非朝可
知矣。（方苞《直解》）

如，朝也，「蕭叔朝公」則書之。如，聘也，「南季來聘」又書之。
此直曰來而已，知非朝聘。（郝懿行《說畧》）

《穀梁》、伊川、文定皆以為來朝，不與其朝，不書朝。夫使果行朝
禮，正宜直書，以著其罪，不應沒之，使罪反不明。此當是交好，
不行朝禮，書之，但罪其外交耳。（張自超《宗朱辨義》）

王國之臣至魯，必有其事焉。不言其事，而言來，是不反之稱也。
惟桓公八年：「祭公來，遂逆王后於紀。」不言來魯之事，以其遂事，
而知其來之故，猶之著其事者矣。第書來，卒無所為事者，是不反
之稱也。桓五年：「州公如曹。」六年春正月：「實來。」屬辭比事，
凡畿內諸侯奔魯，宜曰來焉爾。故公羊氏以祭伯來為出奔來魯，左、
穀以為來朝，不正其外交，則畿內諸侯與外諸侯等列，相朝則亢，
必無其禮。（姚鼐《經說》）（按：是說甚通。）

自來曰來，不正其私行也。或曰來朝，或曰來奔，書曰來而貶見矣，
朝與奔不足究也。（牛運震《傳》）〔註347〕

張應昌采輯以上諸說，於每條之下註明其出處。諸儒對於「祭伯來」究竟是
不是來朝（來朝、來奔或不知其來為何事），見解各有不同，而成為辨例的主
題。其中《穀梁傳》、程頤、胡安國皆認為來朝，但因為《春秋》反對祭伯以
王朝諸侯的身分向魯國行朝禮，所以不書朝；《左傳》、陳傅良、王元杰、毛
奇齡、牛運震皆只知其非奉王命來，不知其來為何事；方苞、郝懿行、張自超

雖認爲非來朝聘，亦不知其來爲何事；《公羊傳》則直稱其來奔，經過姚鼐屬辭比事，認爲既然《春秋》不言其來爲何事，表示來而不返，所以支持來奔之說。於是張應昌於姚鼐之說下按語：「是說甚通。」但其按語完全附和先儒之說，並埋沒於大量的文字堆之間，辨例起迄範圍亦欠明確，是讀者費力之處。

（二）以事義類聚

張應昌《春秋屬辭辨例編》以事義類聚，分門合類的依據有二：一是元儒趙汸《春秋屬辭》，「而去其煩碎拘牽」〔註348〕；二是清儒顧棟高《春秋大事表》，「而益以羣言眾說」〔註349〕。全編計約五百六十門，相當龐雜，其中三十五門爲總論，但總論與分論並列，未盡賅各分論；又設「比事屬辭書法」門，將《春秋》書法分爲四類：

1.「總挈全經比屬之義」〔註350〕

如「諸侯爲時王貶爵進爵」〔註351〕門有五例：例一，《春秋》隱公元年書邾儀父，莊公十六年書邾子；例二，《春秋》莊公五年書郳犁來，僖公七年書小邾子；例三，《春秋》隱公七年書滕侯，桓公二年以後書滕子；例四，《春秋》隱公十一年書薛侯，莊公三十一年以後書薛伯；例五，《春秋》莊公二十七年書杞伯，僖公二十三、二十七年書杞子，文公十二年以後復書杞伯，襄公二十九年復書杞子，昭公六年以後復書杞伯。以上邾、小邾、滕、薛、杞國國君爵位異動，分散諸條，經總挈全經比屬之後，得知異動原因爲「時王貶爵進爵」。

2.「屢書不一書比屬之義」〔註352〕

以「齊滅紀始末」〔註353〕門爲例：《春秋》桓公五年夏「齊侯、鄭伯如紀」，六年夏「公會紀侯于成」，冬「紀侯來朝」，八年冬「祭公來，遂逆王后于紀」，九年春「紀季姜歸于京師」，十二年夏「公會杞侯、莒子，盟于曲池」，十三年春「公會紀侯、鄭伯，及齊侯、宋公、衛侯、燕人戰」，十七年春「公會齊侯、紀侯，盟于黃」，莊公元年冬「齊師遷紀、邢、鄑、郚」，三年秋「紀季以酅入于齊」，冬「公次于滑」，四年春「紀伯姬卒」，夏「齊侯、陳侯、鄭

〔註348〕〔清〕張應昌：《春秋屬辭辨例編》，凡例，頁3。
〔註349〕〔清〕張應昌：《春秋屬辭辨例編》，凡例，頁3。
〔註350〕〔清〕張應昌：《春秋屬辭辨例編》，卷52，頁2。
〔註351〕〔清〕張應昌：《春秋屬辭辨例編》，卷24，頁1。
〔註352〕〔清〕張應昌：《春秋屬辭辨例編》，卷53，頁1。
〔註353〕〔清〕張應昌：《春秋屬辭辨例編》，卷17，頁45。

伯遇于垂」，「紀侯大去其國」，「齊侯葬紀伯姬」。以上不止一書，經比屬之後，前後十七年，多達十餘事，屢書的目的在「著齊首滅國，而紀委曲圖存終不得免，憫紀之亡，傷齊之暴也」〔註354〕。

3.「前後一事或事異義同比屬之義」〔註355〕

例一，《春秋》隱公四年春二月戊申：「衛州吁弒其君完。」夏：「宋公、陳侯、蔡人、衛人伐鄭。」秋：「翬帥師會宋公、陳侯、蔡人、衛人伐鄭。」九月：「衛人殺州吁于濮。」冬十二月：「衛人立晉。」據張應昌引宋儒家鉉翁《春秋詳說》云：「見衛人能不以篡賊為君，相與仗大義而誅之。」〔註356〕例二，《春秋》隱公四年秋九月：「衛人殺州吁于濮。」桓公六年秋八月壬午：「蔡人殺陳佗。」莊公九年春：「齊人殺無知。」宣公十一年冬十月：「楚人殺陳夏徵舒。」據張應昌引宋儒陳傅良《春秋後傳》云：「討賊，天下之大義也。苟能討，雖微者得書，異邦人得書，夷狄得書。苟不能討，雖以四國大夫伐宋，不書其大夫。」〔註357〕家鉉翁、陳傅良二人各將一事比事屬辭，雖前後相異，但其義相同。

4.「前後二事或事同義異比屬之義」〔註358〕

如《春秋》隱公元年春三月：「公及邾儀父盟于蔑。」七年秋：「公伐邾。」據張應昌引元儒陳則通《春秋提綱》云：「深歎春秋之盟不足恃也。」〔註359〕又引元儒鄭玉《春秋闕疑》云：「比事而觀，善惡著矣。」〔註360〕陳則通、鄭玉二人各將二事比事屬辭，雖前後相同，但其義相異。

以上「比事屬辭書法」門內容嫌與全編重複疊出，但其用意有二：一是因為有些門類內容繁多，必須「提其要乃顯」〔註361〕，所以特設此門；二是各門類「有辭不屬而事可比者，又有備具首尾而義見者，枚舉而網列之，益見文萬旨千之無盡也」〔註362〕。

〔註354〕 〔清〕張應昌：《春秋屬辭辨例編》，卷53，頁2。
〔註355〕 〔清〕張應昌：《春秋屬辭辨例編》，卷54，頁1。
〔註356〕 〔清〕張應昌：《春秋屬辭辨例編》，卷31，頁6。
〔註357〕 〔清〕張應昌：《春秋屬辭辨例編》，卷33，頁2。
〔註358〕 〔清〕張應昌：《春秋屬辭辨例編》，卷56，頁1。
〔註359〕 〔清〕張應昌：《春秋屬辭辨例編》，卷16，頁27。
〔註360〕 〔清〕張應昌：《春秋屬辭辨例編》，卷56，頁1。
〔註361〕 〔清〕張應昌：《春秋屬辭辨例編》，凡例，頁5。
〔註362〕 〔清〕張應昌：《春秋屬辭辨例編》，凡例，頁5。

第七節　小　結

本章探討各家以比例解經的模式，概分爲六類：

第一類是公羊新義類，爲示有別於《公羊傳》的義例模式，故稱公羊新義，以董仲舒、孔廣森二人爲代表。

漢儒董仲舒作《春秋繁露》，以屬辭比事推求經例，其作法：一、「以比貫類，以辨付贅」（藉由案例來貫通同類的事物，藉由已知來推論其餘的部分），《春秋》是藉由文辭的記載，將義法散布於二百四十二年的事迹中，但並未直接指出大義法所在，若要討論《春秋》大義，對於這些文辭與事迹，必須「合而通之」（綜合貫通），「緣而求之」（依循探求），「五其比，偶其類」（交錯聯屬），「覽其緒，屠其贅」（歸納分析）；二、《春秋》無通辭與達辭，沒有任何一條可以貫通所有相同事義的例，因爲《春秋》非依例造義，而是先有義後有例，即使歸納出例，仍有無法涵蓋的例外事義，所以遇例不可通時，必須「從變」、「從義」，以義爲主，知所變通，不可拘泥於例；三、常例與變例均爲大義所在；四、假藉《公羊傳》發明經例，有因《公羊傳》之說不足而以己意補充者，有表面上贊同《公羊傳》而實際上與《公羊傳》完全無關者；五、百禮皆編於時月日例；六、創設《春秋》決事比，引用《春秋》事例作爲司法判例以治獄。

清儒孔廣森作《春秋公羊通義》十一卷，不守當時以何休之學爲主的公羊家法，而致力於闡發公羊新義，其作法：一、以公羊先師胡毋子都與董仲舒之說裨損何休之說，因爲何休之說與《公羊傳》大異其趣，且「三世之限，誤以所聞始文，所見始昭」，「自設例，與經詭戾」，又不通三傳，必須以先師之說作爲取捨的依據；二、以屬辭比事設立「三科九旨」新例，以時、月、日爲一科三旨，譏、貶、絕爲二科六旨，尊、親、賢爲三科九旨；三、旁通諸家並兼採《左傳》與《穀梁傳》之說，因爲「公羊、穀梁、左邱明並出於周、秦之交，源於七十子之黨，學者固不得而畸尚而偏詆也」。其治學態度頗能兼容並蓄，並回歸源頭，重探公羊學，雖不守公羊家法，卻爲公羊學找出了另外一條大道。

第二類是五禮會要類，仿史書「會要」的體裁，以吉、凶、賓、軍、嘉五禮爲主要內容，略舉張大亨、吳澄、石光霽三人爲代表。

宋儒張大亨作《春秋五禮例宗》十卷，取《春秋》事迹爲比例，歸納爲五綱（吉禮、凶禮、軍禮、賓禮、嘉禮）四十一目，依類別記，各爲總論，

屬辭比事，以禮解經，並對於三傳之文及鄭玄、杜預之說，或引或駁，論述有據，考究詳洽，立場持平，是最早以會要治《春秋》的經學著作。

元儒吳澄作《春秋纂言》十二卷，采擷三傳與諸家之言，麗附於各條經文之下；又作《春秋纂言總例》七卷，仿啖助學派《春秋啖趙集傳纂例》，分所異，合所同，歸納爲七綱（天道、人紀、嘉禮、賓禮、軍禮、凶禮、吉禮）八十八目，其中天道、人紀爲張大亨《春秋五禮例宗》所無。主張「《春秋》之例，禮失者書」，將《春秋》當作匡正失禮的刑書來看，既然《春秋》所書皆爲失禮，所以天道、人紀及五禮所列諸例，皆是以譏評非禮爲出發點。其條分縷析，較張大亨爲周密。

明儒石光霽作《春秋書法鈎玄》四卷，取《春秋》事迹爲比例，歸納爲五綱（吉禮、賓禮、軍禮、嘉禮、凶禮）一百六十四目，五禮括未盡者尚有「雜書法」六十一例、「雜書法拾遺」九例，綱目甚爲繁瑣，倍增於以往，且五禮例並未各爲總論，異於張大亨與吳澄。其釋例以三傳與胡安國、張以寧之說爲主，並主張《春秋》「因失禮而書」，將《春秋》的作用定位於道德上的譏貶，意義上等同於刑書。

第三類是即經類事類，是以經文爲主，兼顧經文的事與義，以張大亨、沈棐二人爲代表。

宋儒張大亨作《春秋通訓》十六卷，「去例以求經，略微文而視大體」，是一部不專爲經、不專爲例，且以義視事、以事求經的著作。主張：一、事與經同則引事以釋經，二、例與義合則假例以明義，三、經雖不同而事同則相從，四、例雖不合而義合則相比。如此則「經非空言，例非執一」。其學出於蘇軾，故議論宗旨亦近之。

宋儒沈棐作《春秋總論》二十卷，編輯體製概分爲諸國事例、總事例二部分，前者以諸國類次；後者以朝聘、征伐、會盟，事迹相近者，各比例而爲之說，以見其事迹始末，使聖人之志可以捨傳而獨效。並從宋儒程頤之說，「以傳考經之事迹，以經別傳之眞僞」，持論頗爲平允。

第四類是筆削示義類，反對三傳標舉褒貶義例，而有所修正，以趙汸、方苞二人爲代表。

元儒趙汸作《春秋集傳》十五卷以明聖人經世之志，《春秋屬辭》十五卷以詳筆削之權，並從宋儒洪興祖《春秋》本無例之說，主張《春秋》「決無凡例」，以糾正杜預誤以史例爲經例。其解經模式爲：一、以經文與史家記載之

法，考先王經世之志。二、以《左傳》不書之例，考《春秋》所存策書之大體，計十五例。三、以屬辭比事，考孔子筆削之義：1.「存策書之大體」計一百三十一類，2.「假筆削以行權」計七十四類，3.「變文以示義」計三十八類、4.「辯名實之際」計六類，5.「謹華夷之辯」計十四類，6.「特筆以正名」計十八類，7.「因日月以明類」計十六類，8.「辭從主人」計十八類；藉此可使學者由《春秋》之教以求聖人制作之原與經世之義。

清儒方苞作《春秋通論》四卷，揭比事屬辭之義，分疏條理；作《春秋比事目錄》四卷，取其事同而書法互異者，分類彙錄；又作《春秋直解》十二卷，將《春秋》節解句釋，使初學者易於入門。其解經模式為：一、脫去傳者與諸儒之說，因為傳者之蔽在於「執舊史之文為《春秋》之法」，而諸儒之蔽在於「屈摺經義以附傳事」；但傳者、諸儒之說未必皆不可取，「必義具於經文始用焉」。二、辨別舊史之文與筆削之迹，類事為例，凡八十五類。三、屬辭比事推求書法，《春秋》或「以其實書」，或「發疑著變」，原則簡單。其說一掃《公羊傳》、《穀梁傳》穿鑿之談，滌除孫復、胡安國刻薄之見，以經求經，協於情理，非俗儒所可及。

第五類是以史為法類，避免義例模式周章蔑略、了無定準的的缺陷，以陳則通、邵弁、毛奇齡二人為代表。

元儒陳則通作《春秋提綱》十卷，將《春秋》內容分為四門，每門比事為例：侵伐門凡十五例，朝聘門凡十六例，盟會門凡七例，雜例門凡十九例；又綜論大旨，考究成敗得失之由，諸例標示「例」字者比事於前而論事於後，未標示「例」字者有論事而無比事。此書雖以例為名，其實主要發揮的不是《春秋》書法，而在論事，可謂別成一格。

明儒邵弁作《春秋通議略》二卷，主張《春秋》為例之體有二：一是大事必書之體，不當論其合禮不合禮，凡十六例；二是常事特書之體，合禮者不書，不合禮則書之，凡四例。而體與例之間的關係，「大事必書，或書而變常者，變例也；常事不書，以非常故書者，正例也」。並對於孔子修作《春秋》的立場作了明確的界定：「分之通于天下者，周為主；事之通于列國者，魯為主。」兼顧周的名分制度與魯的政事制度。

清儒毛奇齡作《春秋毛氏傳》三十六卷、《春秋簡書刊誤》二卷、《春秋屬辭比事記》四卷、《春秋條貫篇》十一卷，認為《春秋》「但志其名而不記其事」，史官的「志」（簡書）是孔子修《春秋》的底本，而史官的「記」則是左丘明作傳的底本，於是依據《左傳》，將《春秋》門部見於舊史官記事法

式者分爲二十二門，並主張《春秋》屬辭比事，必須以經文爲主，以傳所傳的事爲輔，否則無從探求其中的微詞、義例。又以禮、事、文、義四例統《春秋》二十二門：首以禮例，因爲《春秋》二十二門皆與周代禮儀制度有關；次以事例，因爲《春秋》「二十二門一千八百餘條無非事也；次以文例，指史官記事之法，「以無例爲一例」，「以有例爲一例」，「以無例爲有例」；次以義例，因爲禮、事、文三者莫不有義，「義者，……予奪、進退、褒譏、美刺之微旨也，是以禮有違合，事有善惡，文有隱顯，而褒譏美刺皆得以直行其間。」整體而言，其立論有據，結構亦頗清晰，是爲佳作。

第六類是采輯傳說類，采輯三傳及諸儒之說，以王樵、張應昌二人爲代表。

明儒王樵作《春秋輯傳》十三卷、《春秋凡例》二卷，博采三傳及諸儒之說，以己意逐下按語；並比類推求其例，凡二十例，體例要而不繁，是爲一大優點。其論斷各家意見，自稱「不敢臆決，大概皆本朱子之意，朱子之意固即程子之意」，卻多與實際情形不符，且未免或失之冗，然而大旨猶爲醇正。

清儒張應昌作《春秋屬辭辨例編》六十卷，事據《左傳》，義則徧取三傳，並采輯先儒舊說多達四百餘家，逐事分門合類爲例；按語完全附和先儒之說，並埋沒於大量的文字堆之間，辨例起迄範圍亦欠明確，是讀者費力之處。又以事義類聚，依據元儒趙汸《春秋屬辭》與清儒顧棟高《春秋大事表》之說分門合類，全編計約五百六十門，相當龐雜，其中三十五門爲總論，但總論與分論並列，未盡賅各分論；並設「比事屬辭書法」門，將《春秋》書法分爲「總挈全經比屬之義」、「屢書不一書比屬之義」、「前後一事或事異義同比屬之義」、「前後二事或事同義異比屬之義」四類，內容嫌與全編重複疊出，其用意則在提要，以見《春秋》之旨無窮盡。

綜據上述，比例模式分類雖多，但各類著作不多，屬於少數模式。比例模式主張《春秋》本無例，不可獨求於例；相較於義理模式，《春秋》所書，有事同而辭異者，有事異而辭同者，「不可以例斷」〔註363〕，亦「不可以例拘」〔註364〕，理論基礎雷同。但比例模式結合屬辭比事，義理模式強調先明義理，仍是殊途。另屬比模式重視《左傳》，比例模式兼顧《公羊傳》甚至徧取三傳，是不同之處；但皆反對三傳義例模式，是其共同主張。

〔註363〕宋儒程頤語，見《河南程氏粹言·論書篇》。〔宋〕楊時：《河南程氏粹言》，卷1，頁1202。

〔註364〕宋儒高閌語。〔宋〕高閌：《春秋集註》（臺北：新文豐出版公司，1985年1月，《叢書集成新編》，冊108），卷1，頁4。